오늘 다시 만나는 구약 여성

오늘 다시 만나는 구약 여성

저　　자　박유미
발 행 일　1판 1쇄 2022.12.10
발 행 인　서영희
발 행 처　헵시바총신여동문
주　　소　서울시 구로구 남부순환로 105길 14 인화오벨리아 315호
전　　화　02-837-9296
E-mail　holyhi@hanmail.net
디 자 인　카도쉬북
I S B N　979-11-981061-0-0 (94230)

정　　가　15,000원

이 책은 저작권법에 따라 보호를 받는 저작물이므로 서면에 의한 출판사의 허락 없이 내용의 일부 혹은 전부를 복제하거나 발췌하는 것을 금합니다.

오늘 다시 만나는 구약 여성

박 유 미

헵시바총신여동문

목   차

추천사/ 류호준 교수
추천사/ 정갑신 목사
추천사/ 강호숙 박사
저자 서문

들어가는 글/ 19

1장 하나님의 형상인 여성/ 25
   1. 하나님의 형상(창 1:26~28)/ 27
      1) 창세기 1장 26~28절 해석
      2) 하나님의 형상 해석 역사
      3) 존재론적 평등, 기능적 종속의 허구
   2. 돕는 배필(창 2:18): 서로 돕는 남녀 관계/ 31
   3. 창조의 절정인 여성(고전 11:7)/ 32

2장 여성은 유혹자인가?/ 37
   1. 하와(창 3장) - 유혹자 프레임 깨기/ 40
   2. 밧세바(삼하 11장) - 유혹자에서 성폭행 피해자로/ 44
   3. 잠언의 음녀 다시 읽기/ 47
   4. 열왕기서의 이방 여성들/ 49
      1) 왕과 이방 왕비들(왕상 11:1~13)
      2) 아합왕과 이세벨 왕비(왕상 16:31, 18:1~19:2)
      3) 긍정적인 이방 여성

3장 믿음의 여조상들/ 55

1. 사 라/ 58
   1) 하나님의 선택을 받은 사라
   2) 사라: 하나님의 공주
2. 하 갈/ 63
3. 리브가/ 67
4. 레 아/ 70
5. 라 헬/ 72
6. 다 말/ 75

4장 여성과 구약의 율법/ 79

1. 여성에 관련된 정부정법/ 83
   1) 여성의 생리(레 15:19)
   2) 출산의 부정(레 12:2~5)
2. 사회 문화적 도덕법/ 89
   1) 여성의 성과 결혼(신 22:13~29)
   2) 이혼법(신 24:1~4)
   3) 시형제 결혼(신 25:5~10)
   4) 친족간의 결혼 및 성관계 금지(레 18장)
   5) 여성의 재산권 문제(민 27장을 중심으로)
   6) 여종과 여자 포로에 관한 규례
   7) 여성의 서원(민 30장, 레 27:3~7)

5장 고정관념을 깬 여성들/ 115

1. 라합(수 2장)/ 117
2. 야엘(삿 4:17~22, 5:24~27)/ 121
    1) 야엘의 도덕성에 대한 논란 살펴보기
    2) 야엘 이야기
3. 룻(룻기)/ 126
    1) 룻 이야기
    2) 사사기 19~21장과, 룻기에 등장하는 여성 비교
4. 한나(삼상 1~2장)/ 133
    1) 한나 이야기(삼상 1장)
    2) 한나의 노래(삼상 2:1~10)

6장 사무엘서의 지혜 여성들/ 141

1. 아비가일(삼상 25장): 긍정적인 역할과 긍정적인 결과/ 144
2. 다말(삼하 13장): 긍정적인 역할과 부정적인 결과/ 150
3. 드고아의 지혜 여성(삼하 14장): 부정적인 역할과 부정적인 결과/ 155
4. 아벨의 지혜 여성(삼하 20장): 긍정적인 역할과 긍정적인 결과/ 158
* 참고: 여성 지혜 지도자 전통/ 161

7장 여성과 성폭력과 전쟁/ 165
   1. 성폭행 사건의 개요/ 169
       1) 세겜의 성폭행 사건(창 34장)
       2) 기브아 불량배의 성폭행(삿 19장)
       3) 암논의 성폭행(삼하 13장)
   2. 피해자 여성의 목소리/ 175
   3. 남성 보호자와 전쟁/ 178
       1) 피해자에게 무관심한 아버지
       2) 전쟁: 형제들과 남편
   4. 성폭행과 전쟁의 관계/ 187

8장 잊혀진 여성 기억하기/ 189
   1. 입다의 딸(삿 11:34~40)/ 192
   2. 리스바(삼하 21:1~14)/ 196
   3. 미갈(삼상 18~19장, 삼하 6:20~23)/ 203
       1) 다윗을 사랑한 미갈
       2) 다윗을 잊은 미갈
       3) 다윗에게 이용당한 미갈
       4) 다윗에게 버려진 미갈
       * 여성의 입장에서 본 다윗
   4. 와스디(에 1장)/ 212
       1) 와스디 이야기
       2) 페르시아 왕국에 대한 비판

9장 여성 지도자들/ 219
    1. 미리암 선지자/ 222
        1) 모세를 구한 누이(출 2:4~10)
        2) 선지자 미리암(출 15:20~21)
        3) 모세에 대한 도전과 용서와 화해(민 12장)
    2. 드보라 사사/ 229
        1) 성경에서 말하고 있는 드보라
        2) 드보라 사사에 대한 논란 비판하기
    3. 훌다 선지자/ 240
        1) 훌다 선지자 이야기
        2) 훌다와 이사야의 관계
    4. 에스더 왕후/ 244
        1) 수동적이고 소극적인 에스더
        2) 적극적이고 지혜로운 지도자

나오는 글/ 253

참고문헌/ 259

추천사/ 류호준 교수

백석대학교 신학대학원 은퇴

적어도 여성에 관한 한, 전통적 성경 해석자들이 만들어놓은 기울어진 운동장을 그냥 내버려 두어야 할 것인가요? 어떻게 해야 하는 것 아닌가요? 전통이니 관습이니 하는 말로 이의(異意)를 제기하는 목소리를 잠재우려는 것은, 심하게 말해 억압이요 폭력입니다. 일반사회도 양성평등을 말하는 이 시대에 아직도 여성에 대한 시대착오적 성경 해석을 아무런 자기반성 없이 전가(傳家)의 보도(寶刀)처럼 믿고 휘두르는 일부 신학자들과 목회자들이 있다는 사실에 경악을 금치 못합니다. 보고 싶은 것만 보려는 습관, 보고 싶지 않은 것은 보지 않으려는 완고함이 때론 성경 해석을 둔하게 만들었을 겁니다. 왜곡된 시각으로 보면, 사시(斜視)로 바라보면 모든 것을 일방적으로 보게끔 되어 있기 때문입니다.

박유미 박사의 학문적 외침을 단순히 여성 편향적 남녀 갈라치기를 강화하려는 데 있다고 폄하(貶下)하지 마십시오. 극단적 페미니즘을 옹호하려는 작업도 아닙니다. "오늘 다시 만나는 구약 여성"의 박유미 박사의 외침은 솔직하고 진실하게 성경을 해석해 보자는 강력한 요청의 목소리입니다. 성경을 펼쳐보면 여러분은 얼마나 여성에 관한 본문들이 많다는 사실에 놀랄 것입니다. 이 책의 가장 큰 공헌과 장점은 구약 여성 본문에 대한 올바른 해석의 틀을 보여준다는 데 있습니다. 이로부터 박유미 박사는 수많은 잊혀진 여성들과 여성 본문들을 되살려내어 오늘에도 큰소리로 우리에게 말하게 합니다. 그 목소리에 귀를 기울여야 할 때가 되었습니다.

한국교회 교인들의 절반 이상이 여성들이라는 사실 하나만으로도 이 책은 널리 읽도록 해야 합니다. 우선 대부분의 남성 신학자들과 목회자들은 물론, 신학생들과 교회의 일반 신자들, 특별히 남녀 청년들과 남녀 집사님들, 권사님들과 장로님들이 시간을 내어 독서클럽을 만들어 함께 읽고 토론하면 좋겠습니다. 끝으로 사도 바울의 말씀을 인용함으로 추천의 말을 가름합니다. "여러분은 세례를 받아 그리스도와 하나가 되고, 그리스도를 옷으로 입은 사람들입니다. 그러므로 유대 사람도 그리스 사람도 없습니다. 종도 자유인도 없습니다. 남자와 여자가 없습니다. 여러분 모두가 그리스도 예수 안에서 하나이기 때문입니다."(갈 3:27~28).

추천사/ 정갑신 목사

* 예수향남교회

누가 나에게 '자신을 신복음주의자라 생각하느냐'고 묻는다면, 스스로를 어느 쪽으로 분류해 본 적은 없으나 그런지도 모르겠다고 답하겠다. 하지만, 성경적 근거가 부재한 이유를 의도적으로 만들어 나를 비난하려는 자가 자신의 하수인 같은 여러 사람을 모아 놓고, '신복음주의가 복음을 다 망가뜨리는데, 저 목사도 신복음주의자인 게 분명해'라고 한다면, 그리고 듣는 이들이 뭔지도 모르며 나를 힐끗 쳐다보며 웃는다면, 나는 단호하게 맞서겠다. 그의 무식함을 폭로하고, 동조하는 무리들의 천박한 순진함을 들춰내겠다. 전통교회에서 사역하며 겪었던 일이다.

나는 박유미 교수를 생각할 때 고맙다. 그녀는, 초막절 예루살렘 성전에서 가르치시던 예수님을 향해, '갈릴리에서는 메시야가 나올 수 없다. 예수는 갈릴리 출신이다. 그러므로 예수는 메시야가 아니다'라 판단하는 무리들을 향해, 눈을 부릅뜨고 말하는 중이다. '당신들...예수님이 어디서 태어나셨는지 예수님한테 직접 물어본 적 있어?'.

복음이 내 안으로 스며든다는 건, 내게 습득된 신학적 확신보다 성경이 말씀하시는 하나님이 비교할 수 없이 크시다는 사실을 의도적으로 소환하는 과정일 뿐 아니라, 그 하나님께서 나에게, 남자건 여자건 사람을 사람으로 존경하라 하신다는 사실을 기억해내는 여정이라고 확신한다. 그리하여 그녀가 속한 보수적 교단의 신자들 사이에서 떠도는 왜곡된 상식과, 고착된 전제주의적 신학의 담론에 저항하며, 성실한 성경 주해로 주님께 물으려는 박유미 교수의 시도에 뜨거운 응원과 깊은 감사의 박수를 보낸다.

추천사/ 강호숙 박사
  * 비블로스 성경인문학 연구소

박유미 박사가 쓴 『오늘 다시 만나는 구약 여성』이 출간되어 매우 기쁘다. 박유미 박사는 남녀평등을 중요한 가치로 보는 현대 사회에서 어떻게 성경을 해석하고 적용해야 할지를 씨름해온 여성 구약학자이다. 해서 이 책은 바로 그러한 열망을 담은 연구 끝에 나온 결과물이다.

저자는 보수적인 성경관을 가진 여성학자의 눈을 통해, 기존의 가부장적 성경 해석으로 왜곡되거나 무시된 구약 여성을 새롭게 해석함으로써, 오늘날 하나님이 원하시는 여성의 모습을 찾고자 했다. 이 책에서 다루는 하나님의 형상인 여성, 고정관념을 깬 여성들, 유혹자 프레임 깨기, 여성과 관련된 구약의 정. 부정법과 도덕법, 잊혀진 여성들, 성폭력의 피해 여성들, 구약의 여성 지도자들에 관한 내용은, 현재 보수 교단 내 가부장적 성경 해석의 오해와 왜곡으로 인해 초래된 '여성 안수 반대'를 포함한 성차별적인 교리와 법, 그리고 심각한 교회 내 성폭력 문제와 무관하지 않다고 본다.

저자는 구약 여성들을 '지금 여기'로 불러냄으로써 기존의 편협되고 왜곡된 가부장적 해석과 성차별적 여성관을 교정해주며, 현대를 살아가는 교회 여성에게 성경은 여성을 차별하지 않음을 여성의 성경 읽기를 통해 친절히 안내해주고 있다.

모쪼록 이 책을 통해 보수 교단에서 남녀 모두의 관점을 반영한 균형 잡힌 성경 읽기와 신학 연구를 모색하는 패러다임 전환이 일어나며, 교회 내 여성의 인권과 남녀평등이 속히 실현되길 기대해본다.

저자 서문

　1991년 나는 구약을 공부하고 싶다는 마음만 가지고 총신대신대원에 들어왔다. 그 당시 누군가가 나에게 여성신학에 관심이 있느냐고 물어보았을 때 나는 그런 신학이 왜 필요한지 모르겠고 오직 구약에만 관심이 있다고 대답하였다. 지금 생각하면 참 순진한 시절이었다. 그런데 신대원 수업 시간에 간간이 나오는 여성 차별 언어와 해석들이 점점 나를 불편하게 하였고 정말 성경이 여성을 차별하는 것인지 고민하게 되었다.
　그러다 보수적인 교단에서 성경을 남성 중심적인 관점으로 해석하는 것을 확인한 것은 박사학위 논문을 쓰면서이다. 사사기 4~5장이 학위 논문 본문이기에 여기에 등장하는 드보라와 야엘이라는 인물을 연구하는 과정에서 일부 남성학자들이 드보라와 야엘을 본문과 무관하게 해석하는 것을 발견하였다. 즉, 여성안수를 반대하는 입장의 학자들이 드보라를 사사로 보지 않는다는 것과 야엘을 부정적으로 해석한 것이다. 결국 나의 논문은 보수적이고 본문 중심의 해석 방법론으로 드보라와 야엘에 대해 긍정적으로 해석할 수 있음을 보여주었고 이 경험이 내가 여성 구약학자로서 구약의 여성들에게 관심을 가지게 된 시작점이다.

또한 그동안 합동 교단에서 일어난 크고 작은 여성 관련 이슈들에 응답하면서 점점 여성 학자로서 구약 본문을 여성 관점으로 읽어야 할 필요성을 절감하게 되었다. 이에 강의안을 준비하면서 여성 본문은 좀 더 자세한 읽기를 통해 새로운 해석을 하였고 논문을 쓸 때도 여성과 관련된 주제를 많이 쓰게 되었다. 의도하지 않았지만 하나님께서 나의 학문의 여정을 이렇게 인도하셨고 그 결과물들이 차곡차곡 모여 이 책이 나올 수 있었다.

이 책은 여성의 관점에서 본문 중심의 보수적인 해석방법을 사용하여 여성이 등장하는 구약 본문들을 해석하였다. 이를 통해 여성의 관점으로 성경 읽기를 하는 것이 자유주의적 신학이라는 의견을 반박하였다. 여성의 관점으로 성경을 읽는 것은 그동안 남성의 관점으로만 성경을 읽은 것과 성경 본문을 왜곡한 것에 대해 비판하고, 성경 해석에는 여성 관점과 남성 관점이 균형 있게 조화를 이루어야 성경의 진정한 의미를 드러낼 수 있다는 것을 말하는 것이다.

그러므로 이 책의 목적은 첫째로 지나치게 남성 관점으로 기울어진 성경 해석의 저울추를 여성 관점으로 조금 옮기는 것이다. 둘째로 성경은 여성을 열등하게 본다는 해석을 비판하며 성경은 여성과 남성을 평등한 존재로 보고 있다는 것을 밝히는 것이다. 셋째로 여성의 열등성을 기반으로 여성안수를 반대하는 주장에 대해 여성 안수가 성경적이라는 근거를 제공하는 것이다.

모쪼록 이 책이 보수적인 교단과 교회에서 차별 문제로 고민하는 여성에게 하나님은 여성을 차별하지 않는다는 것을 알려주며, 더 나아가 교회 내에서 여성과 남성이 평등하고 평화롭게 공존하는 아름다운 공동체를 이루어 나가는 데 도움이 되기를 소망한다. 또한 합동 교단에서 공부하고 사역하는 사랑하는 여자 후배들이 여성 안수를 받는 것에 도움이 되길 기도한다.

이 책이 나올 수 있는 기회를 주신 총신신대원여동문회와 책 발간에 수고하신 헵시바 출판위원들께 감사드린다.

2022년 11월 7일

박유미

들어가는 글

들어가는 글

성경을 읽다 보면 여성 입장에서 불편하거나 불공평하다는 생각을 갖게 하는 본문들이 있다. 예를 들면 여성의 생리를 부정하다고 한다거나 남성의 순결은 문제 삼지 않으면서 순결을 잃은 여성은 죽이라는 법들이다. 이렇게 성경에는 현대적 관점에서 보았을 때 여성을 차별하는 본문들이 많이 존재한다. 그 이유는 성경이 기록된 당시의 문화가 남성 중심적인 가부장 문화이기 때문이다. '가부장'이란 말 그대로 가족의 우두머리인 가장을 일컬으며 '가부장제'란 가족 성원에 대한 가장의 지배를 지지하는 체제를 뜻한다. 넓은 의미에서 가부장제는 개별 가족 구성원뿐만 아니라 사회 전반에 걸쳐 연소자와 여성에 대한 남성 지배를 지지하고 구조화하는 체제이다.[1] 이런 가부장제 사회는 기본적으로 남성과 여성의 관계를 평등한 관계가 아닌 위계의 관계로 보고 있으며 남성이 본질적으로 우월하며 여성은 열등하다고 전제한다. 그리고 가부장제가 유지되는 데에 가장 핵심적인 요소는 남성에 대한 여성의 의존과 순종이다.[2] 성경은 바로 이런 고대 근동의 문화적 배경 속에서 이런 문화적 배경에서 살던 사람이 기록한 것이다.

---

1) 여성문화이론연구소, 「페미니즘의 개념들」, (서울: 동녘, 2016), 14.
2) 강남순, 「페미니스트 신학」, (서울: 한국신학연구소, 2002), 301.

성경이 하나님의 말씀과 진리를 담고 있지만 성경이 처음 기록된 당시의 언어적 특징과 사회·경제·문화적 환경을 반영하고 있다. 성경이 시공간을 초월하여 갑자기 하늘에서 뚝 떨어진 것이 아니라 주전 15세기 모세 시대부터 주후 1세기 초대교회 시대까지, 인간의 역사 속에 함께 하신 하나님이 이스라엘에게 말씀하신 역사를 다양한 인간 저자들이 기록한 것이기 때문이다. 성경의 일차 독자는 고대 이스라엘 사람들과 신약 시대 유다 사람들이기 때문에 그들이 이해할 수 있는 언어와 관습과 가치관을 가지고 성경은 기록되었다. 그러므로 성경이 기록된 시기의 고대 근동 문화는 남녀평등을 중요한 가치로 여기는 현대와는 다른 문화와 가치관을 가지고 있다는 것을 알고 이것을 우리 시대에 적합하게 적용하는 것이 필요하다. 이것이 바로 성경 해석이다. 이렇게 성경은 문자 그대로 우리에게 적용하는 것이 아니라 본문의 시대적 문화적 상황을 고려하며 시대를 뛰어넘는 하나님의 진리와 은혜를 찾아내고 이를 우리 삶에 적용하는 것이다. 우리가 성경을 읽을 때는 반드시 성경이 기록된 당시의 문화적 사회적 배경을 고려해야 한다. 사실 교회의 모든 설교와 학자들의 성경 해석이 모두 이런 방식으로 이루어지고 있다. 그러므로 우리는 성경에서 여성에 관한 본문을 해석할 때 당시의 가부장적인 문화의 영향을 받고 있다는 것을 인식하고 이런 본문을 어떻게 현대 사회에 적용할지 고민해야 한다.

이런 가부장적인 관점은 성경에만 있는 것이 아니라 성경을 해석하는 사람들도 가지고 있다. 사람은 성별, 국가, 인종, 계급과 같이 선천적인 환경과 더불어 자신이 살아가면서 얻은 교육의 정도나 문화, 결혼 여부, 자녀의 유무 등 다양한 후천적 환경의 영향을 받는다. 그 누구도 이런 환경적 영향에서 자유로운 사람은 없다. 그러므로 사람의 해석에도 환경적 영향과 시대의 상황이 반영될 수밖에 없다. 그동안 성경 해석자들은 주로 가부장제 속에서 살아온 남성들이었기에 그들의 해석에도 이런 관점이 반영될 수밖에 없다. 그동안 교회 역사 속에서 남성들이 성경 해석의 권위를 가지고 있었기 때문에 남성들의 해석만이 객관적이고 권위적인 것으로 받아들여졌다. 하지만 이것은 남성 해석자의 관점일 뿐이다. 예를 들어 남성 해석자들은 여성의 생리가 부정하다는 구절을 들어 여성을 부정한 존재로 해석하기도 한다. 우리를 경악케 했던 모 목사의 기저귀 발언도 이런 해석에서 나온 것이다. 그런데 같은 본문에서 남성의 설정도 부정하다고 말하고 있다. 하지만 이것을 언급하며 남성을 부정한 존재로 해석하는 경우는 들어본 적이 없다. 남성 해석자들은 남성의 입장에서 자신들에게 불리한 본문은 언급하지 않는 것이다.

여성을 남성보다 열등한 존재로 해석하거나 여성은 좋은 어머니, 순종적인 아내가 되는 것이 최고의 미덕이라는 해석 또한 이런 남성 관점을 반영한 해석이다. 그러므로 성경을 어떻게 해석하느냐도 중요하지만 누가 해석하느냐도 매우 중요하게 보아야 한다. 그동안은 전통적으로 남성들이 성경 해석을 거의 독점하였기에 이런 문제들이 가려졌었지만 여성들이 성경 해석에 참여하면서 남성의 눈을 통해 보던 성경을 여성의 눈으로 직접 보기 시작하였다. 그런 과정 속에서 그동안 전통적으로 남성 중심적으로 보던 해석에 문제를 제기하며 새로운 해석을 시도하고 새로운 성경 내용을 발견하게 되었다. 지금은 이런 여성의 눈으로 성경 해석하는 것이 활발하게 진행되고 있다. 이 책에서는 위에서 언급한 본문의 가부장적인 문화와 가부장적 해석자의 문제로 그동안 왜곡되거나 무시된 여성을 발견하고 새로운 해석을 부여하며 성경이 말하고 원하는 즉, 하나님이 원하시는 여성의 모습이 어떤 것인지 여성의 눈으로 찾아보고자 한다.

이렇게 여성의 눈으로 성경을 해석하는 이유는 첫째, 그동안 일방적으로 남성의 눈으로 보던 성경 해석에 균형을 맞추기 위해서이다. 한

쪽 눈으로만 세상을 보면 세상을 온전하게 보기 힘든 것처럼 남성의 눈으로만 해석된 성경 해석은 온전하다고 할 수 없다. 세상의 반은 남성이지만 또한 세상의 반은 여성이기 때문에 남성의 생각과 감정과 경험만 인정되는 것은 불공평하며 불완전하다. 남성이 독처하는 것이 좋지 않은 것처럼 이것도 하나님 보시기에 좋지 않다. 여성의 경험과 생각과 감정이 인정되고 여성의 관점이 성경 해석에 반영될 때 비로소 하나님 보시기에 좋다고 할 수 있다. 그러므로 여성의 눈으로 성경을 읽는 것은 남성 관점으로 심하게 기울어진 해석의 저울추를 평행하게 맞추는 작업이기에 남녀가 서로 존중하며 인정하고 사랑하는 교회로 온전해지기 위해 중요한 일이라고 생각한다.

둘째, 다음 세대 교회를 위해 매우 중요한 작업이다. 현재 교회는 청년을 비롯한 젊은 세대들이 급감하고 있다. 한편으로는 출산율 저하에 따른 인구 감소도 있지만 다른 한편으로는 교회의 남성 중심적이고 가부장적인 문화에 적응하지 못한 청년들 특히 여성들이 교회를 떠나고 있기 때문이다. 이들은 남녀평등 문화 속에서 자라났기에 남녀평등을 중요한 가치로 생각하고 이런 가치관을 좀 더 확대시키기 위해 노력하는 세대이다. 그런데 이들 눈에 교회는 여전히 여성을 차별하고 비하하는 구시대적이고 이상하고 불편한 곳으로 비친다. 이로 인해 교회는 예수그리스도의 십자가 복음의 사랑과 정의와 평화라는 핵심적 가치를 남녀 차별이라는 문화적 요소로 가리는 실정이다. '여성의 눈으로 성경 읽기'는 하나님이 여성을 차별하지 않는다는 것과 교회는 그런 평등의 가치를 중요하게 여긴다는 메시지를 젊은 세대에게 전달할 수 있다. 결국 여성의 눈으로 성경을 읽는 해석은 성경을 균형 있게 읽는 방법이며 젊은 세대를 교회로 인도하는 좋은 디딤돌이 될 것이라 생각한다.

1장 하나님의 형상인 여성

1. 하나님의 형상(창 1:26~28)

1) 창세기 1장 26~28절 해석

'성경은 여성을 어떤 존재라고 말하는가?'에 대한 질문에서부터 우리의 이야기를 시작하자. 창세기 1:26~28은 인간 창조 부분으로 성경이 인간을 어떤 존재로 규정하는지 잘 보여주는 선언문이다. 26절에서 인간은 하나님의 형상대로 만들어진 존재라고 말한다. 하나님의 형상대로 만든 이유는 하나님께서 창조하신 세상을 다스리게 하기 위해서이다. 즉, 인간이 하나님의 형상을 가졌다는 것은 하나님이 만든 세상을 하나님을 대신하여 잘 관리하고 다스리는 대리 왕의 직분을 받았다는 것을 의미한다. 인간은 세상을 잘 다스릴 권한뿐만 아니라 책임을 짊어진 존재로 지어진 것이다. 그런데 인간은 남자와 여자로 창조된다. 27절에서 "하나님이 자기 형상 곧 하나님의 형상대로 사람을 창조하시되 남자와 여자를 창조하시고"라고 말하고 있다. 이것은 인간이 여성과 남성으로 구성되며 여성과 남성 모두 동일하게 하나님의 형상을 가졌다는 의미이다. 그러므로 여성과 남성 모두 하나님의 대리 왕으로 세상에 대한 권세와 책임을 가졌다. 또한 28절에서 하나님은 '그들' 즉, 여성과 남성 모두에게 복을 주시며 생육하고 번성하고, 땅을 정복하고, 모든 생물을 다스리라고 명령하신다. 하나님은 남녀 모두에게 복을 주시고 남녀 모두에게 대리 왕의 역할을 하라고 명령하셨다. 성경을 문자적으로 보더라도 여기에는 어떤 차별도 존재하지 않는다.

2) 하나님의 형상 해석 역사

교회 역사상 여성이 남성과 동일하게 하나님의 형상을 가지고 있다는 사실이 인정된 것은 얼마 되지 않는다. 초대와 중세 교부들은 여성이 남성과 동일한 하나님의 형상을 가지고 있다는 것을 인정하지 않았다. 히포의 어거스틴은 여성이 하나님의 형상을 가지고 있지만 남성과 더불어 가지고 있으며 남성이 없으면 하나님의 형상을 가지지 못한다고 하였다.[3] 그리고 여성을 '실패한 남성'이라고 말한 그리스 철학자 아리스토텔레스의 영향을 받아 남성과 여성은 영혼과 감각(암브로스) 혹은 영혼의 높은 부분과 낮은 부분(어거스틴)을 상징한다는 유비를 사용하여 여성은 열등한 감각과 영혼의 낮은 부분을 가진 존재로 즉, 남성보다 열등한 존재로 규정하였다. '황금의 입'으로 불리는 크리소스톰은 오직 남성만이 하나님의 형상을 가지고 있다고 주장하며 이를 근거로 여성은 남성에게 종속된 존재라고 하였다. 중세 신학을 집대성한 토마스 아퀴나스는 하나님의 형상이 남녀에게 동일하게 발견되지만 남성의 하나님 형상은 여성에게는 발견되지 않는 방법으로 발견된다고 하였다. 즉, 여성의 하나님 형상에는 남성이 가진 무언가가 빠진 결핍이 있다는 것이다.

여성이 온전한 하나님의 형상을 가지지 못했다는 주장은 종교개혁

---

[3] 박유미, "칼빈의 해석은 영원한 진리?; 여성 본문에 대한 칼빈구약주석 연구", 「구약논단」 67, (2018), 108.

때까지 이어졌다. 쯔빙글리와 에라스무스는 "여성은 하나님의 형상인가?"라는 질문에 "아니다"라고 대답한다. 무스클루스 같은 종교개혁자는 결혼을 통해서만 여성은 하나님의 형상을 가진다고 주장하였다.4) 이렇게 초대교회부터 중세를 지나 종교개혁 시까지 당시의 여성을 열등하게 보는 가부장적 문화의 영향을 받은 남성 교부와 신학자들로 인해 여성은 하나님의 형상이라는 인정을 받지 못했다. 성경 본문이 아무리 남녀 모두 하나님의 형상으로 창조되었다고 말하고 아무리 남녀 모두 하나님의 대리 왕으로 임명되었다고 말해도 남성 중심 사회에서 나고 자란 남성 신학자들은 그들이 살았던 시대와 사회의 영향을 그대로 받을 수밖에 없었고 여성은 온전한 하나님의 형상이 아니라고 해석하였다.

여성과 남성 모두 하나님의 형상이라고 말한 사람은 칼빈이다. 칼빈은 '여성은 아이를 낳기 위해 창조되었다'는 어거스틴의 견해와 '여성은 남성의 형상'이라는 쯔빙글리의 견해를 비판하며 남녀 모두 하나님의 형상으로 지어졌으며, 남녀의 형상 부분에 있어서 차이가 없이 동등하다고 하였다.5) 하지만 고린도전서 11:7의 해석에서 남녀 모두 하나님의 형상이지만 남성이 우월한 권위를 가지고 있다고 주장한다. 다만 남성의 우월성 영역은 부부간 질서의 영역과 현재적 삶의 영역이며 양심의 영역 즉, 영적인 영역에서는 동등하다고 하였다. 칼빈은 성경을 따라 남녀의 존재적, 영적, 인격적 동등성을 인정하지만 가부장적인 사회 관습을 따라 가정과 사회 등 현실적 영역의 차별은 인정한 것이다.

3) 존재론적 평등, 기능적 종속의 허구

칼빈의 견해가 발전하여 보수 교단에서는 남녀 관계를 '존재론적

---

4) 박유미, "칼빈의 해석은 영원한 진리?", 109.
5) 박유미, "칼빈의 해석은 영원한 진리?", 110.

평등, 기능적 종속'이라는 서로 모순되는 말로 규정하였다. 왜 이 말이 모순이냐면 평등과 종속은 서로 양립할 수 없는 반대의 뜻으로, 종속된 관계는 평등한 관계가 아니며 평등한 관계는 종속될 수 없기 때문이다. 여성이 남성과 동일하게 하나님의 형상을 가진 존재이며 하나님의 창조 세계를 다스릴 권한과 책임을 동일하게 받았다고 창세기 1:26~28은 말하고 있다. 여기에는 어떤 차별도 존재하지 않는다. 이 부분을 부인할 수도 없고 그렇다고 가부장적 관습에 익숙한 보수적인 교회가 여성이 남성과 완전히 동등하다고 인정하기도 어렵기 때문에 이런 모순적인 말로 어정쩡하게 남녀의 관계를 표현하였다. 하지만 이 말은 결국 여성의 종속과 차별을 정당화하기 위한 표현으로 주로 여성 안수를 반대하거나 여성의 차별을 정당화할 때 사용되었다. 그러므로 현재 '존재론적 평등, 기능적 종속'을 말하는 합동 교단은 여성을 남성에게 종속된 열등한 존재로 생각하고 있다고 말할 수 있다.[6]

결론적으로 여성이 가진 하나님의 형상이 남성과는 다른 열등한 것이거나 제한적이라는 주장은 창세기 1장 본문의 지지를 받지 못한다. 창세기 1:26~28은 여성과 남성 모두 하나님의 형상으로 지음 받았고 하나님이 지으신 피조세계인 삶의 모든 영역 즉, 정치, 경제, 사회, 가

---

[6] 이런 모순에 대해 정훈택 교수는 존재와 기능은 분리할 수 없으며 성경이 여성을 차별한다고 생각하면 존재론적 동등성을 말하면 안된다고 하였다. 그리고 권위에 의한 '종속성'이란 표현은 결국 권위의 상하관계를 시사하며 평등성이란 단어와 잘 어울리지 않는다고 지적하였다. 권위의 차이란 분명 서열이나 우선순위를 말하고 있는 것이라고 하였다. 정훈택 교수는 이 글을 통해 '존재론적 평등, 기능적 종속'이라는 언어의 모순을 신랄하게 비판하며 사회의 눈치를 보지 말고 솔직하게 우리 교단은 여성을 차별하는 '존재론적 종속'을 신봉하고 있으며 실제로 여성을 교회의 모든 사역에서 배제시켜 여성의 역할을 제한한 바울의 말을 엄격하게 지키라고 촉구하고 있다. 결론은 좀 엉뚱해 보이지만 성경을 문자적으로 엄격하게 지키지도 않으면서 '존재론적 평등, 기능적 종속'이라는 모순된 언어 뒤에 숨어 여성을 차별하면서도 차별하지 않는 것처럼 말하는 교단의 위선을 잘 보여준 논문이다. 정훈택, "존재론적 평등성, 기능적 종속성?- 우리의 여성 안수불가 논의에 관하여" 신학지남 64, (1997), 246-265.

정, 교회 등 모든 영역을 다스릴 권한과 의무를 받은 동등한 존재라고 선언하고 있다.

2. 돕는 배필(창 2:18): 서로 돕는 남녀 관계

창세기 2장은 남성과 여성의 창조에 대해 좀 더 자세한 내용을 담고 있다. 1장이 인간 창조의 대원칙을 제시한다면 2장은 남성과 여성이 서로 어떤 관계를 갖는지 설명한다. 하나님은 아담을 만드신 후 혼자 사는 것이 좋지 않다고 여기시고 아담을 위해 돕는 배필을 만들겠다고 결심하신다. 여기서 '혼자 사는 것이 좋지 않다'는 것은 인간 창조가 아직 완성되지 않았기 때문이다. 인간은 남성과 여성으로 구성되어 있는데(창 1:26) 아직 남성만 있으니 인간 창조가 완성되지 않은 것이다. 그래서 남성과 짝을 이룰 여성을 만드셨다. 18절에서 하나님은 그를 위해 돕는 배필을 지으시겠다고 말씀하신다. 전통적으로 '돕는 배필'을 남성의 조력자, 보조자로 해석해왔다. 이런 해석을 통해 여성은 남성보다 열등하기 때문에 남성이 하는 일을 돕는 것이 창조의 원리이며 여성 본래의 역할이라고 가르쳐왔다. 히브리어를 잘 알고 있던 칼빈도 당시 사회적 관습에 따라 여성을 남성의 보조자로 해석하였다. 그런데 '돕는 배필'의 히브리어는 '에제르 케네게도'로 직역하면 '그와 마주 보며 돕는 자'라는 뜻을 갖는다. '네게드'라는 단어는 '거울상, ~앞에'라는 뜻으로 여성의 위치는 남성의 위도 아래도 아닌 평등하게 마주 보는 위치에 있다는 의미이다. 그러므로 이 단어는 열등성이 아닌 동등성 혹은 평등성을 강조한 단어이다.

'돕는 자'로 번역되는 '에제르'는 강한 자가 약한 자를 도울 때 사용되는 단어로 하나님이 이스라엘을 돕는 자로 등장하실 때 사용된다(신 33:29; 시 30:10; 시 54:4; 118:7). 그러므로 '에제르'는 여성이 열등한 존재라거나 남성의 보조자라는 의미가 아니라 오히려 우월성을 드러내는 표현이라 할 수 있다. 그러므로 '돕는 배필'의 원래 의미를 살려 해석하면 여성과 남성은 서로 마주 보는 대등한 입장에서 서로의 부족한 부분을 도와주는 관계이다. 칼빈도 히브리어를 잘 알고 있기에 이런 의미를 충분히 파악할 수 있었지만 그가 살았던 당시 남성 중심의 가부장적 생각을 뛰어넘지 못하고 이 구절을 여성은 남성의 보조적 존재로 해석하는 우를 범하였다. 이것을 보면 인간이란 존재는 아무리 뛰어난 학자이고 목회자라 하더라도 자신이 가진 한계를 뛰어넘기 힘들다는 것을 알 수 있다. 하지만 하나님은 시대를 뛰어넘는 초월적인 분으로 우리에게 창조 시부터 여성과 남성은 서로 마주 보며 서로 돕고 사랑하는 존재라고 선언하셨다.

또한 여기서 '마주 봄'은 상대방의 약점이나 허물을 찾고 비난하기 위한 마주 봄이 아니라 상대방의 장점을 칭찬하고 그 존재 그대로 사랑하며 상대의 약함을 돕기 위한 마주 봄이다. 그렇기에 태초의 여성과 남성은 서로가 벌거벗어 자신의 모든 것을 보여주어도 부끄럽지 않고 서로 사랑할 수 있었다. 이것이 하나님께서 진정으로 원하시는 하나님 안에서 살아가는 딸과 아들의 삶의 방식이다.

3. 창조의 절정인 여성(고전 11:7)

창세기 1:26에서 여성은 하나님의 형상이라고 분명히 언급하고 있는데도 여성을 남성보다 열등한 존재로 보는 근거는 "남자는 머리를 가려서는 안되는데, 이는 남자는 하나님의 형상과 영광이고 여자는 남자의 영광이기 때문이다"라는 고린도전서 11:7의 말씀이다. 이 본문은 머리에 무엇을 쓸 것인가 말 것인가의 문제를 이야기하는 본문으로 남성에게는 아무것도 쓰지 말고 여성은 머리를 가리라고 권면하고 있다

(고전 11:4~5). 칼빈은 이 구절이 가정 밖의 공공 영역에서 여성이 지도력을 가지는 것을 반대하는 것이며 여성은 가정 안에서 남편에게 복종해야 함을 말하는 것이라고 해석하였다. 이런 해석은 남성이 온전한 하나님의 형상을 갖지만 여성은 남성에게 종속된 하나님의 형상을 갖는다는 의미이며 이런 견해가 보수적인 교회의 일반적인 의견으로 널리 퍼졌다.

하지만 현대에 와서 이 본문은 새롭게 해석되고 있다. 케네스 베일리는 여성이 남성의 영광이라는 말은 여성이 '사람의 영광'이라는 뜻으로 여성이 창조의 절정이란 의미라고 하였다.[7] 황영자도 '여성이 남성의 영광'이란 의미는 아담이 하와를 만났을 때 감격했던 그 '자랑과 기쁨(창 2:23)'이라고 말하며 최초의 여성인 하와는 아담의 눈을 사로잡는 아름다움을 가진 존재였을 것이라고 설명한다.[8] 이렇게 설명한 근거는 여성과 남성 모두 하나님의 형상이라고 말하는 창세기 1:26이다. 여성의 형상을 남성의 영광으로 제한시키면서 하나님의 형상을 가진 남성보다 열등하다고 해석하는 것은 창세기 1:26의 선언과 조화를 이룰 수 없다. 그러므로 이 구절을 근거로 여성이 가진 하나님의 형상이 남성이 가진 하나님의 형상보다 열등하다는 해석은 성경을 전체적으로 읽을 때 옳지 않다.

고린도전서 11:3~16은 전체적으로 예배 시간에 남성과 여성이 어떤 머리 형태를 갖추는 것이 적절한지를 다루고 있다. 4~5절에서 이 것을 분명히 언급한다. 바울은 이런 머리 형태가 왜 적절한지에 대한 근거로 창세기 1~2장의 아담과 하와 창조 이야기를 가져온다. 이를 근거로 7절에서 아담이 하나님의 형상으로 지어졌다는 것과 하와는 인

---

[7] 케네스 베일리, 「지중해의 눈으로 본 바울」, 김귀탁 역, (서울: 새물결플러스, 2017), 462-463.
[8] 황영자, 「바울이 본 아담과 하와-고린도전서의 남녀관」, (서울: 헵시바, 2018), 92.

간 창조의 절정으로 지어졌다고 선언한다. 이어 8~12절에서 창세기 2장의 창조 이야기를 풀어 설명한다. 이 부분을 직역하면 다음과 같다.9)

> 8절: 남자는 여자에게서 난 것이 아니고
> 　　　그러나 여자는 남자에게서 났다.
> 9절: 또 남자가 여자 때문에(dia) 지음을 받은 것이 아니고
> 　　　여자가 남자 때문에(dia) 지음을 받은 것이다.
> 10절: 이것 때문에(dia)
> 　　　여자는 그 머리에 권위를 두어야 하는데
> 　　　이는 천사들 때문이다(dia)
> 11절: 더 특별히 여자는 주 안에서 남자와 독립적이지 않고
> 　　　남자도 여자와 독립적이지 않다.
> 12절: 이는 여자가 남자에게서 난 것처럼
> 　　　남자도 여자를 통해 났기 때문이다
> 　　　그리고 모든 것은 하나님에게서 났다.

　바울은 창세기 2:21~22에서 하나님이 아담의 갈빗대 하나를 취하여 여성을 만드셨기 때문에 여성은 남성에게서 나왔다고 설명한다(8절). 그리고 창세기 2:18에서 아담의 '돕는 배필'로 여자를 만드셨기에 9절에서 남자 때문에 여자가 지음 받았다고 설명한다. 여기서 '때문에(dia)'는 여성이 능력 있는 돕는 자로서 남성의 부족함 때문에 지음을 받았다는 의미이다. 10절은 이런 놀라운 창조 때문에, 그리고 창조 시 이런 놀라운 일을 찬양한 천사들 때문에 여자는 자신의 머리에 권위를 두어야 한다고 설명한다. 천사들은 창조 시 하나님이 여성을

---

9) 베일리, 「지중해의 눈으로 본 바울」, 450. 이 번역에서 독특한 것은 헬라어 'dia'를 '~을 위하여'가 아니라 '~ 때문에'라고 일관되게 번역한 것이다.

그의 형상으로 창조하는 것을 목격하였다. 그리고 수건은 천사들에게 여성의 권위를 보여주는 표식이다. 즉,) 여성이 자신의 머리에 권위를 두는 것이 바로 수건을 쓰는 것이다. 여성의 권위는 남성을 도울 수 있는 능력을 가진 것이다. 그러므로 머리에 수건을 쓰는 것은 남성의 권위를 드러내는 것이 아니라 여성 자신의 권위와 능력을 드러내는 행위이다. 이렇게 창조와 연결하여 여성에게 수건을 쓰라고 권면한 뒤 (10절) 바울은 남성과 여성의 상호 의존성을 강조한다. 11~12절에서 바울은 여자와 남자의 창조 사건을 보았을 때 그리고 남자가 여자를 통하여 태어나는 현상을 보았을 때 여자와 남자는 독립적인 존재가 아니라 상호 의존적인 존재라고 설명한다. 그리고 궁극적으로 모든 것은 하나님에게서 났다면서 모든 것의 최종적 근원은 오직 하나님이심을 천명한다. 이것은 모두가 하나님께로부터 기원한 피조물이기 때문에 여성이 남성에게 났느니 이 여성에게서 났느니 하는 논쟁은 의미가 없다는 것이다.

결론적으로 남성과 여성이 예배 시간에 머리에 수건을 쓸 것인가 말 것인가에 관하여 지침을 제시하는 고린도전서 11:2~16에서 바울은 남성의 경우 머리를 드러내는 것이 자신의 영광을 드러내는 방편인 반면 여성의 경우 머리에 수건을 쓰는 것이 오히려 여성 자신의 권위를 드러내는 방편이라고 권면한다. 이런 권면은 당시 고린도 지역의 문화 속에서 나온 것이다. 당시에 여성이 공식적인 자리에서 머리카락을 드러내는 것을 천한 행동 혹은 부적절한 행동이라고 여겼기에 바울은 여성들이 예배 시간에 수건을 쓴 품위 있고 권위 있는 모습으로 예언하고 기도하기를 권면하였다. 이와 마찬가지로 당시 고린도 문화는 남성이 머리를 기르는 것이나 수건을 쓰는 것을 부정적으로 보았기 때문에 남성들에게는 머리에 아무것도 쓰지 말고(4절), 머리를 길게 기르지도 말라고 한다(14절).

그러나 구약의 삼손 같은 경우는 하나님의 명령으로 머리를 기르기도 했기 때문에 남성이 머리를 기르는 것은 문화적인 문제이지 본질적인 문제라고 볼 수 없다. 그러므로 이 본문은 여성의 종속성을 말하는 본문이 아니라 오히려 창세기 1~2장의 창조 이야기를 반영하여 여성과 남성 모두 하나님의 형상으로 지음 받은 존귀한 존재라는 것과 서로 돕고 살아야 할 상호 의존적인 존재임을 드러내고 있다.

2장 여성은 유혹자인가?

교회는 오랫동안 창세기 3장을 근거로 여성을 유혹자로 규정하였다. 우리들이 잘 알고 있는 초대 교부들은 여성에 대해 다음과 같이 말하였다.

"당신들(여성) 때문에 우리는 죽음의 형벌을 받는 것이며, 당신들 때문에 하나님의 아들이 죽어야 했다(터툴리안)".

"하와는 한 번의 가르침으로 모든 것을 파멸시켜 버렸다(크리소스톰)"

"하와는 꼬임에 넘어간 첫 번째 사람이며 남성을 속인 책임이 있다. 하와는 자기가 꼬임에 넘어간 사실을 알고 있으면서도 남편을 악에 빠뜨렸다(어거스틴)".

"여성의 사악함은 다른 모든 사악함보다 더 크다 … 뱀에 홀리는 것보다 여성을 알게 되는 것이 더 불치병이다. 독을 품은 동물을 피하듯 여성을 피하라(교황 이노센트 3세)"10)

특히 평생 독신으로 살았던 중세의 남성 수도사들은 여성에 대해

---

10) 진 에드워드, 「하나님의 딸들」, 임정은 역, (서울: 죠이선교회, 2009), 61-62.

아는 것이 거의 없었다. 결혼을 하지 않아 성적 욕구가 충족되지 못했던 이 독신의 수도사들은 불타는 정욕의 책임이 자신의 생물적 특징이 아니라 여성에게 있다고 비난하였다.[11] 결혼과 성을 죄악시하던 중세시대는 결혼과 성의 대상이 되는 여성을 악으로 규정하는 여성 혐오의 시대였다.

이런 전통은 종교개혁자 칼빈에게도 영향을 미쳤다. 그는 창세기 3장 주석에서 밀턴의 실낙원 9권의 "그는 먹지 않으려고 망설였다. 더 좋은 지식을 버리고 속지 않으려고 주저했다. 그러나 여자의 매력에 어리석게도 넘어가고 말았다"를 인용하며 아담은 사탄의 속임수에 넘어간 것이 아니라 하와의 유혹에 넘어가 선악과를 먹었다고 해석한다. 창세기 3장의 이런 해석은 다른 성경 본문을 해석하는 데 영향을 끼쳤고 특히 여성이 성범죄 피해자가 된 상황에서도 여성을 유혹자라고 비난하는 해석을 해왔다. 이렇게 교회는 오랫동안 남성의 관점에서 여성을 유혹자로 정죄하였다. 또한 이런 해석은 하와가 남편을 유혹하는 죄를 지었기 때문에 아내가 남편에게 복종하는 벌을 받았다고 말한다.

과연 이런 남성 중심적 해석이 정당한지 그리고 성인지 감수성이 예전과 다르게 발전한 오늘날의 사회 속에서도 여전히 정당한지 생각해 볼 필요가 있다. 이 장에서는 창세기 3장에 대한 현대적 해석과 여성을 유혹자로 왜곡되게 해석한 본문을 중심으로 살펴보며 여성을 유혹자로 규정하는 남성적 시각을 비판하려고 한다.

1. 하와(창 3장) - 유혹자 프레임 깨기

아담과 하와가 서로 사랑하며 살던 어느 날 뱀이 하와에게 다가온다. 창세기 3:1에서 뱀을 하나님이 지으신 동물 중에 가장 영리하다고

---

[11] 진 에드워드, 「하나님의 딸들」, 65.

소개한다. 그리고 사탄은 이런 뱀의 영리함을 이용하여 인간을 유혹하였는데 아마도 뱀이 다른 동물들보다 영리했기 때문에 인간에게 신뢰감을 주어 유혹하기 쉬웠을 것이다. 뱀은 하와에게 접근하여 "하나님이 참으로 너희에게 동산 모든 나무의 열매를 먹지 말라 하시더냐? (1절)"라고 질문한다. 이 질문은 겉보기엔 매우 순진해 보이지만 먹지 말라는 부정적인 부분에 강조점이 있다. 이런 질문에 하와는 부정확한 기억을 의지하여 "먹지도 말고 만지지도 말라 너희가 죽을까 하노라(3절)"라고 답한다. "반드시 죽을 것"이라는 하나님의 선언을 죽을지도 모른다는 식으로 모호하게 변경한 것이다. 이것은 하와가 하나님의 심판 선언에 대해서 별로 신경 쓰지 않았으며 아담은 하와에게 하나님의 명령을 정확히 전달하지 않은 상황을 상상하게 만든다. 이런 상황이기 때문에 뱀이 하나님의 명령을 정확히 알고 있는 아담보다는 하와에게 접근한 것이다. 뱀은 하와의 모호한 대답을 듣고 하나님의 말씀을 완전히 뒤집으며 "결코 죽지 아니하리라(4절)"고 단언한다. 그리고 한 발 더 나가 "하나님과 같이 되어 선악을 알 줄 하나님이 아심이니라(5절)"라며 인간에게 하나님처럼 될 수 있다는 욕망을 불어넣는다. 뱀은 직접 먹으라고 하지도 않으면서 먹고 싶은 욕망을 자극하는 뛰어난 유혹의 기술을 가지고 있었다. 이런 뱀의 유혹에 넘어간 하와는 갑자기 나무에 관심을 보이고 먹고 싶은 욕망이 생겨나 선악과를 따서 먹었다. 이렇게 뱀이 하와를 유혹한 것은 본문에서 매우 길고 자세하게 설명하고 있다.

하와가 아담을 유혹했는지는 분명하지 않다. 선악과를 먹은 하와는 자신과 함께 있던 남자에게도 주었다. 여기서 "함께 있는"은 넓은 의미에서 '동반자'라는 의미로 볼 수도 있지만 문법적으로 직역하면 '옆에 있는'이란 의미로 해석되는데 이것은 하와가 뱀과 대화를 나누고 선악과를 따먹을 때 곁에서 그 모든 과정을 보고 있었다는 의미이기도

하다. 그리고 이런 해석이 더 지지를 받는 것은 본문에서 하와는 아담에게 아무런 말을 하지 않고 선악과를 주었고 아담은 먹었다고 말하고 있기 때문이다. 뱀은 하와가 선악과를 먹도록 설득하기 위해 긴 유혹의 말을 하였지만 하와는 아담에게 아무런 말도 하지 않았다. 초대 중세 교회 교부들이나 칼빈의 해설과 달리 하와가 아담을 유혹했다는 말이 본문에 없다. 오히려 아담도 뱀의 말을 듣고 선악과에 대한 욕망이 생겼고 하와가 먼저 먹고 죽지 않는 것을 보고 자신도 먹었다고 해석할 수 있다. 먹지 말아야겠다는 본인의 의지가 확고했다면 하와가 선악과를 주었을 때 안 먹었을 것이기 때문이다. 이렇게 이 본문에서 아담이 선악과를 먹은 과정은 매우 간략하게 서술되어 있기 때문에 해석의 여지가 많다. 전통적인 해석처럼 하와가 뱀처럼 감언이설로 아담을 유혹해서 선악과를 먹게 했다고 볼 수도 있지만 이와 달리 하와는 뱀과 대화하던 내내 옆에 있던 아담에게 선악과를 넘겨주기만 했다고 볼 수 있고 본문을 따르면 후자의 설명에 더 가깝다.

그런데 왜 하와가 유혹자라는 오명을 쓰게 되었을까? 그것은 바로 아담 때문이다. 하나님께서 아담에게 왜 선악과를 먹었느냐고 추궁하실 때(11절) "하나님이 주셔서 나와 함께 있게 하신 여자 그가 그 나무 열매를 내게 주므로 내가 먹었나이다(12절)"라며 죄의 책임을 하와에게 돌린다. 하와의 유혹으로 자신이 선악과를 먹게 되었다는 의미이다. 이렇게 '여성은 유혹자, 남성은 희생자'라는 프레임을 가장 먼저 만든 사람은 바로 아담이다. 그리고 아담의 후손들은 지금까지 그 변명을 답습하고 있다. 아담은 자신의 죄책감을 덜기 위해 여성과 하나님에게 책임을 전가하였고 이것이 바로 타락한 인간의 특징이다. 나를 만드신 하나님과 나와 한 몸이었던 하와에게 책임을 전가함으로 아담은 하나님과 분리되고 하와와 분리되었다. 이것은 하와도 마찬가지로 그는 뱀에게 책임을 전가하였다. 하지만 하나님께서는 죄의 전가를 인정하지 않으시고 각자 행한 죄를 따라 벌을 내리셨다. 신약의 고린도전서 15:22은 아담 안에서 모든 사람이 죽었다고 말하므로 죄에 대한 대표책임은 아담에게 있다고 말한다. 그리고 로마서 5:12에서도 아담이 죄를 세상에 들여왔다고 말한다. 그러므로 신구약의 본문을 종합해 보았을 때 아담과 하와는 모두 원죄에 대한 공동 책임을 가지고 있다.

이 사건으로 여성에게 내려진 벌 중 하나가 남편과의 주도권 싸움이다. 창세기 3:16을 직역하면 "너는 남편을 향한 갈망이 있고 남편은 너를 다스리려고 할 것이다"인데 여기서 '갈망'이란 단어는 기본적으로 먹잇감을 삼키려고 하는 동물의 욕망을 표현한다. 이 구절은 아내가 남편을 소유하고 지배하려는 욕망과 아내를 지배하려는 남편의 힘이 충돌할 것이라는 예고이다. 이것은 아내가 남편에게 매달리고 남편은 아내를 지배해야 한다는 것이 아니라 아내와 남편 사이에 치열한 주도권 싸움이 시작되었다는 의미한다. 즉, 남편과 아내의 관계에서 서로가 한 몸으로 느꼈던 평화의 시대가 끝나고 서로가 주도권을 잡기 위해 싸우게 될 것이라는 의미이다. 그리고 이런 모습이 현재 교회의 남녀의 모습이다. 이것은 회복되어야 할 모습이지 정상적이거나 이상적인 상태가 아니다. 그리스도께서 십자가에 죽으심으로 모든 끊어진 관계를 회복하셨기 때문에 교회의 남녀 관계 또한 타락 이전의 관계 즉, 서로 마주 보며 도와주고 사랑하는 관계로 회복되어야 한다. 바울은 이런 회복된 아름다운 교회 모습을 다음과 같이 표현하고 있다. "너희는 유대인이나 헬라인이나 종이나 자유인이나 남자나 여자나 다 그리스도 예수 안에서 하나이니라(갈 3:28)"

2. 밧세바(삼하 11장) - 유혹자에서 성폭행 피해자로[12]

전통적으로 사무엘하 11장에 일어난 사건을 이름 붙일 때 '밧세바 간음 사건' 혹은 '다윗과 밧세바의 간통 사건'이라고 한다. 다윗이 목욕하는 밧세바를 보고 욕구를 참지 못해 일어난 간음 사건 혹은 밧세바가 다윗이 일어나는 시간에 맞추어 공개된 장소에서 목욕하여 다윗을 유혹한 간통 사건이라는 것이다. 특히 남성 해석자들이 문제 삼은 것은 밧세바가 왜 그 시간에 열린 공간에서 알몸으로 목욕했냐는 것이다. 이것은 밧세바가 다윗을 유혹하려는 의도가 있기 때문이며 그런 이유로 그녀를 유혹자라고 비난한다. 그리고 이런 여성의 유혹에 안 넘어갈 남성은 없다며 다윗을 옹호하거나 다윗의 범죄를 축소하였다. 전통적으로 다윗은 이스라엘 역사에서 가장 뛰어난 왕이고 하나님의 인정을 받은 왕이기 때문에 그를 이상적인 모습으로 보길 원했던 남성 해석자들은 다윗의 죄를 숨기기 위해 밧세바를 죄인으로 만들었다.

하지만 우리는 가해자인 남성 중심의 해석을 대신하여 사무엘하 11장을 피해자 중심으로 다시 읽어야 한다. 그러려면 이 사건에 대한 이름 붙이기부터 다시 해야 한다. 전통적으로 이 사건은 피해자인 밧세바를 중심으로 이름을 붙였지만 이제는 사건을 일으킨 다윗을 중심으로 그리고 관계의 강제성을 인정하여 '다윗의 성폭행 사건'이라고 이름 붙여야 한다. 좀 더 정확히는 왕이란 지위를 이용하여 부하의 아내를 성폭행한 '다윗의 위계에 의한 성폭행 사건'이다.

성폭행 사건을 기록한 사무엘하 11:1~5을 자세히 읽어보면 다윗에 대한 부정적인 언급으로 시작한다. 왕들이 전쟁할 시기에 다윗은 부하들만 전쟁터에 보내고 자신은 왕궁에 머물렀다며 다윗의 불성실하고

---

[12] 이 부분은 「샬롬, 페미니즘입니다」 중 본인이 쓴 글을 많이 참조하였다.
　　강호숙외 10, 「샬롬, 페미니즘입니다」, (서울: 서울YWCA, 2021), 95-97.

나태한 모습을 전달한다. 2~4절은 1절의 나태한 모습과 다르게 다윗이 밧세바를 취하기 위해 적극적으로 움직이고 있는 모습을 보여준다. 다윗은 목욕하는 밧세바의 아름다움 때문에 욕망에 사로잡혔다(2절). 하지만 여성의 아름다움을 성폭행의 원인이라고 단정하는 것은 철저히 가해 남성의 시각이며 아름다움은 밧세바의 타고난 특성일 뿐이다. 다윗은 심지어 밧세바가 자신의 부하 우리아의 아내라는 사실을 알고 자신의 행위가 율법에 금지된 범죄임을 알면서도 밧세바를 부른다. 이렇듯 적극적이며 주도적인 다윗과는 대조적으로 밧세바는 다윗이 오라면 오고 가라면 가는 수동적인 인물로 그려진다. 이런 표현은 이 사건이 다윗의 주도하에 일어난 성범죄 사건이라는 것을 드러낸다. 특히 이 사건을 '다윗의 위계에 의한 성폭행 사건'이라고 이름 붙여야 하는 이유는 다윗과 밧세바 사이에 존재하는 권력의 수직적 관계 때문이다. 밧세바 입장에서 다윗은 자신의 나라의 왕이고 자신의 남편의 주인이다. 이런 상황에서 가부장적 사회에 순응적인 밧세바는 왕의 명령을 거부하는 것이 쉽지 않았다. 왕의 명령을 거부했을 때 닥칠 후환이 두려웠기 때문이다. 현재 다윗은 최고의 권력을 가진 남성이고 밧세바는 힘없는 여성이기 때문이다.

한편에서는 왜 다윗이 볼 수 있는 곳에서 목욕했냐며 밧세바를 비난하는 의견도 있다. 이것은 가해자의 죄를 덮기 위해 피해자를 비난하는 2차 가해의 전형이다. 본문에 보면 밧세바는 자신의 집 어딘가에서 생리가 끝난 후 부정함을 씻기 위한 제의적 목욕을 하고 있었다고 말한다(삼하 11:2,4). 다윗 궁은 예루살렘에서 가장 높은 곳에 있었고 백성들의 집은 그 아래에 가깝게 있었기에 열려 있는 문이나 창문을 통해 그 집안을 들여다볼 수 있는 구조이다. 또한 밧세바는 다윗이 그 시간에 왕궁 옥상에 올라올 것을 몰랐다. 밧세바가 일부러 시간 맞추어 다윗이 볼 수 있도록 옥상에서 목욕했다는 것은 본문과 상관없이 상상력을 동원한 해석이다. 아마도 그럴 것이라는 남성 해석자의 상상력으로 밧세바를 유혹자로 몰아간 것이다. 그러므로 자신의 집 어딘가에서 정결례를 위한 목욕을 한 밧세바가 비난받아야 할 이유는 전혀 없다. 여기서 비난받아야 사람은 오직 다윗 한 사람이다. 그는 우연히 본 모습에 성욕이 일어 범죄인 줄 알면서도 눈의 즐거움을 따라 성욕을 절제하지 못하고 권력을 이용하여 유부녀인 밧세바를 불러들여 성폭행했다. 아름다운 모습을 보았든, 유혹적인 모습을 보았든 다윗이 옥상에서 목욕하는 여성을 본 것이 문제가 아니다. 그로 인해 성욕이 일어난 것도 문제가 아니다. 충분히 그럴 수도 있다. 문제의 본질은 다윗에게는 욕망을 참지 않아도 될 권력이 있었다는 것이다. 그랬기 때문에 왕이라는 권력을 이용해 밧세바를 왕궁으로 데리고 와서 욕망을 채운 것이다. 만일 다윗에게 이런 권력이 없었다면 혹은 이런 행동으로 당장 지위와 목숨이 위태로워지는 위치라면 이런 행동을 할 수 있었을까?

이 문제를 남성은 성적 욕망을 참기 힘들다는 핑계로 관대하게 해석하는 것은 문제의 본질을 이해하지 못하는 해석이며 남성들의 자기변명일 뿐이다. 사회적으로 혹은 교회적으로 남성의 성욕을 관대하게 바라보았다 할지라도 예수님은 이 부분에 매우 단호하셨다. 예수님은 남성들에게 음욕을 품고 여자를 보는 자마다 마음에 이미 간음하였다고 선언하시며 눈이 실족하거든 눈을 빼고 오른손이 범죄케 하면 손을 잘라버리라고 말씀하신다(마 5:28~29). 간음의 문제에서도 남성들에게 엄격한 성욕 절제를 요구하신다. 이런 예수님의 말씀에 비추어 보았을 때 다윗의 행동은 변명의 여지가 없는 범죄이다. 그러므로 우리는 밧세바를 성군 다윗을 유혹하여 범죄를 저지르게 만든 유혹자가 아닌 성폭행 피해자로 다시 읽어야 한다.

3. 잠언의 음녀 다시 읽기[13]

여성은 유혹자라는 프레임을 강화하는 데 중요한 역할을 한 본문 중 하나가 잠언이다. 잠언은 계속해서 음녀 즉, 성적으로 방탕한 여자를 조심하라고 말하고 있기 때문이다. 잠언은 아버지가 아들에게 지혜를 따르고 어리석음을 피해야 할 것을 권고하는 형식으로 되어 있다. 여기서 아버지는 때때로 지혜와 반대되는 인물로 음녀를 언급한다. 음녀는 어리석은 청년을 유혹하여 하나님을 떠나게 하고 모든 명예와 부와 생명을 잃게 하는 매우 위험한 인물로 그려진다. 그런데 잠언에서 '음녀'라고 해석된 히브리어는 대부분 성적으로 음란한 여성을 의미하지 않는 경우가 많다. 여기서는 잠언에 나온 음녀를 전체적으로 살펴보려 한다.

잠언에서 '음녀'가 등장하는 구절은 8개이다(2:16; 5:3; 5:20; 6:26; 7:5; 22:14; 23:27; 30:20). 여기서 성적으로 방탕한 여자를 의미하는 단어인 '조나'가 나오는 구절은 두 개(6:26; 23:27)이며 간통한 여자를 의미하는 단어인 '메나아페트'가 나온 구절은 하나(30:20)이다. 그 외 다섯 구절은 '낯선 여자', '이방 여자'를 뜻하는 단어인 '자라'를 사용한다. 문맥을 살펴보면 6:26은 창녀와 유부녀와의 관계의 위험성을 경고하고, 23:27도 성적 방탕의 위험성을 경고하는 경구이므로 '음녀'로 번역한 것을 완전히 오역이라고 할 수 없다. 하지만 나머지 다섯 개의 본문은 '이방 여자' 혹은 '낯선 여자'로 번역하는 것이 옳다. 2:16~20에 등장하는 낯선 여자는 하나님의 언약을 잊어버리고 이방신을 섬기며 이방 문화에 물든 이스라엘 사람이다. 5:3의 낯선 여자는 이방신을 전하는 사람을 의미한다. 6:26에서 상반절의 음녀는 창녀를 나타내지만 하반절의 음란한 여인은 유부녀(직역하면 남자의 아내)를 의미하며 유부녀와의 불륜은 생명을 잃을 수 있

---

[13] 참조, 강호숙외 10, 「샬롬, 페미니즘입니다」, 97-98.

는 심각한 범죄임을 경고한다. 7:5의 낯선 여자는 지혜와 대조되는 존재이다. 이렇게 성적인 의미가 없는 낯선 여자를 성적으로 부정적인 의미의 음녀로 번역한 것은 여성을 유혹자로 보는 남성의 관점을 반영한 번역이다.

또한 '이방 여자'를 '음녀'로 번역하는 것은 잠언의 전체적인 상징 구조를 제대로 이해하지 못한 것이다. 잠언의 '이방 여자'는 '지혜로운 여자'와 반대되는 상징으로 '여호와 신앙 밖에 있는 것' 즉, 이방 문화를 따르는 것을 의미한다. 잠언은 지혜로운 여자와 이방 여자를 대척점에 놓고 둘을 비교하며 지혜로운 여자는 생명이고 이방 여자는 죽음이니 지혜로운 여자의 말을 듣고 그의 길을 따르라 촉구한다. 그리고 지혜로운 여자는 선지자(1장), 창조주의 딸(8장), 집을 지은 여주인(9장), 유능한 여자(31장) 등 다양한 모습으로 등장한다. 참고로 잠언 31장의 '유능한 여자'도 우리말에서는 원래 뜻이나 문맥과 어울리지 않는 '현숙한 여인'으로 번역되어 있다.

고대 근동 문화 배경에서 쓰여진 잠언은 가부장 문화 속에서 남자 아이('나의 아들아')를 교육의 대상으로 삼고 있기 때문에 남자아이에게 교육하기에 좀 더 효과적인 표현으로 지혜로운 여자[14]와 낯선 여자라는 상징을 선택한 것이다. 이렇게 잠언은 지혜와 어리석음을 '여성'이란 상징을 사용하여 표현하고 있으며 여성을 일방적으로 음녀나 어리석은 존재로 매도하고 있지 않다. 그런데 해석자들이 이런 잠언의 교육적 전략을 인식하지 못하고 지혜로운 여성은 무시하고 음녀만을 강조하며 여성은 성적으로 위험한 존재이며 유혹자라는 인식을 강화시켰다. 그러므로 잠언의 음녀에 대한 번역은 다시 되어야 하며 번역을 할 때도 언어로 인한 성차별을 방지하기 위해 지혜자와 낯선 사람, 혹은 지혜와 타인 등 성이 드러나지 않는 중성적 표현을 할 필요가 있다.

---

[14] 그리고 히브리어에서 지혜는 여성형이다.

4. 열왕기서의 이방 여성들[15]

오랫동안 학자들과 설교자들은 이방 여성을 이스라엘의 왕을 유혹하여 우상 숭배하게 만든 유혹자 혹은 악을 저지른 악녀로 해석하고 이스라엘이 망한 원인을 이들에게 돌리고 있다. 그 근거로 솔로몬이 이방신을 섬기게 된 것은 이방 아내들이 그의 마음을 돌이키게 만들었기 때문이고(왕상 11:3~6) 아합이 가장 악한 왕으로 평가받는 이유는 시돈의 공주 이세벨 때문이라고 해석하였다(왕상 16:30~33). 이런 해석은 마치 솔로몬과 아합은 문제가 없는데 여성들의 유혹으로 인해 죄에 빠진 희생자처럼 보이게 만든다. 더 심각한 문제는 이런 해석이 하와가 선악과를 따먹은 창세기 3장 이야기와 연결되어 여성 전체를 유혹자로 보는 견해를 강화하였다. 즉, 이방 여성을 유혹자로 보는 해석이 여성 전체를 유혹자로 보는 것의 근거 중 하나로 사용된 것이다.

그러므로 이 단원에서는 두 가지를 살피려 한다. 첫째는 왕들의 범죄의 책임을 전적으로 이방 여성에게 돌리는 것이 정당한지를 살피고, 둘째는 이방 여성이란 존재를 유혹자로 보는 것이 열왕기서의 입장인지 살피고자 한다.

1) 왕과 이방 왕비들(왕상 11:1~13)

솔로몬은 첫 왕비인 애굽의 공주를 포함하여 많은 이방인 왕비와 결혼한다(왕상 11:1). 성경의 화자는 솔로몬의 이런 행동이 하나님의 명령을 어기는 행동이라고 평가한 후 이로 인해 솔로몬이 다른 신들을 따르게 되었다고 설명한다(왕상 11:2). 하지만 여기서 우리가 관심을

---

[15] 이 부분은 본인의 "열왕기서의 이방 여성에 대한 혐오 문제"란 글을 정리 요약 정리한 것이다. 박유미, "열왕기서에서의 이방여성에 대한 재평가", 「구약논집」 15, (2019), 77-106.

가져야 할 부분은 왜 솔로몬이 이방 여성들과 결혼했냐는 것이다. 하나님은 분명히 이방 사람과 결혼하지 말라고 금지하셨는데 이것을 어기고 솔로몬이 이방인 왕비와 결혼한 것은 주변 나라들과의 결혼 동맹을 통해 경제적, 군사적 이익을 얻기 위해서였다. 그는 이스라엘과 왕실이 좀 더 부유하고 군사적인 힘을 가질 수 있기를 원했다. 그런데 왕국의 부유함과 나라의 안전을 이스라엘의 진정한 왕이신 하나님께 요청하고 그를 의지한 것이 아니라 주변 나라의 힘을 의지한 것이다. 그는 주변 나라들과 수많은 동맹을 맺어 경제적 이익과 군사적 안전을 확보하였다.

그 수많은 동맹의 결과가 바로 수많은 이방 왕비들이다. 이들의 결혼은 동맹의 결과이기 때문에 이방 왕비들은 솔로몬과의 결혼 계약서에 자신의 나라의 신들을 섬길 권리와 그 신들을 위한 사제의 대동과 이스라엘 왕궁 안에 신을 섬길 수 있는 장소 제공에 관한 조항을 집어넣었을 것이다. 그리고 솔로몬은 이런 조항이 있는 결혼 계약서에 서명함으로 이방 나라와 동맹을 맺고 이방 왕비와 결혼한 것이다. 그러므로 솔로몬은 결혼 당시에 이미 하나님께 대한 온전한 신앙이냐 이스라엘 왕궁 안에서 우상숭배를 할 것인가의 기로에서 우상숭배를 선택한 것이다. 솔로몬은 처음에는 왕비들 때문에 자신이 이방신을 섬기는 일은 없을 것이라고 자신하였을 것이다. 하지만 이방 왕비들과 살면서 그들과 정들고 사랑에 빠지며 날마다 왕궁에서 이방 제사가 벌어지는 것을 보면서 그의 마음도 점차 이방신을 섬기는 것으로 기울게 된 것이다. 그 결과 하나님께서 솔로몬이 자신을 떠났다고 평가할 만큼 우상숭배에 빠지게 되었다.

그러므로 솔로몬이 하나님을 떠나게 된 것은 이방 왕비들 때문이 아니라 하나님께 대한 불신앙 때문이다. 오로지 자신만을 의지하려고 일천번제를 드린 솔로몬에게 뛰어난 지혜를 주신 하나님이 그에게 재물과 영광도 더하신다고 약속하셨는데 그는 하나님의 약속을 믿지 못하고 자신의 손으로 부귀와 영광을 얻기 위해 이방인과 동맹을 맺고 이방 왕비를 맞이한 것이다. 이런 이유로 하나님은 솔로몬에게 두 번이나 나타나서 질책하며 말리셨다(왕상 11:9). 하지만 그는 하나님의 말씀을 무시하였고 결국 이스라엘을 솔로몬의 손에서 빼앗을 것이라는 심판 선언을 듣게 된다(왕상 11:11). 결국 솔로몬이 하나님을 떠난 책임은 솔로몬 자신에게 있다. 이방 왕비들이 하나님을 열심히 잘 섬기고 있는 솔로몬을 유혹하여 이방신을 섬기게 만든 것이 아니다. 그러므로 솔로몬의 배교를 오로지 이방 여성의 유혹 때문이라고 말하는 것은 성경 본문을 남성 중심적으로 해석한 것이라 할 수 있다.

2) 아합왕과 이세벨 왕비(왕상 16:31, 18:1~19:2)

이세벨은 앞의 예에서 보았듯이 구약에서 가장 악한 여성 혹은 유혹자로 평가받고 있다. 이에 비해 아합은 인정은 있지만 부인에게 의존하는 결단력과 분별력이 없는 사람[16] 혹은 원래 그렇게 악한 사람은 아니며 단지 아내 이세벨의 유혹에 넘어간 희생자로 평가하기도 한다.[17] 과연 이렇게 이세벨은 유혹자이며 악녀이고 아합은 이세벨의 유혹에 넘어간 희생자로 보는 것이 정당한지 본문을 자세한 읽기를 통해 살펴보려 한다.

아합은 열왕기에서 가장 악한 왕으로 평가되는데 그 이유는 시돈의 공주 이세벨과 결혼하고 사마리아에 바알 신전을 짓고 바알을 섬겼기 때문이다. 열왕기에서 아합이 이세벨과 결혼한 것이 문제라고 언급한 이유는 이세벨이 바알 숭배자라는 것을 알면서도 결혼하였기 때문이다. 당시 시돈 왕의 이름은 엣바알로 '바알이 존재한다'라는 뜻으로

---

[16] 채은하, "피의 전쟁을 부른 이세벨 왕후" 「전북중앙」 (2003.3.25.)
http://www.jjn.co.kr/news/articleView.html?idxno=118146#092a
[17] 이태훈, 「열왕기상: 어떻게 설교할 것인가」, 목회와신학편집부 엮음, (서울: 두란노아카데미, 2008), 330.

바알 숭배자였고 이세벨은 바알 사제로서 바알을 전파하는 데 열정적이었다. 이런 사실을 알면서도 아합은 시돈과의 동맹을 강화하고 교역로를 확보하여 경제적 이익을 얻으려는 목적으로 이세벨과 결혼하여 사마리아에 바알 신전을 만들고 자신도 바알을 섬겼다. 솔로몬 때처럼 바알 사제와 신전에 대한 조항이 아합과 이세벨의 결혼 계약서에 들어 있었을 것이다. 그런데 아합은 솔로몬보다 더 적극적으로 바알을 섬기는 모습을 보여준다. 본문은 그가 바알을 섬기고 사마리아에 바알 신전을 만들고 바알 제단을 쌓으며 아세라 상을 만들었다고 기록한다(왕상 16:31~33). 아합의 이런 적극적인 모습은 단지 이세벨의 유혹에 의해 어쩔 수 없이 바알을 섬겼다고 볼 수 없으며 오히려 경제적, 군사적 이익을 위해 아합이 적극적으로 참여한 것이다.

또한 이세벨이 여호와의 선지자를 죽이고 나봇을 죽이는 것을 아합은 묵인하거나 용인하였다. 이스라엘 안에서 왕의 허락 없이 여호와의 선지자를 죽이는 것은 불가능하다. 그리고 왕의 용인 없이 왕의 도장을 함부로 사용하는 것은 심각한 범죄에 해당한다. 조서를 쓸 당시는 몰랐다 할지라도 후에 이세벨이 자신의 도장을 사용하여 나봇을 죽이라는 조서를 썼다는 것을 알았을 때도 그는 침묵하였다. 그것이 그에게 이익이 되었기 때문이다. 그는 이세벨의 행동을 허용하여 자신에게 껄끄러운 여호와 선지자를 죽였고 나봇도 죽이고 그의 포도원을 얻을 수 있었다. 그리고 열왕기 화자는 나봇의 죽음에 대한 책임을 이세벨이 아닌 아합에게 돌리고 있다. 나봇의 죽음 이후 여호와께서 엘리야를 통해 아합에게 심판 선언을 하시는데 그 죄목이 바로 나봇을 죽이고 그의 밭을 빼앗은 것이다. 엘리야는 아합에게 '여호와 보시기에 악을 행하는 데 당신 스스로를 팔았다'라고 비판한다. 여기서 '당신 스스로를 팔았다'라는 표현은 시돈이 주는 경제적 이익을 위해 이세벨과 결혼한 것을 말하는 것이다. 만일 아합이 이세벨과 결혼하지 않았다면 그래서 이세벨이 이스라엘 땅으로 들어오지 않았다면 이 모든 비극과 죄악은 없었을 것이다. 그러므로 아합은 악한 이방 여성의 순진한 희생자가 아니라 자신의 이익을 위해 이방 여성과 결혼하고 그녀를 이용한 영악한 인물로 보아야 한다. 그래서 열왕기서는 아합을 악하다고 평가한 것이다.

3) 긍정적인 이방 여성

열왕기에는 솔로몬과 아합의 이방 아내뿐만 아니라 긍정적인 모습을 가진 이방 여성도 등장한다. 솔로몬을 찾아온 스바 여왕과 아합 시대에 엘리야가 찾아간 시돈의 사르밧 과부이다. 스바 여왕은 솔로몬의 지혜에 대한 소문이 진실인지 확인하기 위해 솔로몬을 찾아온다(왕상 10장). 여러 가지 질문으로 솔로몬의 지혜를 시험한 뒤 스바의 여왕은 솔로몬을 왕으로 선택하신 여호와 하나님을 찬양한다. 그녀는 비록 이방 여성이지만 여호와께서 솔로몬에게 주신 지혜를 확인하고 여호와를 찬양하고 이스라엘이 복 받은 백성이라는 것을 선언하는 긍정적인 역할을 한다.

사르밧 과부는 이세벨과 같은 시돈 사람이지만 이세벨과 달리 하나님을 인정하고 엘리야가 진정한 하나님의 사람이라는 것을 인정한다. 그녀는 마지막 남은 먹을 것을 달라고 하였을 때 엘리야의 말을 믿고 그 마지막 빵을 엘리야에게 주었고 그로 인해 하나님께 끊임없이 양식을 공급받는 놀라운 경험을 한다. 그뿐만 아니라 아들이 죽었다 살아나는 기적을 통해 여호와의 말씀은 진실하다고 고백하며 여호와를 찬양하였다. 이들은 비록 이방 여성이지만 여호와를 만났고 여호와의 기적을 경험하고 여호와의 영광을 찬양하였다.

결론적으로 솔로몬과 아합의 이방 왕비의 문제는 그녀들의 문제가 아니라 이들이 이방신을 섬기는 것을 알고도 결혼한 이스라엘 왕들의 문제이다. 그러므로 열왕기는 이방 여성을 유혹자로 규정하지 않는다. 이방 여성이라는 존재 자체는 긍정적일 수도 부정적일 수도 있다. 여호와 편에서 여호와를 찬양하는 이방 여성은 긍정적이고, 이스라엘 안에 이방신을 퍼뜨리고 여호와의 율법을 어기는 이방 여성은 부정적으로 평가된다. 그런데 이 평가 기준은 이방 여성뿐만 모든 이스라엘 남성 여성에게도 적용된다. 이스라엘 사람도 여호와를 믿고 여호와를 찬양하면 긍정적으로 평가되지만 솔로몬과 아합처럼 여호와의 말씀을 어기고 우상을 섬기면 부정적으로 평가되는 것이다.

3장 믿음의 여조상들

'믿음의 조상'이라면 일반적으로 아브라함, 이삭, 야곱, 요셉과 같은 남성 족장들을 떠올리게 마련이다. 그동안 교회에서 믿음의 조상을 언급하며 남성 족장들만 이야기했기 때문이다. 어머니 없이 아버지만 있는 자녀가 없듯이 믿음의 조상도 남녀 족장이 모두 존재하고 성경도 여족장들에 대해 기록하고 있지만 설교자들은 이들에 대해서는 많이 이야기하지 않는다. 혹시 여족장을 언급한다 하여도 가부장적인 관점에서 좋은 아내인지 나쁜 아내인지 혹은 좋은 어머니인지 나쁜 어머니인지 이야기하는 경향이 있다. 이런 경향으로는 여족장 자체의 성격이나 신앙, 그녀들을 돌보시는 하나님의 사랑 등을 알 수가 없다. 그렇기에 이 장에서는 여족장에 초점을 맞추어 그들의 성격과 신앙, 하나님과의 관계를 살펴보려 한다. 이런 해석을 하는 이유는 세 가지인데 첫째는 성경의 역사가 남성만의 역사가 아니라 남성과 여성이 함께 만들어 온 역사이기 때문이다. 둘째는 여성도 남성과 마찬가지로 하나님 앞에서 자신의 의지와 신앙을 가진 독립적인 존재이며 하나님의 돌보심을 받는 하나님의 자녀라는 것을 기억하기 위해서이다. 셋째, 남성 족장들의 이야기보다 분량은 적지만 여성 족장들의 특징이 생생하게 드러나며 하나님이 그들과 함께 일하셨기 때문이다.

1. 사 라

1) 하나님의 선택을 받은 사라

사라는 창세기 11:29~30에서 아브라함의 아내로 소개되며 특징은 불임으로 인해 자식이 없는 것이다. 사라가 불임이라는 특징은 아브라함과 사라 이야기를 이끌어가는 가장 핵심적인 모티프로 이들의 이야기는 사라가 이삭을 얻는 과정이라고 할 수 있다. 하나님께서는 사라가 불임인 상태에서 아브라함에게 많은 자손을 주시겠다고 약속하셨다(창 12:2). 창세기 12:1에서 하나님은 아브라함에게 말씀하셨지만 창세기 11:29에서 성경의 저자는 아브라함과 사라를 모두 소개하고 있기 때문에 이 약속은 이 부부에게 주신 것이라고 볼 수 있다. 그런데 창세기 12:10~20과 20장에서 아브라함은 자신의 목숨을 지키기 위해 사라를 누이동생이라 속이고 바로와 그랄 왕에게 보낸다. 아브라함이 애굽에 들어갈 때 사라에게 부탁하기를 "당신으로 인해 내가 안전하고 내가 보전될 것이라(창 12:13)"라며 오직 자신의 안전만을 챙기며 사라의 생각과 마음과 운명에 대해서는 전혀 관심이 없었다. 그는 자신의 안전을 위해 아내를 얼마든지 희생시킬 수 있는 인물이었던 것이다. 그러나 이런 아브라함의 태도에 사라는 아무런 항의도 못하고 따른다. 당시 가부장적 문화 속에서 불임인 그녀는 아내로서의 어떤 권리도 주장하지 못하는 실정이었기 때문이다.

그런데 아무 말도 못하고 아브라함에게 버림받고 위기에 처한 사라를 구원해 주신 분이 바로 하나님이시다. 하나님께서는 사라로 인해 바로의 궁에 큰 재앙을 내리셨고(창 12:17) 그녀를 바로의 궁에서 데리고 나오신다. 왜냐하면 하나님께서 아브라함을 선택하시고 자식을 주신다고 하셨을 때 아브라함 한 사람만을 선택하신 것이 아니라 아브라함과 사라를 선택하셨고 아브라함과 사라에게 자식을 주신다고 하신 것이기 때문이다. 이런 하나님의 계획은 창세기 17:19과 18:10에서 아브라함과 사라에게 분명히 밝히신다. 그러나 아브라함은 하나님이 자신만 선택하셨고 자신의 자식이라면 어머니가 누구든지 상관없다고 여겼기 때문에 하갈의 아들 이스마엘을 자신의 후계자라고 생각하였고 사라는 무시했었던 것이다.

아브라함의 이런 태도는 하나님이 사라를 선택하셨다고 밝히신 이후에도 변하지 않았기 때문에 사라를 그랄 왕의 아내로 주려고 하였다. 결국 이번에도 하나님께서 사라를 지켜주셨고 심지어 아브라함은 그랄 왕에게 책망을 듣는다. 결국 아브라함은 사라가 아들을 임신하고 낳고서야 하나님의 약속을 믿었다. 그리고 사라는 아들을 낳고 그의 이름을 이삭으로 지음으로 하나님께서 자신을 웃게 하심에 대해 감사를 표현하며 기뻐하였다. 사라는 아들을 얻으면서 그동안 남편인 아브라함에게 당했던 모든 설움의 눈물이 기쁨의 웃음으로 변하게 되었다. 이 모든 변화를 이끄신 분은 하나님이시다. 하나님은 아브라함뿐만 아니라 불임인 사라를 선택하셔서 90세에 아들을 주시는 기적을 통해 하나님이 사라를 돌보시고 함께하심을 명백히 보여주셨다. 그러므로 하나님은 아브라함의 하나님뿐만 아니라 사라의 하나님이시기도 한 것이다.

2) 사라: 하나님의 공주

사라는 그동안 순종의 대명사로 언급되곤 하였다. 그 이유는 베드로전서 3:6에서 "사라가 아브라함을 주라 칭하여 순종한 것 같이"라고 하면서 남편에게 순종하는 거룩한 부녀의 모델로 삼고 있기 때문이다. 그런데 사라의 이야기를 보면 사라가 아브라함에게 처음부터 끝까지 순종적이었던 것은 아니다. 또 순종의 결과가 꼭 좋은 것도 아니었고 자기주장의 결과가 꼭 나쁜 것도 아니었다. 즉, 사라의 행동을 평가할 때 사라가 남편에게 순종했는지 아닌지가 사라를 평가하는 유일한 기준은 아니라는 것이다. 그리고 순종 여부가 하나님의 기준도 아니라는 것이다. 그러므로 이 단원에서는 그동안 단편적으로 그려지던 사라의 모습을 다양하게 살펴보면서 사라라는 인물을 입체적으로 보고자 한다.

사라는 앞 장에서 언급한 것처럼 아브라함의 아내이자 불임이라는 약점을 가진 인물이었다. 가부장 사회에서 아이를 낳지 못한다는 것은 가정과 사회의 구성원으로서 제대로 자리를 잡기 어려운 조건이었고 남편에게 어떤 권리 주장도 할 수 없는 처지였다. 그렇기에 아브라함이 바로에게 가라면 가야 하는 처지였다. 창세기 12:10~20에 보면 사라는 '싫다'라든지 '안된다'라든지 '옳지 않다'는 등의 말을 한 마디도 못하고 있다. 사라의 침묵은 사라의 열악하고 불쌍한 처지를 잘 보여준다. 그런데 하나님은 이렇게 말도 못하고 남편에게 이용당하고 버려진 사라를 찾아가시고 그녀를 구하기 위해 바로 궁에 재앙을 내리시고 무사히 나올 수 있도록 권능을 베푸신다. 마치 이스라엘을 바로의 손에서 구원하기 위해 애굽에 재앙을 내리신 것과 유사하다. 즉, 사라를 바로의 손에서 구원하신 것은 훗날 이스라엘을 애굽에서 구원하신 것의 모형인 것이다.

사라는 하갈이 임신했을 때 처음 말문을 연다. 자신의 불임으로 초조해진 나머지 사라는 당시의 관습을 따라 자신의 여종 하갈을 아브라함의 첩으로 들여보낸다. 그리고 하갈은 임신하게 되는데 문제는 여기서 시작된다. 임신한 하갈이 여주인 사라를 무시한다(창 16:4). 아브라함에게 무시당하며 살던 것도 서러운데 자기의 여종에게까지 업신여김을 당한 사라는 결국 서러움이 폭발하였고 아브라함에게 자신의 분노를 표출한다. 처음 말을 하는 사라의 어조는 매우 강하다. 자신이 이렇게 무시당하는 것은 아브라함 때문이라며 자신과 하갈의 문제에 대

3장 믿음의 여조상들

해 여호와 앞에서 제대로 판단하라고 촉구한다. 그러자 아브라함은 하갈의 문제를 알아서 해결하라며 책임을 사라에게 넘긴다. 이에 사라는 여주인으로서 권위를 지키기 위해 하갈을 심하게 대한다. 비록 하갈이 임신했더라도 자신이 여주인이며 자신에게 복종해야 한다는 것을 드러낸 것이다. 가부장 사회의 일부다처 문화에서 일어나는 아내들 간의 갈등이 사라의 가정에도 일어났고 사라도 자신의 지위를 지키기 위해 여종에게 권위를 부린 것이다. 하갈은 이런 사라의 학대를 견디지 못하고 도망가지만 결국 하나님은 하갈을 '사라의 여종 하갈'이라고 부르시며 그에게 돌아가 순종하라고 명령하신다(창 16:9). 여기서 하나님은 사라의 편을 들어주신 것이다. 아브라함이 비록 사라를 바로에게 보내는 잘못을 했음에도 불구하고 자신이 선택하신 아브라함의 편을 들어주신 것처럼, 사라의 잘못된 행동으로 벌어진 일이지만 자신이 선택하신 사라의 손을 들어주신 것이다. 그러나 하나님은 불쌍한 하갈을 위한 길도 예비하셨다. 그 이야기는 하갈을 다루는 장에서 하도록 하겠다.

하나님은 사라가 아들을 낳을 것이라는 약속을 사라에게 직접 주신다. 여호와의 사자가 아브라함과 장막 안에 있을 때 사라가 장막 문 뒤에 서 있었고 그들이 말하는 것을 들을 수 있었다. 여호와께서는 사라가 문 뒤에 서 있는 것을 알고 아브라함에게 이야기하는 것처럼 하시면서 사라에게 내년에 아들을 낳을 것이라고 알려주신다. 하나님 앞에 서 있는 사람은 아브라함이었지만 하나님은 사라 들으라고 말씀하신 것이다. 이 말씀을 들은 사라는 속으로 웃는다. 늙은 자신에게 가당키나 한 소리인가 하면서 어이없어 웃은 것이다. 그런데 이런 사라의 모습을 보신 하나님은 아브라함에게 이야기하는 척하시며 다시 사라에게 반드시 아들이 있을 것을 확인해 주신다. 자신의 속내를 들킨 사라는 자신이 웃지 않았다고 부인하지만 하나님은 사라에게 네가 웃었다고 재차 확인해 주신다. 여기서 하나님은 앞으로 나서지도 못하고 문

뒤 숨어서 자신을 보고 있던 사라를 사랑하는 딸처럼 대해 주신다. 자신에게 일어날 기적 같은 약속을 믿지 못하고 웃는 사라에게 한편으로는 다시 한번 확실하게 알려주시고 다른 한편으로 네가 웃었다며 당황시키며 놀리시는 하나님의 모습은 참 다정한 아버지 같다. 그리고 정말로 하나님의 말씀대로 사라는 아들 이삭을 얻었다.

　아들을 얻은 사라는 이번엔 자신의 아들을 지키기 위해 나선다. 이삭이 무사히 자라 젖 떼는 잔치를 할 때 아기 이삭과 청년 이스마엘이 함께 있는 것을 본 사라는 위기감을 느낀다. 아브라함의 기업을 이을 장자권이 어린 이삭이 아니라 장성한 이스마엘에게 갈 수도 있다고 생각한 것이다. 그러자 사라는 아브라함에게 여종과 그의 아들을 내쫓으라고 요구한다. 그녀는 하갈과 이스마엘을 '여종과 그의 아들'이라 부르며 자신과 자신의 아들과 신분이 다르다는 것을 강조하며 이 가문의 기업을 이을 사람은 오직 정식 부인인 자신에게서 태어난 이삭뿐이라고 주장한다(창 21:10). 사라는 이런 주장을 매우 강하게 한 것 같다. 본문은 아브라함이 사라의 말을 무시하지 못하고 이 문제로 매우 괴로워하였다고 말한다(창 21:11). 즉, 아브라함이 무시할 수 없도록 지속적으로 강하게 요구한 것 같다. 이런 사라의 모습은 아브라함이 아무리 불합리한 요구를 하더라도 말 한마디 못하고 순종하던 예전의 모습과 많이 다르다. 그녀는 자신과 자신의 아들을 지키기 위해 목소리를 높이며 아브라함에게 맞선 것이다. 이에 아브라함은 사랑하는 이스마엘 때문에 결정을 내리지 못하고 계속 갈등하며 힘들어하였다. 이렇게 사라와 아브라함이 이스마엘 문제로 첨예하게 갈등할 때 하나님은 사라의 편을 들어주셨다. 하나님은 아브라함에게 사라의 말을 들으라고 판결하신다. 왜냐하면 하나님이 사라의 아들 이삭의 후손만을 언약의 후손으로 인정하시기 때문이다. 아브라함은 아직도 자신만 선택받았다는 생각이 남아 있기에 하갈의 아들이나 사라의 아들이나 모두 자신의 아들이기에 하나님의 선택을 중요하게 생각하지 않았지만 하나님은 아브라함과 사라를 선택하시고 그들의 아이를 선택하기로 약속하셨고 그대로 행하신 것이다. 여기서 사라는 자신의 주장을 통해 하나님의 계획을 실행하였다.

결론적으로 사라가 아브라함에게 순종해서 바로의 아내가 되려고 했을 때가 오히려 옳지 않은 상황이고, 아브라함에게 이의를 제기하고 자신의 목소리를 내며 자신이 원하는 바를 요구했을 때 하나님의 계획을 실행하는 역할을 한다. 그러므로 사라를 순종의 아이콘으로 해석하는 것은 창세기 본문 전체를 너무 단편적으로 읽는 해석이다. 인생 전체를 통틀어 볼 때 사라는 약점으로 인해 고난을 겪지만 하나님의 도우심 속에서 성장하며 강한 성품을 갖게 된 인물로, 사라의 약점은 하나님의 능력을 보여주는 기회가 되었고 사라의 고난은 하나님의 구원을 보여주는 통로가 되었다.

2. 하 갈

하갈은 사라의 여종으로 불임인 사라를 대신해 아브라함과의 사이에서 아들을 낳은 애굽인이다. 전통적으로 하갈에 대해 매우 부정적인 평가를 해왔다. 갈라디아서 4:24~31에서 자유인 여자로 표현되는 사라와 대조되는 여종으로 하갈을 부정적으로 표현하기 때문이다. 바울은 창세기의 사라와 하갈 이야기를 알레고리적으로 해석하면서 하갈을 여종으로 규정하고 하갈을 유대교의 율법에 종노릇하는 사람들이며 지상의 예루살렘이라고 비유한다. 이런 바울의 알레고리적 해석을 칼빈은 구원과 연결하여 이삭은 하나님의 은혜로 구원받은 자의 상징이고 이스마엘은 육체적으로 율법을 지킴으로 하나님의 백성이라 주장하는 유대인의 상징으로 해석하였다. 그 결과 하갈과 이스마엘은 구원받지 못하는 자들에 대한 상징이 되면서 이들은 교회 전통에서 부정적인 평가를 받게 된다.

하지만 바울의 알레고리적 해석은 당시 갈라디아 교회에서 문제가 된 유대 기독교인들의 주장 즉, 기독교인이 되려면 먼저 유대인의 율법을 지켜야 한다는 주장을 반박하기 위한 것이다. 그는 사라와 하갈, 이삭과 이스마엘이라는 인물을 선택하여 다른 요소는 전부 생략하고 자유인과 여종, 자유인의 아들과 종의 아들이라는 특징만을 부각하여 알레고리화한 것이다. 이런 해석은 그의 당시 유대인의 주장을 반박하는데 적절한 해석이었고 구원은 오직 은혜로만 된다는 사실을 강조하는데 효과적이었다. 하지만 이런 바울의 해석이 하갈 이야기의 전부는 아니다. 창세기의 하갈 이야기는 바울이 이야기한 것보다 훨씬 풍부하고 다양한 이야기를 담고 있기에 여기서는 하갈의 이야기를 해보려고 한다.

하갈은 사라의 여종이며 애굽 출신이다. 하갈은 창세기 16장에 처음 등장한다. 사라는 계속해서 임신을 못하자 하나님께서 자신의 임신을 막으신다고 생각하고 다른 대안을 생각하는데 그것이 바로 자신의 여종 하갈을 통한 대리 임신이다. 고대 근동에서 여성이 임신을 못하는 경우 자신의 여종을 남편에게 주어 아이를 낳을 수 있었는데 이때 여종이 낳은 아이는 여주인의 아이로 간주되었다. 태어난 아이가 여주인의 몸에서 나온 것임을 상징적으로 나타내기 위해 몸종은 여주인의 무릎에서 해산하곤 하였다(창 30:3,9).[18] 사라는 하갈을 통한 임신을 아브라함에게 제안하였고 그는 이 제안을 받아들이고 하갈을 첩으로 삼는다. 항상 수동적으로 사라와 아브라함의 명령만 듣던 하갈은 임신을 하게 되자 자신의 여주인을 무시하기 시작한다. 자식이 없는 집안에서 임신하면서 그녀는 그것을 기회로 자신의 입지를 높이고 싶었던

---

18) 이경숙, "사라와 하갈 이야기", 「기독교사상」 37(2) (1993), 160.

것 같다. 이런 행동은 사라의 지위를 불안하게 하였고 사라를 분노하게 하였다.

사라는 아브라함에게 이 문제를 해결하라고 강력하게 요구한다. 여기서 사라는 이전의 순종적이고 아무 말도 못하는 인물이 아니다. 그녀는 하갈과의 관계 속에서는 항상 자신의 의견과 권리를 주장하는 강한 인물로 나온다. 여기서도 자신이 받은 수치를 '폭력(하마스)'이라고 표현하며 자신이 이런 대접을 받는 것을 아브라함의 책임으로 돌린다. 현재 하갈은 아브라함의 첩이기 때문에 사라가 함부로 대할 수 없었기 때문이다. 그러자 아브라함은 하갈은 '당신의 여종'이며 당신의 손에 있으니 당신 마음대로 하라며 하갈이 자신에게 속한 사람이 아닌 사라에게 속한 사람이라고 정리하였다. 그러자 사라는 하갈을 학대하였고 이를 견디지 못한 하갈은 결국 사라에게서 도망한다. 일부다처 사회의 가정에서 임신한 아내와 임신하지 못한 아내 사이에 일어날 수 있는 매우 흔한 갈등이 아브라함의 가정에서도 일어난 것이다.

여기서 하갈의 성격은 사라보다는 덜 소극적이고 덜 순종적인 것으로 보인다. 가부장 사회 속에서 순응하며 살던 사라와 다르게 하갈은 사회적 관습에 순응하지 않고 자신의 임신을 기회로 신분 상승을 노린 것이다. 하지만 하갈의 도망은 여호와의 사자의 개입으로 막을 내린다. 광야로 도망한 하갈에게 여호와의 사자가 나타나서 그녀에게 네 여주인에게 돌아가서 그의 수하에서 복종하라고 명령한다. 대신 한 가지 약속을 주시는데 '네 씨를 크게 번성하여 그 수가 많아 셀 수 없게 하리라(창 16:10)'라는 것이다. 또한 하나님은 그녀가 아들을 임신한 것을 알려주시며 그 아들의 이름도 지어주시며 네 고통을 여호와께서 들으셨다고 위로해 주신다. 이런 약속과 위로를 들은 하갈은 하나님이 자신과 같은 여종도 돌보시는 분이라는 것을 깨닫고 감사하며 위로를 받는다. 이때 하갈의 처지는 애굽의 바로에게 팔렸던 사라의 처지와 비슷하다. 아무런 도움을 받을 수 없는 심각한 곤경에 처한 때 하나님은 사라를 돌보듯이 하갈도 돌봐주신 것이다.

하갈은 사라가 이삭을 낳은 후 이스마엘과 같이 쫓겨난다. 창세기 21장에서 사라는 자신의 아들과 함께 있는 이스마엘을 보고 하갈과 그의 아들을 쫓아내라고 아브라함에게 요구하였다. 하나님은 사라의 말이 옳다며 하갈과 그의 아들을 내보내라고 명하신다. 이에 아브라함은 하갈과 이스마엘을 내보내면서 떡과 물 한 부대 이외에는 아무것도 주지 않고 내쫓는다. 여기서 하갈은 또 다시 수동적이 되고 침묵한다. 그냥 아브라함이 주는 떡과 물 부대만 받아 길을 떠난다. 그 결과 하갈과 이스마엘은 광야에서 굶주림과 목마름으로 죽음의 위기에 처하게 된다. 15절에서 하갈은 죽어가는 아이를 관목 덤불 아래에 두고 자신은 그가 죽어가는 것을 곁에서 보기 힘들었기에 좀 떨어져서 아이를 바라보며 대성통곡한다. 철저히 무능한 어머니의 애끓는 통곡이다. 그런데 그 통곡을 하나님이 들으시고 다시 하갈에게 나타나신다. 이번에도 하나님은 하갈의 사정을 살피시고 그녀의 음성을 들으시고 나타나셔서 그녀에게 필요한 물을 주시고 이스마엘이 큰 민족을 이루게 해주겠다고 다시 약속하신다.

하갈은 성경에서 하나님을 두 번이나 만난 특별한 여성이다. 성경 속에서 하나님을 두 번이나 만난 유일한 여성으로, 사라도 이런 영광은 누리지 못했다. 가부장 사회 속에서 아브라함과 사라의 관계에서 보면 사라가 약자이기에 하나님은 계속해서 사라의 편에 서신다. 그런데 사라와 하갈의 관계를 보면 하갈이 더 약자이며 아무것도 의지할 것이 없기에 하나님은 하갈을 계속 만나 주시고 위로해 주시고 살 길을 열어 주신다. 하갈이 이스마엘과 함께 아브라함의 집에서 쫓겨나 이스마엘이 아브라함의 유업을 하나도 얻지 못하였지만 하갈은 자유인이 되었고 이스마엘 부족의 어머니가 되었다. 하갈은 아브라함의 집에 살면 계속 사라의 종으로 살아야 했지만 아브라함 집을 떠나 광야에서 하나님을 만남으로 그녀는 하나님의 도우심을 받으며 한 민족의 어머니로 자유롭게 살 수 있게 되었다. 그러므로 일방적으로 하갈의 인생이 불쌍하다고 볼 일은 아니다.

아브라함과 사라와 하갈은 모두 문제가 있는 인간들이었지만 하나님은 이들 모두를 다 돌보아 주셨다. 각 사람이 어려움에 빠졌을 때 도와주시고 아브라함과 사라에게는 이삭을 주심으로 언약의 조상이 되게 하셨고 하갈에게 이스마엘을 주심으로 한 부족의 조상이 되게 하셨다. 그러므로 하갈의 이야기는 하나님의 관심과 사랑이 언약 백성에게만 머무는 것이 아니라 열방을 향하고 있음을 잘 보여준다고 하겠다.

3. 리브가

리브가는 이삭의 아내이며, 사라를 이어 두 번째로 등장한 여조상으로 이삭의 아내가 되기로 스스로 선택하였고 자신의 고향을 떠난 적극적인 인물이다. 리브가가 이삭의 아내가 되는 과정은 독특하다. 아브라함은 사라가 죽은 후 이삭의 신부를 찾아주기 위해 자신의 종을 고향으로 보낸다. 그는 종에게 이삭의 신부를 이곳으로 데리고 오라고 당부한다. 명령을 받은 종은 아브라함의 고향인 메소포타미아 지역으로 출발하였고 나홀성 우물가에 도착한 그는 하나님께 자신과 낙타에게 물을 주는 여성이 하나님께서 선택하신 이삭의 신부로 알겠다고 기도한다. 그러자 즉시 리브가가 나타났고 리브가는 종이 물을 요청하자 낙타에게도 물을 주었다. 이로써 하나님이 선택한 이삭의 신부라는 것을 알려주신다. 여기서 리브가는 하나님이 선택하신 이삭의 신부이며 이스라엘의 두 번째 여조상이라는 것을 분명히 드러낸다. 하나님은 이삭만이 아니라 리브가도 믿음의 조상으로 선택하신 것이다.

이 장면에서 리브가의 행동의 특징은 두 가지인데 첫째는 손님을 환대하는 너그러운 마음이다. 그녀는 자신의 성에 온 손님을 최선을 다해 대접한다. 물을 달라는 손님의 요청에 그녀는 낙타에게까지 물을 먹이는 수고를 아끼지 않았다. 그녀의 집에서 하룻밤 머물 수 있냐는 요청에도 자신의 집에 잠잘 곳과 낙타를 위한 짚도 넉넉하다며 그를 환대한다. 이런 모습에서 사람을 배려하고 환대할 줄 아는 따뜻하고 너그러운 성품을 알 수 있다. 두 번째 특징은 적극적이고 빠른 행동력이다. 창세기 24:18~28에서 보면 리브가의 대부분 행동은 '급히', '달리다'라는 단어로 표현된다. 물을 달라는 종의 요청에 급히 물동이를 내리고, 물을 길어올 때도 우물가로 달려간다. 그것도 한 번이 아니라 모든 낙타에게 충분히 물을 공급하기 위해 여러 번 우물가로 달려간다(20절). 종의 요청을 알리기 위해 집으로 갈 때도 그녀는 달린다(28절). 이런 빠른 행동력은 그녀가 활달하고 적극적이며 결단력이 있으며 급한 성격을 가지고 있음을 보여준다.

이런 결단력은 리브가가 이삭의 신부가 되기 위해 자신의 집을 떠날 때도 나타난다. 아브라함의 종은 리브가의 가족들에게 당장 출발하기를 원한다고 이야기했을 때 어머니와 라반은 며칠 정도 더 있다 출발하기를 원했지만 리브가는 당장 출발하겠다고 답한다(58절). 자신이 살던 고향과 어머니의 집과 가족을 떠나는 것이 쉽지 않고 한 번 떠나면 다시 돌아오기 어렵다는 것을 잘 알면서도 리브가는 과감하게 바로 떠나겠다고 말한다. 이런 리브가의 모습은 여호와의 약속을 받고 고향과 친척과 아버지의 집을 떠난 아브라함의 모습과 닮았다. 그리고 그녀가 가족들에게 받은 축복의 말(네 씨로 원수의 성문을 얻게 할지어다, 창 24:60)도 아브라함이 이삭을 바친 후 하나님께 받은 축복의 말과 비슷하다(네 씨가 그 대적의 성문을 차지하리라, 창 22:17). 이렇게 리브가는 자신 앞에 어떤 삶이 기다리고 있는지도 모르고 얼굴도 못 본 남편을 만나기 위해 과감하게 자신의 집을 떠난다. 이런 리브가의 과감한 결단력으로 인해 그녀는 믿음의 여조상이 되었다.

3장 믿음의 여조상들

　리브가는 하나님께 직접 기도하고 응답을 받은 인물이다. 그녀는 이삭과 결혼 후 사라처럼 불임을 겪는다. 그러나 혼자 속앓이를 한 사라와 달리 리브가는 이삭과 함께 불임 문제를 해결하기 위해 노력한다. 그는 아내의 불임 문제를 놓고 하나님께 기도하였고 리브가는 하나님의 응답으로 임신하게 된다. 그리고 임신 중에 쌍둥이가 뱃속에서 싸우는 어려움을 겪게 되자 그녀는 이 문제를 하나님께 직접 물었고 하나님은 리브가에게 직접 답하신다. 이때 받은 하나님의 말씀은 "큰 자가 어린 자를 섬기리라(창 25:23)"는 것이다. 리브가는 이때 하나님께서 야곱을 언약의 후손으로 선택하셨다는 신탁을 받게 된다. 여조상들 중에서 하나님께 직접 기도하고 응답받은 경우는 리브가가 유일하다. 하나님은 이삭의 하나님이시면서 리브가의 하나님이셨던 것이다.
　그러나 이런 리브가에게도 한계는 있었다. 그것은 바로 긍정적 역할을 했던 적극적이고 결단력 있는 급한 성격이 아이들의 운명을 어렵게 만들어 놓은 것이다. 이삭이 에서에게 장자권을 넘기려는 것을 알게 된 리브가는 장자권이 자신이 사랑하는 야곱에게 갈 수 있도록 하기 위해 이삭을 속인다. 리브가와 야곱은 눈이 어두운 이삭의 약점을 이용하여 에서인 것처럼 속여 이삭에게 장자의 축복을 받아내는데, 이 일에 리브가가 주도적인 역할을 한다. 그러나 이것은 섣부른 판단과 행동이었다. 그녀의 행동은 하나님의 계획과 행동보다 앞섰고 결국 속임수로 하나님의 계획을 이루려는 잘못된 열심이었다. 결국 이 사건으로 리브가는 에서와 야곱 사이를 철천지원수로 만들었으며 야곱을 살리기 위해 멀리 보내 다시는 만날 수 없는 비극을 겪게 된다. 리브가가 하나님의 때를 기다릴 줄 아는 지혜가 있었다면 하는 아쉬움이 있다. 하지만 성경에 등장하는 모든 인물들이 장점도 있고 약점도 가지고 있다. 결국 그런 연약한 인물들을 사용하여 하나님께서 자신의 언약을 이루어가시는 것이다. 리브가는 죽은 후 이삭과 함께 가족묘인 막벨라 굴에 묻혔다고 기록하는데(창 49:31) 이것은 성경이 그녀를 아브라함 가문의 여주인이며 믿음의 여조상으로 인정한다는 것을 보여주는 것이다.

4. 레 아

레아는 야곱의 첫 번째 아내로 구약에서 남편에게 사랑받지 못한 불행한 여성의 대명사처럼 여겨지기도 한다. 그녀가 불행한 결혼 생활을 한 이유는 두 가지인데 첫째는 예쁘지 않기 때문이다. 레아에 대한 소개를 보면 '시력이 약하다, 혹은 눈이 부드럽다'고 하였는데 이것은 눈에 띌 만큼 아름다운 라헬에 비해 그다지 예쁘지 않았다고 해석할 수 있다. 아름답지 못한 레아는 아름다운 동생 라헬과 늘 비교당하며 살았을 것이다. 아름다운 라헬에게 반해 그녀와 결혼하길 학수고대한 야곱의 눈에 레아가 보일 리 만무했다. 두 번째 이유는 야곱은 첫눈에 반한 라헬과 결혼하길 기대했는데 삼촌 라반의 속임수로 레아와 결혼하게 되었다. 라반은 야곱을 7년 더 공짜로 부려 먹으려고 이런 일을 저지른 것이다. 레아는 비록 아버지 라반의 욕심에 따른 희생자이지만 야곱은 그녀를 보면 라반의 속임수가 생각나 더 미웠을 것이다. 창세기 29:31의 우리말 번역은 "여호와께서 레아가 사랑받지 못함을 보시고"라고 되어 있는데 "사랑받지 못함"이란 단어는 직역하면 '미워하다(싸나)'로 '사랑하다(아하브)'의 반대말이다. 이렇게 레아는 가족 내에서 아름다운 동생에게 치이고 아버지에게 이용당하고 남편에게 미움받는 억울하고 불행한 삶을 살았다.

그런데 레아의 불행한 삶을 바라본 분이 있었는데 바로 하나님이시다. 하나님은 불행한 레아를 불쌍히 여기시고 그녀가 많은 아들을 낳게 하신다. 누구에게도 사랑받지 못한 레아의 불행한 삶을 하나님께서는 자식을 통해 보상해 주신 것이다. 아무도 도와주지 않는 위기에 빠진 사라를 도와주신 것처럼, 가족에게 쫓겨나 죽을 위기에 빠진 하갈을 도와주신 것처럼, 하나님은 이번에도 불쌍한 레아를 찾아오셨고 그녀를 돌봐주셨다. 하나님은 이렇게 이용당하고 버림당한 여성들을 외면하지 않고 그들에게 은혜를 베풀어주시는 분이다. 그리고 이렇게 여섯 명의 아들과 한 명의 딸을 얻는 과정을 통해 레아는 하나님께서 그녀의 괴로움을 들으시며 그녀를 돌보고 계신 것을 알게 되고 하나님께 감사하며 찬양하는 삶을 살게 된다.

그녀의 아들들의 이름을 보면 그녀의 인식 변화 과정을 알 수 있다. 처음에는 당시 그 시대의 평범한 여자들처럼 남편에게 사랑 받기를 갈구하며 살았다(르우벤, 시므온, 레위). 하지만 아들을 계속 낳으면서 그녀는 야곱에 대한 갈망보다는 하나님께서 자신을 돌보고 복을 주시며 은혜를 주신다는 사실을 깨닫고 하나님을 바라보며 찬양한다(유다, 잇사갈, 스불론). 다섯째 잇사갈에 대해선 자신이 남편을 후하게 대한 것에 대한 값을 하나님께서 주셨다고 고백하고, 여섯째 스불론에 대해선 그도 하나님의 선물이며 자신이 남편에게 아들을 여섯이나 낳아주었으니 그가 자신을 칭송할 것이라고 말하며 자신감을 드러낸다. 우리말에서 '그가 나와 함께 살리라(창 30:20)'로 번역된 동사 '자발'은 '1. 칭송하다. 존경하다 2. 거주하다'란 뜻으로 직역하면 '나의 남편이 나를 존경할 것이다, 칭송할 것이다' 혹은 '나의 남편이 나와 거할 것이다'인데 앞의 번역이 더 적당해 보인다. 이제 눈물지으며 남편의 사랑만을 갈구하던 레아의 모습은 사라지고 하나님의 은혜로 야곱 가문에 기둥 같은 아들 여섯 명을 낳은 자신감 넘치는 레아로 변한 것이다. 이렇게 레아는 남편의 사랑 대신 하나님께서 주시는 은혜와 사랑을 받으며 인생을 살았다. 그리고 죽은 후 아브라함 가문의 무덤인 막벨라 굴에 야곱과 같이 묻히면서 이스라엘 가문의 여조상으로 인정받는 영예를 누린다.

이 사회는 여성이 결혼하여 남편의 사랑을 받고 자식을 낳고 행복하게 사는 것을 이상적으로 생각한다. 그래서 남편이 없거나 레아처럼 남편 사랑을 받지 못하는 여성의 삶을 불행한 삶이라고 단정 짓는다. 그러나 모든 여성이 이런 삶을 사는 것은 아니다. 우리 주변엔 남편이 있어도 불행한 삶을 사는 이들도 많고 남편이 없어도 행복하게 사는 이들도 많다. 레아가 남편으로부터 얻지 못한 행복을 하나님으로부터 얻은 것처럼 결핍이 있는 삶은 그 삶대로 하나님이 주시는 또 다른 은혜로 우리는 행복한 삶을 살 수 있다. 그러므로 더 이상 레아를 남편 사랑 못 받은 불쌍한 여성이라는 관점으로 보지 말고 하나님의 사랑을 진하게 받은 행복한 여성으로 기억하면 좋겠다.

5. 라 헬

라헬은 레아와는 매우 다른 성격과 외모를 가지고 있으며 다른 삶을 살아간 인물이다. 야곱과 라헬은 만남부터 특별하다. 야곱은 자신의 형인 에서를 피해 라반이 사는 곳으로 도망 왔고 그곳에서 처음 만난 인물이 라헬이다. 우물가에서 처음 라헬을 만난 야곱은 첫눈에 반한 것 같다. 라헬은 아름다웠기 때문에 야곱은 라헬과 사랑에 빠졌다. 우리말 번역은 '야곱이 라헬을 더 사랑하므로'(창 29:18)라고 하여 레아와 비교하며 말하고 있지만 원문은 단순히 '야곱이 라헬을 사랑했다'고 말한다. 처음부터 야곱이 사랑한 사람은 오직 라헬이었다. 야곱이 얼마나 라헬을 사랑하였는지 그가 라헬과 결혼하기 위해 일하는 7년을 며칠처럼 여겼다고 말한다. 이렇게 라헬은 결혼 전부터 그리고 결혼 후에도 야곱의 사랑을 독차지한 사랑받는 아내였다.

그러나 그녀도 마냥 행복한 삶을 산 것은 아니다. 첫째, 아버지 라반이 야곱의 노동력을 착취하기 위해 언니 레아와 야곱을 결혼시키므로 그녀의 결혼 생활이 평탄치 못하게 되었다. 그녀는 끊임없이 언니와 경쟁할 수밖에 없는 상황에 빠지게 된 것이다. 이것은 그녀의 성격의 문제가 아니라 구조적이고 인간 본성의 문제이기 때문에 레위기 18장 결혼법에서 아내가 생존할 동안 그의 자매와 관계를 맺음으로 그를 질투하게 만들지 말라고 명령한다(레 18:18).

둘째로 그녀는 불임이었다. 하나님께서는 사랑받지 못하는 레아의 태를 열어 주신 반면 라헬의 태는 열어 주지 않으셨기에 레아가 네 명의 아들을 낳는 동안 그녀는 자녀를 얻을 수가 없었다. 이로 인해 라헬은 언니인 레아를 질투하고 야곱과 싸우기도 하였다. 그녀는 어려운 상황을 그냥 보고만 있는 성격이 아니라 적극적으로 해결하려는 인물이다. 언니가 많은 아들을 낳자 라헬은 야곱이 자식이 없는 자신보다 언니에게 갈지도 모른다는 두려움을 가졌다. 고대 사회에서 자식이 없는 여성의 삶은 쉽지 않았기에 남편의 사랑에만 기대어 사는 라헬의 삶도 편안하지는 않았던 것이다. 결국 자신의 시녀인 빌하를 야곱에게 주어 그를 통해 두 아들 단과 납달리를 얻는다. 당시 관습에 따르면 시녀가 남편에게서 낳은 아들은 여주인의 아들로 여겨진다. 여기서 납달리의 이름을 지으면서 라헬은 '내가 언니와 크게 경쟁하여 이겼다'고 말하며 언니에 대한 경쟁심을 드러내고 있다. 그러나 라헬만 질투심이 있었던 것은 아니다. 레아도 라헬이 시녀를 통해 아들을 얻는 것을 보고 자신도 동일하게 하여 두 아들을 더 얻는다. 그러나 시녀의 아들로도 만족하지 못한 라헬은 어느 날 르우벤이 합환채[19]를 구해 온 것을 보고 레아에게 그것을 달라고 부탁한다(창 30:14). 우리말 번역에서는 '청구하노라'라며 매우 거만하고 당당하게 말하는 것 같지만 원문을 보면 '나에게 제발 주십시오'라고 매우 겸손하고 간절하게 요

---

[19] '합환채'는 맨드레이크라는 식물로 정욕을 자극하거나 불임 여성의 임신을 돕는 것으로 알려져 있다. 고든 웬함, 「창세기 16-50」, 윤상문, 황수철 역, (서울: 솔로몬, 2001), 446.

청한다. 경쟁자 언니에게 부탁할 만큼 그리고 남편을 레아의 처소로 보낼 만큼 라헬의 심정은 간절했다. 결국 하나님께서 라헬의 간절한 요청을 들으시고 그녀에게 아들을 주셨다. 아마도 라헬은 아들을 달라고 끊임없이 줄기차게 하나님께 요청한 것으로 보이며 결국 아들을 얻은 것이다. 그리고 그녀는 아들을 더 달라고 이름도 '하나 더'라는 뜻의 요셉이라고 지었다.

라헬은 자신을 불행에 빠뜨린 아버지 라반에게 복수하며 집을 떠난다. 그녀는 야곱이 라반의 집을 떠나자고 제안했을 때 야곱을 따라가겠다고 하면서 아버지를 돈 때문에 자신을 팔아넘긴 사람이라고 혹독하게 평가한다(창 31:15). 이것은 평생 불행하게 산 레아도 마찬가지이다. 그렇기에 그 둘은 아무런 망설임 없이 야곱을 따라가겠다고 나선다. 그녀들이 아버지 집을 떠나 약속의 땅 가나안으로 가게 된 동기는 아버지 라반을 향한 적개심 때문이다. 더 이상 아버지에게 이용당하며 살기 싫었기에 그들은 야곱을 따라 아버지의 집을 떠난다. 그런데 이때 라헬은 라반 집안의 보물이자 우상인 드라빔을 훔쳐 나온다(창 31:19). 그녀는 집안에서 가장 귀하게 여기는 것을 훔침으로 아버지 라반에게 복수한다.

그러나 라헬은 아들을 하나 더 낳다가 베들레헴에서 죽음을 맞이한다. 그가 바로 막내 베냐민이다. 라헬이 마지막 낳은 아들을 포함하여 야곱의 아들은 모두 열두 명이 되었고 이들이 훗날 이스라엘의 12지파를 이루게 된다. 이렇게 그녀는 비록 레아처럼 막벨라 굴에 들어가지는 못했지만 야곱이 그녀를 위한 묘를 만들고 묘비를 세워 그녀를 기억함으로 이스라엘의 여조상으로서 그리고 야곱의 사랑받은 아내로 생을 마친다. 평생 남편의 사랑을 받으며 살았지만 자식이 없어 전전긍긍하고 언니 레아를 질투하며 살아야 했다. 그러나 그녀는 주어진 삶의 한계에 좌절하지 않고 그 삶을 극복하기 위해 부단히 노력하며

3장 믿음의 여조상들

열심히 살았으며 결국 하나님의 돌보심과 은혜를 받은 인물이다. 그러므로 우리는 레아와 라헬을 경쟁 구도 속에서 한쪽은 선이고 한쪽은 악이라는 관점에서 볼 것이 아니라 불합리한 상황 속에서 그 삶을 극복하기 위해 최선을 다했고 그 결과 12지파의 이스라엘을 만든 여족장으로 기억하면 좋겠다.

6. 다 말

다말은 유다의 며느리이지만 믿음의 가문의 계보를 이어가는 여 조상이 된다. 야곱의 아들 중에서 장자의 명분은 요셉에게 주어지지만 (대상 5:2) 유다와 다말 사이에서 낳은 베레스가 유다 가문의 우두머리가 되고 그 후손에서 다윗이 탄생하며 다윗 왕가의 조상이 된다. 웬함은 다말이 자식을 가지겠다는 결심으로 다윗과 이 세상 구세주의 조상이 되는 영광을 확보했다며 다말을 높이 평가한다.[20] 이것은 구원사 측면에서 본 평가로 이 글에서는 다말이라는 인물에 대해서 살펴보고자 한다.

다말의 남편은 유다의 장자 엘이었는데 그는 하나님 보시기에 악한 인물로 여호와께 죽임을 다한다. 본문은 다말에게 관심을 두고 있기에 엘의 잘못이 무엇인지 말하지 않는다. 다만 엘의 죽음으로 다말은 시형제 결혼을 하게 되었다는 사실에 초점을 맞춘다. 시형제 결혼이란 형이 아이가 없이 죽었을 경우 동생이 형수와 결혼하여 아이를 낳고 형의 이름을 이어가게 하는 제도(신 25:5-10)로 남성 측으로 보면 죽은 남편의 이름을 잇는 것이고 여성 측에서 보면 과부를 남편의 집안에서 돌보는 제도라고 할 수 있다. 그런데 이 제도는 선택이 가능하다. 남편의 동생이 이것을 싫어하면 마을 재판을 통해 거절하고 형수를 원

---

20) 웬함, 「창세기 16-50」, 648.

래 형수 집으로 돌려보낼 수 있다. 하지만 이 경우 이 집안과 동생은 과부를 돌보지 않고 죽은 자를 야박하게 대했다는 불명예는 피할 수 없다. 동생이 싫어하는 이유는 형수를 싫어하는 감정적인 이유보다는 재산의 문제이다. 만일 형수와 결혼해서 아이가 태어나면 형의 재산은 형수와 아이에게 돌아가게 되어 자신이 아버지에게서 받을 재산이 줄어들기 때문이다. 그렇기에 오난은 아버지의 명령으로 시형제 결혼은 했지만 그 사이에서 아이가 태어나는 것을 원치 않았기에 땅에 설정하는 꼼수를 부렸다. 여기서 우리말에서는 '들어갔을 때에'이지만 히브리어를 직역하면 '들어갈 때마다'로 고의적이고 지속적으로 이런 행동을 했던 것이다. 이런 오난의 행동을 하나님께서는 악하게 보셨고 그를 죽이셨다. 이렇게 두 아들을 잃은 유다는 다말에게 문제가 있다고 생각하며 그녀를 꺼린다. 그렇기에 셋째 아들 셀라를 다말에게 주지 않고 다말을 친정으로 보낸다. 유다의 이런 행동은 매우 부당한 것으로 만일 다말이 꺼려지면 시형제 결혼을 거부하면 되는데 그렇게 하면 집안 평판이 나빠질 것을 우려해 다말을 친정으로 보내어 방치한 것이다. 그렇기에 셀라가 장성하여도 다말과 결혼시키지 않은 것이다. 여기까지 보면 다말은 매우 불행한 삶을 살아갈 운명이었다.

그런데 마냥 수동적으로 기다리던 다말은 유다가 자신에게 셀라를 주지 않을 것을 알자 자신의 운명을 개척하기로 결정한다. 유다가 양털 깎기 축제에 온다는 것을 알고 과부의 옷 대신 창녀의 옷을 입고 딤나의 에나임 문에 앉아 있다 창녀인 척하고 유다와 하룻밤을 보낸다. 그녀는 유다에게 하룻밤 값으로 도장과 끈과 지팡이를 요구하였고 유다는 그런 다말의 요구를 수용한다. 그리고 유다의 아이를 임신하자 다말은 창녀의 옷을 벗고 다시 과부의 모습으로 돌아간다. 여기서 다말은 모든 상황을 인식하고 계획하고 통제하고 움직인다. 유다의 아내가 죽어 성적으로 취약한 상태에 있다는 상황과 그의 동선을 파악하고 창녀로 변신하여 유다를 유혹하겠다고 계획하고 실행에 옮기고 임신하

3장 믿음의 여조상들

는 데 성공한다.

그러나 또 하나의 관문이 남아 있는데 그것은 유다의 인정이다. 다말이 임신했다는 소식을 들은 유다는 다말이 행음했다는 죄목으로 그녀를 불태워 죽이라고 명령한다. 유다 자신은 성적인 자유를 누리면서 다말은 다른 남자와 재혼할 수 있도록 자유롭게 놔주지도 그렇다고 셀라와 결혼시키지도 않는 매우 불합리한 상태에 묶어두고 있다가 행음하여 임신하였다는 소리를 듣는 순간, 마치 기다렸다는 듯이 무정하고 단호하게 끌어내어 불사르라고 명령을 한다. 그런데 이런 상황을 예상한 다말은 유다에게 그의 도장과 끈과 지팡이를 보내어 물건의 임자로 인해 임신했다는 것을 알린다. 다말은 이런 일을 예상하고 유다의 물건을 받아 놓은 것이다. 그리고 이것을 본 유다는 자신이 밤을 보낸 창녀가 다말이라는 것과 자신이 셀라를 주지 않아서 다말이 자신의 권리를 찾기 위해 이런 일을 벌였다는 것을 알게 되었다. 모든 것을 알게 된 유다는 다말이 옳다고 인정한다. 이런 유다의 인정은 놀라운 것이다. 지금까지 아브라함 가문에서 서로 속고 속이면서도 이렇게 잘못을 솔직하게 인정한 경우는 드물다. 이런 유다의 인정으로 다말은 구사일생으로 살아남을 수 있었고 유다는 죽은 두 아들을 대신할 새로운 두 아들을 얻을 수 있었다. 성경은 다말을 시아버지를 유혹한 나쁜 며느리로 평가하는 것이 아니라 자신의 부당한 처지를 고발하고 운명을 개척한 용감한 인물로 평가하고 있다. 또한 룻기 4:12에서 보면 이스라엘 백성들이 다말을 매우 좋게 평가하고 있는 것을 볼 수 있다.

다말은 자신의 운명을 수동적으로 받아들이는 인물이 아니었다. 유다의 부당한 행동에 대해 적극적으로 대응하며 자신의 살길을 개척한 인물이다. 그것이 실패하여 설혹 죽게 되더라도 울면서 한탄과 원망만 하며 살려 하지 않았다. 그녀는 목숨을 걸고 삶의 권리를 찾기 위해 노력한 용감한 인물로 하나님은 이런 다말과 함께 일하시며 유다 가문의 여 조상으로 그녀를 세워 주셨다.

4장 여성과 구약의 율법

구약의 율법들을 읽다 보면 여성을 부정적으로 보거나 여성에게 부당해 보이는 법들이 꽤 많다. 가장 대표적인 것은 여성의 생리를 부정하게 보는 레위기의 정결법(레 15:19~24)이다. 이 본문은 전통적으로 여성 자체를 부정하게 보거나 여성을 열등한 존재로 보는 근거로 사용되었고 현재도 일부 교단에서는 여성안수를 반대하는 근거로 언급하기도 한다. 그런데 그리스도의 십자가 사건 이후 복음이 유대인이 아니라 이방인들에게 전파되면서 구약 율법을 문자적으로 지키는 것에 대해 다양한 논란이 생겼고 이방인은 더 이상 정부정법, 음식법, 할례 등은 안 지켜도 된다고 바울은 말하고 있다. 그리고 그리스도의 십자가 사건으로 구약의 제의법은 완성되었기 때문에 신약 교회는 더 이상 제사를 지내지도 않고 제의와 관련된 정부정법도 준수하지 않게 된 것이다.

현재 교회가 구약의 율법에서 문자적으로 지켜야 할 법으로 여기는 것은 십계명밖에 없다. 그 외에 도덕법과 사회법은 해석의 과정을 거치면서 구약의 법 정신을 현재 교회와 사회 속에서 어떻게 적용할 것인지에 대해 논의하며 실천하고 있다. 대부분 구약 법은 고대 근동의 농업 중심의 가부장적인 문화의 옷을 입고 있다. 구약 법은 지금으로

부터 3천년보다도 전에 근동 지역에 살던 이스라엘 사람에게 주어진 것으로 그들이 살아가고 이해할 수 있는 방식으로 주었기 때문이다. 그러므로 구약의 법을 현대 사회에 적용하기 위해서는 문화적 옷 속에 담겨 있는 의미를 찾아내는 해석의 과정을 거쳐야 한다. 예를 들어, 추수할 때 가난한 자를 위해 모퉁이의 곡식을 남겨두는 법을 적용할 때 요즘은 문자적으로 추수 시 곡식을 남겨두지는 않지만 가난한 자에 대한 구제와 나눔과 돌봄은 교회의 중요한 역할이라고 보고 다양한 방법으로 돕고 있다. 이것이 바로 해석의 과정을 거친 적용이다. 이미 교회는 이런 방식으로 구약의 법들을 오랫동안 적용하고 살아왔고 앞으로도 그럴 것이다. 그리고 이런 해석은 구약 법뿐 아니라 성경의 많은 본문을 해석하는 방법이기도 하다.

 그런데 유독 여성에 관한 구약의 법은 이런 해석학적 원칙이 지켜지지 않고 문자적 해석을 하는 경향이 있다. 앞에서 예를 들었던 생리 문제는 정결법에 해당하는 것이기 때문에 현재 교회는 이 법의 적용을 받지 않는다. 하지만 아직도 이 법을 문자적으로 적용하려는 목사와 신학자가 존재하는데 이것은 남성 신학자와 목사들이 여성의 동등성을 인정하지 않기 위한 목적 때문이다. 그런데 남성에 관한 법에서는 이런 문자적 적용을 거의 하지 않는다. 예를 들어 여성의 생리가 언급되는 레위기 15장에는 남성의 설정도 부정하다고 언급하는데 이것을 가지고 남성이 부정하다고 말하거나 목사를 해서는 안된다고 주장하는 경우는 없다. 우리는 이런 해석을 '선택적 문자적 해석'이라고 부른다. 또한 그동안 대부분의 성경학자들이 남성이었기 때문에 구약의 법들을 양성 평등의 관점이 아닌 남성 중심의 가부장적 관점에서 해석한 경우들이 많았다. 이런 해석은 남성 중심의 가부장적 관점을 강화시키고 여성을 차별하는 경향을 보여준다. 예를 들어 신명기 22장의 성범죄에 관한 법들을 통해 여성의 순결과 정절만을 강조하고 남성의 순결이나 정절의 문제에 대해선 침묵하는 관대한 해석을 한다.

그러므로 이 장에서는 구약의 여성에 관한 법이 나오는 본문을 선택하여 본문의 뜻과 고대 근동 문화 속에서의 의미와 신학적 의미를 찾아내고 그것을 통해 위에서 언급된 잘못된 해석을 비판하고 현재 교회에 적용될 수 있는 해석을 찾아보려고 한다.

1. 여성에 관련된 정부정법

정부정법은 여호와의 제의와 관련된 법이다. 정결의 기본 의미는 '순결함'이지만 레위기에서는 이보다 폭넓게 사용되어 정상적인 상태를 의미한다. 그리고 정결한 것이 더럽혀지거나 정상 상태에서 벗어나면 부정하다고 한다.21) 그리고 제의적 맥락에서 본다면 정결한 상태는 제사에 참여할 수 있지만 부정은 하나님의 속성인 거룩과 접촉할 수 없기에 제사에 참여할 수 없다. 그렇기에 이스라엘 제의에서 정부정법은 하나님의 거룩한 백성으로서의 삶에서 중요한 부분을 차지하였다. 정부정법은 먹는 것, 입는 것 등 이스라엘 백성의 삶 모든 영역에 대해 언급하고 있지만 여기서는 여성에 관한 법만을 다루려고 한다.

1) 여성의 생리(레 15:19)

여성의 생리는 생명의 잉태와 탄생에서 없어서는 안될 가장 중요한 요소이다. 모든 인간이 여성 자궁의 피에서 잉태되고 그 피를 양분 삼아 자라고 태어난다. 이렇게 인류 생존의 근간이 되는 여성의 생리가 오랫동안 여성을 부정한 존재나 열등한 존재로 보게 하는 하나의 근거로 사용되기도 하였다. 여기서는 두 가지 관점에서 이 문제를 생각해 보려고 한다. 첫째는 성경 본문이 어떻게 말하고 있는지를 살피는 것

---

21) 고든 웬함, 「레위기」, 김귀탁 역, (서울: 부흥과 개혁사, 2014), 35-36.

이고 둘째는 왜 이런 해석을 하게 되었는지 살펴보는 것이다.

레위기 15:19은 여성이 정기적으로 하는 생리의 유출에 대해 7일 동안 부정하며 이 여성을 만진 사람도 당일 저녁까지 부정하다고 말한다. 그리고 생리하는 여성이 앉았던 자리나 누웠던 자리도 부정하며 이곳과 접촉한 사람도 부정해진다(레 15:20~23). 또한 여성이 생리하는 중에는 성관계를 금지한다(레 20:18). 왜냐하면 생명의 근원을 드러내는 것이기 때문이라는 것이다. 이렇게 여성의 생리를 보는 관점은 부정과 생명의 근원이라는 두 가지가 혼재되어 있다. 고대 사회에서 피는 생명을 담고 있는 생명의 근원으로 생각하였고 신성시하였다. 구약도 동물을 먹을 때 피는 생명이니 먹지 말라고 금지하고 있다(창 9:4). 그렇기에 여성의 생리혈 또한 생명의 근원으로 보면서 여성의 생리혈과 접촉하는 것을 터부시한 것이다. 그리고 생리 중인 여성을 부정하다고 한 것은 피를 흘리는 상황을 비정상적인 상태로 보았기 때문이다. 앞에서 언급한 것처럼 정결은 정상적인 상태이고 비정상적인 상태는 부정하다고 보았기 때문이다. 이것은 피부병이나 각종 병으로 인해 몸 안에서 피나 고름 등의 액체가 흘러나오는 것(유출)을 부정하다고 보는 것과 같다(레 15:2).

레위기 15장은 각종 유출의 경우를 다루고 있다. 2~15절은 일반적인 유출병에 대한 규정과 정결 방법을 소개하고 있다. 본문에 따르면, 유출병이 있는 사람과 접촉하거나 그가 앉은 자리, 그가 만진 물건 등을 만지면 부정하게 되며, 접촉으로 인해 부정하게 된 사람은 옷과 몸을 물로 씻고 저녁까지 부정하다. 유출병자가 정결해지려면 몸과 옷을 물로 씻고 산비둘기 두 마리나 집비둘기 두 마리를 각각 속죄제와 번제로 드려 속죄해야 한다. 16~18절은 남성의 설정에 대한 규례로, 설정도 부정하기 때문에 몸을 물로 씻어야 하고 저녁까지 부정하다. 그리고 정액이 묻은 모든 물건도 부정하고 동침한 여성도 부정해지기 때문에 모두 물로 씻어야 한다. 19~24절은 일반적인 여성의 생리에 대한 규례로, 일반적인 유출병에 대한 규정과 거의 동일하다. 다만 두 가지 차이가 있는데 첫째는 부정 기간이 7일로 규정되었는데 이는 여성의 일반적인 생리 기간에 맞춘 규정이다. 둘째는 생리 중 여성과 동침한 경우 상대 남성도 7일간 여성과 동일하게 부정한 상태가 된다. 이는 생리 중인 여성과의 동침을 금지하기 위한 강력한 규정으로 레위기 20:18에서는 이를 명시적으로 금하고 있다. 25~28절은 비정상적인 하혈에 대한 규정으로 이것도 생리 규정과 유사하며 다만 유출이 그친 후 7일이 지나야 부정 기간이 지난다. 29~30절은 여성의 생리나 하혈에 대한 정결 방법으로 일반적인 유출병과 동일하게 옷과 몸을 씻고 산비둘기 두 마리나 집비둘기 두 마리로 속죄제(정결제)와 번제를 드리면 된다. 우리말에서 '속죄제'로 번역된 단어는 부정한 상태에서 정결한 상태가 되기 위한 제사를 말하며 다른 말로 '정결제'라고 한다.

이렇게 여성의 생리를 다룬 레위기 15장을 전체적으로 보면 유출을 비정상적인 상태로 보고 이에 대한 규정과 정결 방법을 제시하고 있으며 남성의 설정과 여성의 생리도 그런 유출의 한 형태로 보고 있다는 것을 알 수 있다. 그러므로 유출의 문제는 '현재 부정한 상태에 있느냐 정결한 상태에 있느냐'의 문제이지 존재적으로 정결하냐 부정하냐의 문제가 아니다. 그러므로 여성의 생리를 근거로 여성을 존재적으로 부정하고 열등하다고 말하는 것은 성경을 잘못 해석한 것이다.

또 하나 언급할 것은 남성의 설정이 부정하다는 것은 '여인을 가까이하지 말라'는 규정과 연결된다. 출애굽기 19:15에서는 여호와와 언약을 맺기 위해 진을 정결케 하라는 명령 속에 이 명령이 들어 있다. 이런 명령은 여호와께서 참전하시는 여호와 전쟁에도 동일하게 나오며 특히 신명기 23:10에서는 남녀 관계뿐만 아니라 진영 안에서 밤에 몽설로 인해 부정하게 되면 진영 밖으로 내보내고 해가 진 후에 들어오게 하라고 명한다. 이것은 설정으로 인해 이스라엘 진영을 부정하게 만들면 안되기 때문이며, 이런 이유로 여인과 관계를 금하는 것이다. 즉, 여성이 부정하기 때문이 아니라 설정이 부정하기 때문에 여성과 동침하지 말라는 것이다. 그런데 '여인을 가까이하지 말라'는 규정도 오랫동안 여성이 부정한 존재이기 때문이라고 해석하였다.

 그러면 왜 이런 잘못된 해석들이 오랫동안 교회 안에서 정설처럼 여겨져 왔을까? 그 이유는 성경 해석자들이 주로 가부장적이고 남성 중심적 관점을 가진 남성들이었기 때문이다. 이들은 여성의 열등성을 주장하기 위해 여성의 생리가 부정하다는 것을 그 근거 중 하나로 삼았다. 그러나 이런 태도는 정당하지 못한 선택적 해석이다. 왜냐하면 같은 본문 안에 남성의 부정도 언급하고 있기에 여성의 부정을 말하기에 앞서 남성의 부정을 먼저 말하는 것이 정당한 해석이기 때문이다. 이렇게 같은 생리적 현상을 놓고 남성의 문제는 침묵하고 여성의 문제는 드러내고 이를 부정적으로 해석하는 태도는 정직한 해석 방식이 아니다.

 또 하나의 문제점은 이런 정부정법은 이미 제사 제도의 폐기로 인해 더 이상 신약의 성도들에게 아무런 영향을 끼치지 못한다. 그렇기에 한국교회 성도들은 피가 들어간 순대나 선지국도 아무런 거리낌 없이 먹는다. 그렇기에 유출병도 남성의 설정도 여성의 생리도 더 이상 부정하다고 여길 필요가 없고 이로 인한 금지 규례나 정결 규례에 얽매일 필요가 없다. 실제로 유출병 환자를 부정하다고 말하는 신학자나 목사는 없다. 그런데 유독 여성의 생리에 대해서만 이런 해석학적 원리를 무시하고 문자적으로 읽는 선택적 문자주의 입장을 취하는 것이다. 이것은 남성 우월적 관점이 성경 본문이나 그리스도의 십자가 사건이나 신학적 해석보다 우선이라는 것을 드러내는 것이므로 우리는 이런 견해들을 비판적으로 바라볼 필요가 있다.

2) 출산의 부정(레 12:2~5)

레위기를 읽다 보면 이해 안되는 부분 중의 하나가 출산을 부정하게 보는 것이다. 생육하고 번성하라고 명령하셨고 고귀한 생명이 탄생하는 상황에서 막 탄생한 아기와 산모를 부정하다고 말하는 것은 이해하기 어렵다. 그런데 이것은 위에서 본 정결과 유출의 문제와 연결하면 쉽게 이해할 수 있다. 출산은 몸 안에 있던 태아가 다량의 양수와 피와 함께 몸 밖으로 나오는 것으로 일종의 유출이다. 몸 안에 있던 피가 나오는 경우를 부정하게 보기에 피와 함께 출생한 아기도 같이 부정하다고 보는 것이다. 그리고 산모의 경우 출산 후에도 계속해서 자궁 내에 쌓여 있는 오로가 나오기 때문에 유출의 상태이며 아직 정상적인 상태가 아니다. 이런 관점에서 산모와 아기를 부정하다고 하는 것이다.

남아를 낳은 경우 7일 동안은 생리 기간처럼 모든 접촉을 차단하며 지내고 나머지 33일은 접촉은 가능하지만 성소에 가거나 성물을 먹을 수 없다. 여아를 낳은 경우는 이 기간이 딱 두 배이다. 이렇게 여아와 남아의 부정 기간이 다르게 나타난다. 남아의 경우 부정 기간은 40일이고 여아의 경우는 부정 기간이 80일이나 된다. 어떤 사람은 여성이 남성보다 서원시 사람의 값을 적게 내는 것(남자는 50세겔, 여자는 30세겔)과 연결하여 여아가 가치가 적기 때문이라고 설명하기도 하는데[22] 두 배의 차이를 설명하기는 역부족이다. 최근에 한 의사는 여아를 낳았을 경우 더 오랫동안 오로가 나오기 때문이라고 설명하기도 하였지만 이것도 두 배나 긴 부정 기간을 보내는 것에 대해선 납득할 만한 설명이 되지 못한다.[23] 또 다른 견해로는 남아는 태어난 지 8일 만에 할례를 받음으로 아이의 부정이 제거된 반면 여아의 경우는 이런

---

[22] 존 하틀리, 「레위기」, 김경열 역, (서울: 솔로몬, 2005), 385.
[23] 웬함, 「레위기」, 211.

의식이 없기에 산모와 아이의 부정을 모두 제거하기 위해 두 배의 기간이 걸리는 것으로 해석한다. 이렇게 본문은 이유를 설명하지 않기 때문에 다양한 해석이 있지만 확실한 설명은 어렵다.

다만 6절에 따르면 아들이나 딸이나 정결하게 되는 기간이 차면 산모는 번제를 위해 일 년 된 어린 양을, 속죄제를 위해 비둘기를 드리라고 말한다. 여기서는 딸과 아들을 출산한 것에 차별을 두지 않는다. 그러므로 부정의 기간을 가지고 아들과 딸의 가치를 평가하는 것은 본문에 기반을 둔 해석이라고 볼 수 없다.

이 본문은 사실 정부정법 개념에서 보자면 현재 적용되지 않는 법이다. 하지만 현재 산후조리 문제와 연결하면 재미있는 해석이 가능하다. 첫째, 접촉도 금지되는 부정 기간 7일 혹은 14일은 산모와 아기가 철저히 보호받는 기간으로 볼 수 있다. 이 기간은 산모와 아기의 면역력이 안 좋은 상태로 외부인과의 접촉을 피하는 것이 산모와 아기의 건강을 위해 더 좋다. 그리고 외출을 자제해야 하는 33일과 66일도 산모와 아기가 외부의 감염이나 위험으로부터 보호받을 수 있는 기간이 된다. 그러므로 이 기간은 비록 부정의 상태이지만 산모와 아기가 감염이나 외부 위험으로부터 보호받는 일종의 산후조리 기간이다. 이런 관점에서 보면 여아를 낳은 경우는 남아보다 두 배로 쉬고 보호받을 수 있어 산모와 아기에게는 더 유리하다고 볼 수 있다. 개인적으로 이런 이야기를 권사님들이 많으신 자리에서 강의했더니 자신들은 딸 낳았다고 산후조리도 못하고 애 낳고 바로 밥하고 일하러 나갔다며 레위기 법이 더 좋다며 탄식하는 소리를 들을 수 있었다. 그러므로 레위기의 출산법은 부정이라는 상태를 통해 외부인과의 접촉을 막음으로 산모와 아기의 건강을 보호하는 산후조리법이자 모자 건강법이라고 할 수 있다.

2. 사회 문화적 도덕법

이 부분에서는 구약 시대의 사회 문화적인 요소를 분별하면서 현대적 관점에서 새롭게 해석하고 현재 교회와 사회에 적용할 법들에서 여성에 관한 법들을 다루려고 한다. 주로 여성들은 당시 사회적 활동을 거의 하지 못했기에 주로 결혼과 이혼과 성과 재산에 대한 것을 다룰 것이다.

1) 여성의 성과 결혼(신 22:13~29)[24]

구약 여성의 성과 결혼 문제를 해석하려면 구약 시대의 가부장적 문화의 전제를 이해해야 하는데 다음과 같이 일곱 가지 항목으로 정리할 수 있다.

첫째, 여성의 성은 아버지 혹은 남편 등 남성들에 종속되고 철저히 통제되고 있다.

둘째, 여성의 처녀성은 아버지의 권위 및 경제적 문제와 연결되어 있다.

셋째, 결혼은 신부 아버지와 신랑 사이에 일종의 거래로 여성의 처녀성이 가장 중요한 요소이다.

넷째, 결혼 혹은 약혼한 여성과의 성관계는 여성의 남편의 권리를 침해하는 중대범죄로 사형에 해당한다.

다섯째, 여성의 혼외 성관계는 공동체에서 제거해야 할 악으로 여겨졌다.

여섯째, 남성의 경우 결혼/약혼한 여성과의 관계를 제외한 처녀와의 성관계는 화간이든 성폭행이든 범죄로 보는 인식이 약하다.

---

[24] 이 부분은 본인의 논문 "신명기 22:13-19에 나타난 성 윤리와 성범죄에 대한 현대적 적용"을 참조하였다. 박유미, "신명기 22:13-19에 나타난 성 윤리와 성범죄에 대한 현대적 적용", 「구약논단」 26(3),(2020), 142-171.

일곱째, 남성이 미혼인지 기혼인지 순결한지는 전혀 고려대상이 되지 않는다. 즉, 남성의 성은 표면적으로 통제 대상이 아니다.

a. 결혼 전의 여성의 성(신 22:13~21)

신명기 법은 결혼 전의 여성에게 철저한 순결을 요구한다. 결혼을 했는데 신부의 처녀성이 의심되면 신랑은 재판을 신청할 수 있으며 소송을 당한 신부 가족은 신부가 처녀였음을 증명해야 한다(신 22:13~21).[25] 그런데 만일 처녀성을 증명하지 못하면 신부는 아버지 집 문 앞에서 돌에 맞아 죽는다. 아버지 집 앞에서 형을 집행하는 이유는 딸의 정숙함을 지키는 데 실패한 아버지에 대한 공동체적 비난을 표시하기 위한 것이다. 신부를 죽이는 이유는 아버지 집에서 창녀처럼 행동했기 때문으로 이것은 이스라엘에 악한 일이라고 규정한다. 여기서 창녀처럼 행동했다는 말은 결혼 전에 성관계를 가진 것을 말한다. 이유를 불문하고 여성의 결혼 전 성관계는 금지되었다. 이는 신랑과 신부 사이의 개인적 문제가 아니라 이스라엘 공동체의 문제로 공동체의 질서와 윤리를 훼손하는 심각한 죄로 보았다. 그렇기에 공적인 재판과 처형이 이루어진다. 이와 대조적으로 남성의 결혼 전 성관계는 문제 삼을 대상도 처벌 대상도 아니었기 때문에 신명기 어디에도 남성의 순결을 문제 삼는 경우가 없다. 오직 신부의 순결 문제만 재판과 처벌 대상으로 기록하고 있다.

순결의 문제가 여성에게만 일방적으로 요구되기 때문에 부당하지만 한편으로 이 법은 당시 상황에서 여성을 보호하는 측면이 있다. 만일 신랑이 무고하게 신부의 처녀성을 의심하고 재판을 걸었을 경우 신랑

---

[25] 티게이라는 학자는 첫날밤 잔 옷에 피가 묻어 있는 것을 처녀성의 증거로 부모들이 잘 보관하는 것은 고대 근동에 잘 알려진 관습이라고 하였다. Jeffrey H. Tigay, *Deuteronomy: The traditional Hebrew text with the new JPS* (Philadelphia : Jewish Publication Society, 1996), 205.

이 받는 벌도 상당하기 때문이다. 일단 신부의 처녀성에 대한 판단을 개인적으로 하지 못한다. 신랑 마음대로 신부에게 처녀가 아니라는 죄를 씌워 내쫓을 수 없다. 반드시 이 문제는 공개적인 재판을 해야 한다. 즉, 사적 처벌이 금지된다. 만일 무고로 밝혀진 경우 신랑은 신부 아버지에게 신부값의 두 배인 100세겔을 벌금으로 주어야 한다. 신부 아버지를 모욕했기 때문에 벌금으로 배상하는 것이다. 또한 신랑에게 태형을 가함으로써 신명기 21:18에서 불량한 아들을 매질로 훈육하듯 불량한 신랑에게 매질하여 잘못에 대한 대가를 치르게 한다. 마지막으로 신부와 절대 이혼할 수 없다. 이것은 신부의 경제적 사회적 지위를 보호하기 위한 측면으로 신랑은 신부의 생계를 평생 책임져야 한다. 하지만 현대적 관점에서 볼 때 자신을 싫어하는 남편과 이혼도 못하고 평생 함께 사는 것은 여성에게도 처벌로 보이기도 한다. 이렇게 구약의 법은 결혼 전 여성의 성관계만을 금지한다.

b. 결혼(약혼)한 여성의 성(신 22:22~24)

구약 시대에 결혼과 약혼은 법적으로 동일한 효력을 갖는다. 약혼은 신랑이 신부값을 신부 아버지에게 주면서 이루어지고 결혼은 적절한 나이와 때가 되었을 때 함께 사는 것으로 신부값이 오고 간 시점에서 이미 결혼은 성립된 것이다. 그러므로 이 단락에서는 결혼과 약혼을 같은 범주에서 보고자 한다.

결혼한 여성의 성은 철저히 남성에게 속해 있다. 그러므로 다른 남자와의 관계는 절대 금지이다. 결혼한 여성과 관계를 맺는 것을 구약은 간통으로 규정하는데 이때 상대 남성의 결혼 여부는 상관이 없다. 간통이 발각된 경우 남녀 모두 사형이다. 이것은 예외가 없다. 고대 근동의 다른 법에서는 남성을 살려준다거나 여성의 남편이나 왕이 아내와 그의 애인을 풀어주거나 벌을 경감시킬 수 있다.[26] 그러나 구약은 간통을 남편에 대한 죄이며 하나님께 대한 죄로 보기 때문에 어느 인간도 판결을 바꿀 수 없다. 여성의 간통을 심각한 범죄로 다루는 반면 남성의 간통에 대해선 아무런 언급이 없다. 간통을 금지한 것이 결혼 언약의 순결성을 지키기 위한 법으로 본다면 남성의 간통도 동일하게 언급되고 처벌되어야 한다. 여성의 결혼 언약뿐만 아니라 남성의 결혼 언약도 중요하기 때문이다. 그런데 남성의 간통을 언급하지 않은 것을 보면 간통 문제도 남성 간의 성의 소유권 문제라는 것을 나타낸다. 즉, 한 남자가 다른 남자의 성적 독점권을 침해한 것을 문제 삼고 그에 대해 징벌한 것이다. 그러므로 결혼한 여성의 간통만 문제 삼는 것은 당시 가부장적 사회가 여성의 성만을 통제하는 사회였기 때문임을 알 수 있다.

c. 여성의 성폭행 사건(신 22:25-27)

구약은 여성의 혼전 혼후 순결을 매우 중요하게 생각하는 것을 알 수 있다. 하지만 우리나라 유교 사상처럼 순결 자체를 목숨처럼 여기고 순결을 잃으면 모든 것을 잃고 죽어야 한다고 생각하는 것과는 다른 개념이다. 예전에 한 교회 청년회 모임에서 한 여자 청년이 성폭행으로 순결을 잃은 경우 순결을 잃은 것이 죄가 되는지를 질문한 적이 있다. 그런데 이 질문이 많은 여자 청년들의 공감을 얻었었다. 그동안 순결 이데올로기에 함몰된 교회가 여성들에게 순결을 강조하다 보니 순결 자체를 절대시하며 순결을 지키면 선이고 순결을 잃으면 죄라는 이분법적 사고를 가르쳤기 때문에 이런 말도 안되는 질문이 나오게 된 것이다.

신명기 본문은 약혼(결혼)한 여성을 성폭행한 경우와, 약혼하지 않

---

26) J. R. Ziskind, "TREATMENT OF WOMEN IN DEUTERONOMY", *JBQ* 27(3) (1999), 232.

은 여성을 성폭행한 경우를 나누어서 다룬다. 먼저 약혼한 여성을 성폭행한 경우 여성에게는 아무런 책임을 묻지 않지만 가해자인 남성은 사형이다. 약혼한 여성을 성폭행한 경우는 약혼한 여성 혹은 결혼한 여성과 간통한 것과 같이 다른 남자의 성적 권리를 침해한 것으로 보고 남성을 죽인다. 하지만 여성은 폭력에 의해 강제적으로 당한 것이기 때문에 아무런 책임이 없다.

약혼하지 않은 처녀를 성폭행한 경우는 약혼한 여성의 경우와 좀 다른 처벌이 이루어진다. 처녀를 성폭행한 가해자는 두 가지 처벌을 받는데 처녀 아버지에게 50세겔의 벌금을 준다. 이것은 신부값과 동일한 액수로, 처녀성을 잃은 처녀의 아버지가 딸의 결혼으로 인해서 얻을 수 있는 경제적 손실을 보상해 주는 것과 같다. 그리고 가해 남성은 피해 여성과 결혼해야 한다. 그것도 결혼하면 평생 이혼하지 못하고 생계를 책임져야 한다. 다만 이 조항은 출애굽기 22:16~17에서는 아버지가 신부값을 받고도 결혼을 시키지 않을 수 있는 선택조항이다. 즉, 피해 여성이 이 사건으로 인해 결혼이 어렵게 된 경우 신부 아버지가 요구하면 가해자는 반드시 결혼으로 책임져야 한다는 것이다. 고대 이스라엘의 사회 문화적 상황에서 결혼하지 않은 여성의 삶은 쉽지 않기에 최소한의 안전장치라고 할 수 있다. 하지만 현대 관점에서 보면 성폭행 피해자를 가해자와 결혼하게 하는 것이 비인도적이고 끔찍한 처사로 보인다. 과연 이것이 가해자에 대한 처벌인지 피해자에 대한 처벌인지 모를 지경이다.

또 하나 짚고 넘어갈 것은 처녀를 성폭행한 경우 처벌이 약혼한 여성을 성폭행한 것에 비해 가볍다. 처벌 내용도 신부값을 내고 결혼을 하는 것과 유사하다. 이것은 구약 시대가 처녀에게 가한 성폭행을 지금과 같이 심각한 범죄로 보고 있지 않았다는 의미로 해석할 수 있다.

d. 현대적 적용을 위한 제언

위의 해석에서 보듯이 구약의 법은 당시 남성 중심의 가부장적 문화를 그대로 담고 있기 때문에 현대 사회와 교회에 그대로 적용하기는 어렵다. 당시와 현재의 남녀평등 수준과 결혼 문화가 다르고 성인지 감수성과 성폭력에 대한 기준과 인식이 다르기 때문이다. 그러므로 이 본문들을 문자 그대로 현재 교회에서 가르치고 적용하는 것은 심각한 문제를 야기한다. 그러므로 현대적 관점에서 이 본문을 새롭게 적용할 방법을 찾는 것이 필요하다. 이에 다음과 같은 몇 가지 사항을 제안하고자 한다.

첫째, 구약과 현대 여성의 지위와 독립성의 차이를 인식해야 한다. 신명기 본문의 문화/제도와, 현대의 문화/제도 사이에는 차이가 크다. 특히 이 본문에서 중요한 것은 여성에 대한 인식의 차이이다. 구약 시대의 여성은 남성에게 속한 일종의 재산이며, 여성의 성은 자신의 것이 아니라 아버지와 남편에게 속한 것으로 여겨졌다. 반면 현대 사회에서 여성은 남성과 동등한 지위와 인격과 성적 자기 결정권을 가진 독립적 존재이다. 그러므로 신명기 본문에서 남성에게만 주어졌던 배우자로서의 권리나 성적 자기 결정권을 여성도 동등하게 가질 수 있다는 것을 전제로 본문을 해석하고 적용해야 한다. 예를 들면 13절에서 신부의 순결성에 의문을 품고 문제를 삼았던 신랑에 대해선 그의 순결 여부를 묻지 않았던 것처럼 이제는 더 이상 신부의 순결성을 묻지 않아야 한다. 만약 여성의 순결 여부를 문제시하고 싶다면 동일하게 남성의 순결 여부도 문제시해야 한다. 또한 본문에 등장하는 모든 남성의 결혼 여부, 순결 여부를 묻지 않았던 것처럼 여성의 결혼 여부, 순결 여부 또한 묻지 않아야 한다.

둘째, 결혼 관계 속에서 남편과 아내의 동등성과 배타성을 인정해야 한다. 구약에서 심각하게 보는 범죄 중 하나가 바로 간통이다. 십계명 중의 하나이고 살인과 동일하게 사형이란 처벌을 받는다. 또한 결혼 내에서 배우자에 대한 충실성은 하나님께 대한 충실성과 유비될 정도로 결혼한 여성의 성은 중요한 통제의 대상이었다. 말라기는 이런 충실성을 남편에게도 요구하고 있다. 말 2:10~16에서 말라기 선지자는 결혼 언약을 깨뜨린 남편들을 비판하며 아내를 불충실하게 대하지 말라고 경고한다. 그리고 아내에 대한 충실성을 여호와께 대한 충실성과 연결하여 아내에 대한 불충실이 곧 하나님께 대한 불충실이라고 말하고 있다. 이렇게 구약은 남녀를 불문하고 결혼한 사람의 성은 반드시 절제되고 통제되어야 하며 부부간에 충실해야 한다고 강조하고 있다. 그동안 전통적으로 교회는 결혼한 여성의 성만을 통제하고 정절을 요구한 반면 결혼한 남성의 성에 대해서는 상당히 허용적인 입장을 가졌고 지금도 그런 실정이다. 그렇기에 성범죄를 저지르거나 간통을 저지른 기혼 남성 목사들도 별다른 처벌 없이 목회하는 것을 심심치 않게 볼 수 있다. 하지만 언약 신학적 관점에 따르면 아내와 남편에 대한 성적 충실성이 하나님께 대한 충실성을 드러내는 것이기 때문에 결혼한 남녀의 간통 문제는 교회가 지금보다 더 엄격하게 다루어야 할 문제라고 생각한다.

셋째, 성폭행과 같은 여성의 성적 자기 결정권에 대한 침해를 심각한 범죄로 보아야 한다. 신명기 본문에서는 결혼하지 않은 여성에 대한 성폭행에 대해선 심각한 범죄로 보지 않고 다만 여성의 아버지의 권리를 보상하고 결혼하는 선에서 마무리한다. 하지만 약혼한 여성에 대한 성폭행의 경우 약혼한 남성의 여성에 대한 성적 권리를 침해한 것으로 보고 가해자인 남성을 사형에 처한다. 이것은 남편의 성적 권리를 침해하는 것을 심각한 범죄로 보았다는 의미이다. 고대 이스라엘에서는 여성의 성적 권리가 남편에게 있지만 현대 사회에서는 결혼을 했더라도 여성의 성적 권리는 여성 자신에게 있기 때문에 여성의 성적 권리를 침해한 범죄인 성폭행을 심각한 범죄로 보아야 한다. 이것은 성폭행뿐 아니라 여성의 성적 권리를 침해하는 다양한 성범죄도 마찬가지이다. 그동안 교회나 사회는 여성에 대한 성범죄를 심각한 범죄로 다루지 않았지만 성경은 한 인간에 대한 성적, 인격적 권리 침해를 심각한 범죄로 보고 있다는 것을 인식하고 성범죄가 심각한 범죄라는 것을 교회가 먼저 알고 성범죄 방지를 위해 앞장섰으면 좋겠다.

여기에 제안한 실질적인 적용 방안들은 일반 사회에서 보면 너무 상식적인 말이다. 하지만 교회는 위에서 언급된 신학적 해석으로 인해 이런 사회의 상식적인 성 의식도 따라가지 못하고 아직도 가부장적인 관점에서 여성의 순결만 강조하고 남성의 성적 방종을 방임하는 실정이다. 해석은 구약의 본문이 현대 사회에 적용될 수 있도록 다리를 놓아주는 역할을 하는 것이다. 모쪼록 구약의 가부장적 본문을 넘어 현대 사회에 적용 가능한 평등한 성 윤리의식이 교회에 적용될 수 있기를 희망한다.

2) 이혼법(신 24:1~4)

교회는 전통적으로 이혼을 반대한다. 예수님은 간통한 경우를 제외하고는 이혼하지 말라고 하신다. 사도바울은 이보다는 유보적인 입장으로 기본적으로 이혼을 찬성하지 않지만 불신자 배우자가 이혼을 요구하면 이혼하고 그렇지 않으면 그냥 살라고 권한다. 그런데 신명기 24:1~4에서 보면 모세는 이혼을 허락하고 있으며 심지어 이혼 증서를 써주고 이혼하라고 말한다. 이 본문을 보면 모세는 이혼을 찬성하는 것으로 보이며 예수님의 말씀과 다른 입장을 가진 것으로 생각될 수 있다. 이 단락에서는 신명기의 이혼 본문에 대한 자세한 읽기를 통해 본문의 의미가 어떤 의도를 가지고 있는지 살펴보며 현재 교회에서 어떻게 적용할지 생각해 보고자 한다.

a. 이혼의 조건: 수치 되는 일

1절에서 언급하고 있는 이혼의 조건은 '수치 되는 일의 발견'과 '그를 기뻐하지 않음'이다. 여기서 '수치'로 번역된 단어는 기본적으로 '벌거벗음'이란 뜻을 가진다. 그렇기에 대부분의 학자들은 '수치스러운 일'을 간음 등 성적으로 부도덕한 행위를 암시하는 것으로 이해한다. 하지만 유대인들은 그들의 미드라쉬에서 남편이 기뻐하지 않는 모든 일을 수치스러운 일로 간주하였다. 예수님 시대의 유대 랍비들은 심지어 음식을 못하는 것이나 늙어서 보기 싫어진 것도 이혼 사유가 된다고 주장하였다. 이렇게 수치스러운 일이 무엇인지에 대한 정확한 정의가 없기에 이혼은 남편의 주관적인 판단에 의해 이루어지고 남발되는 경우가 많았다. 그리고 고대 사회는 남편만이 이혼을 요구할 수 있는 권리가 있었기 때문에 여성은 부당한 경우를 당해도 이혼을 요구할 수 없었다. 이렇게 여성은 언제든지 이혼당할 수 있지만 이혼은 요구할 수 없는 부당한 상황이었다.

b. 이혼에 대한 율법

모세는 남편들에게 이혼할 경우 아내에게 반드시 이혼 증서를 써주고 자신의 집에서 내보내라고 한다. 여기서 이혼 증서는 이 여성이 남편이 없는 상태로 다른 남성과 결혼을 하더라도 법적으로 문제가 되지 않는 것을 증명하는 문서이다. 이혼 시에 남편은 아내가 결혼할 때 가져온 지참금과 위자료와 함께, 자녀를 같이 내보내는 경우는 자녀 양육비까지 지급해야 한다. 그리고 자신이 장인에게 주었던 신부값은 돌려달라고 요구할 수 없다. 신명기 22:13~21에서 신랑이 마음에 들지 않는 신부에 대해 이혼하지 않고, 순결하지 않다고 무고죄를 뒤집어씌운 것은 신부값을 되돌려 받거나 이혼 시 주는 위자료를 주기 싫은 경제적 이유 때문이다. 즉, 이혼하면 아내에게 어느 정도 살아갈 수 있는 경제적 보상을 한 후 집에서 완전히 내보내서 완전히 남남이 되어야 한다는 것이다. 이혼한 아내를 집에 두고 일을 시키거나 해서는 안된다. 그래야 여성은 전남편의 영향력에서 벗어나 새로운 남편과 결혼을 할 수 있기 때문이다. 그러므로 아내에게 이혼 증서를 써주고 집에서 내보내는 것은 이혼한 여성에게 자유롭게 재혼할 수 있는 권리를 보장하기 위한 법적 장치이다.

3~4절은 다른 남자와 재혼했던 전 아내와 재결합하는 것을 금지하는 법이다. 이혼 후 아내가 다른 남자와 재혼한 뒤 그 남편이 죽거나 다시 이혼당해서 혼자가 되더라도 절대 재결합하지 말라고 금한다. 4절의 '그 여자는 이미 몸을 더럽혔은즉'이라는 말은 제의적으로 부정한 상태를 말한다. 이것은 아내가 재혼한 남편과 관계를 맺는 것은 정당한 관계이기 때문에 제의적으로 정결한 상태이지만 이혼한 남편과 다시 재결합하는 것은 제의적으로 부정다고 보시겠다는 것이다. 그리고 '여호와 앞에 가증한 것'이라고 말하는 것은 전남편의 변덕스러움으로 이혼과 재결합을 반복하는 것은 하나님께서 가증하게 보시는 이방 문화의 풍습이기 때문이다. 그러므로 이혼은 한순간의 감정이 아니라 심사숙고한 후 후회하지 않을 결정이어야 한다는 의미이다.

이 법은 이혼 시 이혼 증서를 써주어야 하며, 이혼한 아내와의 재결합을 금지한다. 이 법의 목적은 이혼당한 아내를 보호하기 위한 것이며 이혼 증서는 최소한의 보호 장치이다. 모세는 고대 근동 사회에서 빈번하게 일어나는 이혼에 대해선 그 문화를 그대로 인정한다. 이것은 하나님이 이혼을 찬성해서가 아니라 인간의 완악함과 연약함으로 인해 초래된 것으로 어쩔 수 없이 관용하신 것이다. 남편은 아내가 마음에 안 들면 언제든지 이혼할 수 있다. 그리고 이때 이혼 증서는 아내가 재혼을 합법적으로 할 수 있는 증명서가 된다. 이 증서가 없는 상태에서 이혼 후 아내가 다른 남자와 결혼했을 때 만일 전남편이 전 아내를 여전히 자신의 아내라고 우기면 재혼한 두 사람은 간통죄를 뒤집어쓰게 되는 것이고 사형의 벌을 받는 심각한 상황이 된다. 즉, 이혼 증서는 이런 악의적인 남편의 행동을 막을 수 있는 증서로 이 법은 이혼한 여성이 합법적으로 재혼할 수 있도록 하는 법이다. 그리고 재결합을 금지하는 것이 경솔한 이혼을 막기 위한 것도 있지만 다른 한 편으로는 전남편이 이혼한 아내의 삶에 관여하는 것을 금지하는 법이다. 한 번 이혼을 한 부부는 이제 완전한 남으로 전남편은 전 아내의 삶에 일체 관여해선 안된다는 것이다. 그 아내가 혼자 살든 재혼하든 재혼한 후 과부로 살든 또 다시 이혼을 하든 더 이상 전남편은 관여할 권리가 없다.

c. 신약의 해석

마태복음 5:31~32에서 예수님은 이혼에 대한 모세 율법을 새롭게 해석하신다. 32절에서 '나는 너희에게 이르노니 누구든지 음행한 이유 없이 아내를 버리면 이는 그로 간음하게 함이요 또 누구든지 버림받은 여자에게 장가드는 자도 간음함이니라'라고 말씀하신다. 이것은 당시 유대 바리새인들이 바느질을 못하거나 밥을 태우는 등 하찮은 일까지도 꼬투리 잡아 이혼하는 행태를 비판하신 말씀이다.[27] 그러면서 함부로 아내와 이혼하는 것은 아내를 간음하게 만드는 것이고 아내와 결혼한 자도 간음하게 만드는 최악의 행동이라고 비판하신다. 즉, 함부로 이혼하면서도 이혼 증서만 써주며 자신들은 죄가 없다고 말하는 바리새인들에 대해 다른 사람을 죄짓게 만드는 악질적 죄를 짓고 있음을 지적하신 것이다. 누가복음 16:18은 심지어 아내를 버리고 다른 데 장가드는 자도 간음한 자라고 더 강하게 비판하고 있다. 예수님은 이혼하는 여성을 보호하기 위한 법을 악용하는 바리새인들의 위선을 비판

---

27) 배정훈, "신명기 24장 1-4절에 관한 주석",「장신논단」, 45,(4)(2013), 55.

하며 이혼하지 않는 것이 하나님의 뜻이라고 말씀하신다. 이 구절은 학대당하거나 폭력에 시달리거나 방치된 아내에게 이혼하지 말라고 하시는 말씀이 아니라 아내를 하찮게 생각하고 함부로 이혼하는 바리새인 남편들에게 하시는 말씀이다. 그러므로 이 구절은 이혼을 하든 이혼을 하지 않든 배우자를 함부로 대하고 학대하는 사람들에 대한 경고의 말씀이다.

바울은 고린도전서 7:10~16에서 이혼에 대해서 말하는데 이때 기본 원칙은 '이혼하지 말라'이다(10~11절). 믿지 않는 사람과의 결혼에서도 상대방이 이혼을 원하지 않으면 그대로 살라고 권면한다(12~14절). 이렇게 바울은 기본적으로 이혼을 찬성하지 않는다. 하지만 믿지 않는 배우자가 이혼을 원하거나 신앙생활이 어려워지면 이혼할 수 있다고 말한다(15절). 그리스도인이 비그리스도인과의 멍에에 굳이 속박될 필요는 없다는 것이다. 16절에서 다시, 가능하면 이혼하지 말기를 권하는 것을 보면 이혼이 바람직한 것은 아니지만 그리스도인의 자유를 위해서는 가능하다고 본 것이다.

그러므로 교회는 전통적으로 '이혼하지 말라'라는 예수님의 말씀과 바울의 '가능하면 이혼하지 말라'와 '일부종사'라는 유교적 관념이 섞여서 이혼을 절대 금지하며 죄악시하고 있다. 그런데 현재 우리나라의 이혼율은 상당히 높은 편이며 교회에도 이혼한 가정들이 있고 이혼으로 인해 교회를 떠나기도 한다. 이런 한국의 상황에서 교회는 원칙과 현실 사이의 지혜로운 해법을 모색해야 한다. 원칙적으로 이혼은 예수님의 말씀대로 하지 않는 것이 좋다. 이 말씀과 신명기 24:4의 말씀과 같이 생각하면 성급하거나 경솔하게 좀 더 맞추어 보려는 노력 없이 이혼부터 생각하는 것을 막는 좋은 방파제 역할을 할 수 있다. 아무래도 이혼을 생각하더라도 이 말씀을 기억하며 다시 한번 숙고하고 인내하게 되기 때문이다. 하지만 배우자의 외도, 폭력과 학대, 배우자의 유기 등 배우자의 악질적인 다양한 폭력과 학대까지 참으며 인격이 무너지는 상황까지 참아야 한다는 의미는 아니다. 위 말씀의 배경은 바리새인 남편들이 아내를 함부로 대하고 학대하는 것을 비판하는 말씀이기 때문이다.

그런데 요즘 교회는 이 말씀을 오히려 남편에게 학대받는 여성들에게 무조건 참으라는 의미로 사용하며 불충실한 남편을 옹호하고 있는 실정이다. 이렇게 교회는 원래 예수님이 말씀하신 의도와 다르게 적용하고 있는 것이다. 물론 이런 문제를 가진 배우자에 대해 신앙으로 이를 극복할 힘이 있고 극복하게 되면 가장 좋다. 바울이 고린도전서 7:16에서 '남편이 혹은 아내가 상대 배우자로 인해 구원받을지 어찌 알겠느냐'라고 말한 것은 배우자의 노력을 하나님이 보시고 혹시 하나님이 은혜를 주실 수도 있지 않겠냐는 말로 이렇게 되면 참 좋겠다는 희망 사항을 말한 것이다. 바울도 사람의 구원은 사람의 노력에 달린 것이 아니라 하나님 손에 달렸음을 분명히 알고 있기 때문에 '구원할는지 어찌 알겠느냐?'라며 하나님의 손으로 넘긴 것이다. 하지만 그렇지 못해 이혼한 경우 우리는 바울의 교훈을 따라 어쩔 수 없는 선택에 대해 존중해 주어야 한다고 생각한다. 이혼 여부로 인해 그리스도인이 비그리스도인이 되는 것도, 구원에 영향을 주는 것도 아니기 때문이다. 교회는 가정이 깨지는 것을 막아야 할 사명도 있지만 이혼한 사람들의 영혼과 삶을 돌볼 의무도 있다. 이 둘 사이에서 교회는 지혜로운 길을 찾기 위한 노력이 절실히 필요하다.

3) 시형제 결혼(신 25:5~10)

이 제도는 기본적으로 아내가 죽은 남편의 동생과 결혼하여 자식을 낳고 그 자식은 남편의 이름을 잇는 것이다. 이 제도는 표면적으로 보면 아내가 남편의 계보를 잇기 위해 시동생과 결혼하며 시집에 매여 사는 것으로 보인다. 사별한 여성은 다른 남자와 재혼할 수 있기 때문에 시형제 결혼은 이런 기회를 날리게 되는 것이다. 그렇기에 한편에서는 이 제도가 가부장제를 강화하고 여성을 남편 가문에 묶어 놓는 부정적인 것으로 해석한다. 그리고 유다도 이 제도를 악용해서 다말을 묶어 놓은 경우이다.

하지만 이 제도를 경제적인 면에서 보면 과부를 보호하는 법이다. 자식이 없이 남편이 죽은 경우 과부는 남편의 기업을 상속받을 수 없다. 여성은 특별한 경우가 아니면 기업 즉, 땅을 상속받을 수 없기 때문이다. 그러므로 자식이 없는 과부는 남편이 죽으면 생계가 막막해지는 경우가 많다. 이때 시동생과 결혼하게 되면 시동생이 형수의 생계를 책임지게 되고 시동생과의 사이에서 아이가 생기면 죽은 남편의 기업이 아이에게 상속되어 과부와 아이는 그 기업을 통해 생계를 해결할 수 있게 된다. 그러므로 이것은 과부 입장에서 보면 죽은 남편의 기업을 물려받을 수 있는 제도이다.

이 제도는 시동생보다는 과부에게 유리한 일종의 과부 보호법이라고 할 수 있다. 그 증거로 이 법은 여성이 재판을 청구할 수 있는 유일한 법이다. 만일 시동생이 형수와의 계대 결혼을 거부하면 형수는 시동생을 향해 시형제 결혼을 요구하며 재판을 청구할 수 있는 권리가 있다. 시동생이 시형제 결혼을 거절하는 이유도 대부분 경제적인 이익 때문이다. 형이 아이 없이 죽은 경우 형의 기업은 동생들에게 돌아가게 되어 시동생은 기업이 늘어나게 된다. 그런데 형수와 결혼하여 아이를 낳게 되면 그 기업은 형수와 아이의 몫으로 돌아가게 되기 때문에 자신에게는 아무런 이익이 없다. 그렇기에 시동생 입장에서는 시형제 결혼이 그리 달갑지 않기에 거절하는 경우가 생기는 것이다. 만일 재판에서 시동생이 거절하면 시동생의 신을 벗기고 얼굴에 침을 뱉으면서 '형의 이름을 잇기 싫어하는 자'라고 부른다. 이것은 시동생과 그의 가문에 내린 불명예형으로 시동생과 그 가문은 불쌍한 과부를 박대하고 내치는 무정하고 정의롭지 못한 가문이라는 것을 공동체에 알리는 행위이다. 이런 소문이 난 가문은 그 공동체에서 얼굴을 들고 다닐 수 없게 되기 때문에 매우 가혹한 형벌이라고 할 수 있다. 시형제 결혼을 거부당한 과부는 그 집안과 관계를 완전히 단절하고 새롭게 재혼할 수 있게 된다. 유다도 이런 불명예를 얻기 싫어서 다말에게 셀라와 시형제 결혼을 시켜주겠다고 속였던 것이다.

그러므로 이 제도는 근친혼을 금지하고 유교 전통을 가진 우리 문화에서 보면 이상하지만 자신의 집안에 들어온 여성을 가문이 책임지고 생활할 수 있도록 삶의 자리와 기업을 마련해 주는 제도로 고대 근동 사회에서 유일한 과부 보호법이다. 이 제도는 고아와 과부와 객을 돌보시는 하나님의 자비로운 성품과 연결된 것으로 교회가 가난한 자들 특히 아무런 삶의 기반이 없는 사람들을 도와야 한다는 교훈을 우리에게 준다.

4) 친족간의 결혼 및 성관계 금지(레 18장)

레위기 18장은 3촌 이내의 결혼 혹은 성관계를 금지하고 있다. 우리나라는 유교의 영향으로 근친상간이 엄격히 금지되어 있다. 현재 민법(제809조)상으로도 8촌 이내의 결혼은 금지되어 있다. 하지만 고대 근동에는 동복, 이복 남매, 이모나 고모와 조카 등 3촌 간의 결혼이 빈번했다. 특히 이집트 왕족은 순수혈통을 지킨다는 명목으로 친남매 간에 결혼하기도 하였다. 하지만 레위기는 이스라엘 안에서 3촌 이내의 결혼을 금지한다. 이유는 이들이 자신의 살붙이 즉, 자신의 가족이기 때문이다. 대가족 문화 속에서 한 가족 안에는 다양한 촌수의 남성과 여성이 함께 살고 있다. 그리고 남성 중심의 문화 속에서 가족 내의 남성은 가족 내의 여성을 힘이나 지위를 이용하여 얼마든지 성관계를 하거나 심지어 성폭행을 할 수도 있다. 암논이 자신의 힘과 아버지의 권위를 이용하여 다말을 성폭행한 것이 가장 대표적인 사건이다. 이런 환경 속에서 성경은 가족 내의 여성을 성적 대상으로 보지 말고 보호하고 존중해야 할 가족으로 생각하라고 말하는 것이다. 이 법의 목적은 가족 내에서 일어날 수 있는 성적 방종과 성범죄를 미연에 방지하고 여성 가족을 보호하기 위한 것이다. 현대 사회에도 가족 내에서 일어나는 근친 성범죄가 은밀히 많이 일어나고 있다. 그러므로 교회는 근친 성범죄가 하나님 보시기에 악한 범죄임을 알리고 가족 내의 여성, 특히 힘없는 어린 여자아이를 보호하는 데 성도들이 관심 가져야 한다는 교훈을 주고 있다.

다만 이 법은 법이 생기기 이전에 결혼한 족장들에게 소급 적용하면 안된다. 아브라함은 이복 여동생인 사라와 결혼하였고 모세의 어머니와 아버지는 고모와 조카 관계인데 이들에 대해서는 그냥 넘어가도 좋을 것이다. 암몬의 경우는 법이 금지하고 있다는 것을 알면서도 이복누이인 다말을 성폭행한 것이기 때문에 고의적으로 율법을 어겼고 이 죄는 매우 크다. 압살롬이 아버지의 10명의 첩을 성폭행한 것도 암논과 같은 경우이다.

근친혼 금지 마지막 18절에서는 아내가 생존할 동안에 처제와 결혼하는 것을 금지한다고 특별히 언급하면서 아내가 질투하기 때문이라는 이유까지 알려준다. 이것은 아내를 위한 배려이다. 일부다처 사회에서 아내들 간의 경쟁과 질투는 피할 수 없는 요소이다. 이것은 일부다처라는 구조적 문제에서 오는 문제이며 여성의 인성이나 성품과는 상관없다. 만일 남자들도 일처다부라는 구조에 놓이면 동일한 갈등을 일으킬 것이다. 이것은 부부 관계가 상호 독점적이라는 기본적 특징 때문이다. 그런데 한 남편을 둔 자매들 간의 갈등은 더 심각하고 어렵다. 야곱의 아내 레아와 라헬의 경우를 보면 결혼부터 시작해서 라헬이 죽을 때까지 갈등은 계속되고 심각하였다. 그렇기에 아내에 대한 배려

차원에서 자매를 한꺼번에 아내로 맞이하는 것을 금지한 것이다. 그러므로 이 구절은 아내들의 갈등이 여성의 문제가 아니라 구조의 문제이며 가능한 한 갈등이 생길 수 있는 구조를 만들지 말라는 교훈을 담고 있다.

5) 여성의 재산권 문제(민 27장을 중심으로)

민수기 27장에서 모세는 가나안 땅에 들어가기 전에 미리 가나안 땅을 각 가족에게 나누어주었다. 가나안을 정복한 후 각 지파와 가족은 분배받은 땅에 정착하게 된다. 그런데 이때 슬로브핫의 딸들이 자신들에게도 땅을 달라며 이의를 제기한다. 당시 고대 근동 사회는 가문의 기업 즉, 땅은 남성과 아들에게만 상속이 되었고 아내나 딸은 땅을 상속받을 수 없었다. 시형제 결혼은 남편의 땅을 아내가 상속받지 못했기 때문에 이를 보완하기 위해 생긴 제도이다. 그런데 이런 관습으로 인해 땅을 분배받지 못한 슬로브핫의 딸들인 밀라와 노아와 호글라와 밀가와 디르사가 모세를 찾아온다. 그들은 자신의 아버지는 고라처럼 하나님께 반역하여 심판을 받은 것도 아니고 나이가 들어 죽었는데 아들이 없고 딸만 있다고 기업을 못 받는 것은 너무 불공평하다고 주장한다. 그녀들은 자신들이 가나안 땅으로 들어갈 경우 먹고 살길이 막막했기에 당시의 관습과 사람들의 비난의 시선을 무시하고 자신들에게도 땅을 달라고 용감하게 나선 것이다. 사실 이스라엘 전체에서 딸들만 있는 집이 슬로브핫 집만은 아니었을 것이다. 그런데 상당히 많은 가정이 이런 불공평한 상황 속에서 말도 못하고 속앓이만 하거나 체념하면서 가나안 땅에서의 가난하고 고단한 삶을 상상하고 있었을 것이다. 그들은 매일 만나를 먹으며 생계 걱정을 할 필요 없는 광야의 삶이 아무런 생계 수단이 없는 가나안 땅보다 낫다고 생각할지도 모른다. 그들에게 가나안 땅은 젖과 꿀이 흐르는 땅이 아니라 가난과 기근의 땅이었기 때문이다. 그러나 자신들에게도 땅을 달라고 말하기엔 용기가 없었다. 관습을 이길 힘도 없었고 혹시 말했을 때 자신들에게 주어질 비난을 감당할 자신도 없었기 때문이다. 딸이 자신에게도 땅을 달라고 말하는 순간 그녀들은 관습을 어기고 나선다는 비난과 남성들에게 돌아갈 땅을 탐낸다는 비난을 면키 어려웠을 것이다. 그런데 슬로브핫의 딸들은 당대의 관습과 주변의 비난을 감수하고 모세에게 자신들에게도 기업을 달라는 목소리를 내었다.

이 요청을 들은 모세는 이 문제를 여호와께로 가져간다. 모세는 이들을 비난하거나 쓸데없는 소리 하지 말라고 일축하지 않는다. 모세는 그녀들의 요청을 주의 깊게 들었고 그들의 말이 일견 타당하다고 생각하였다. 관습을 벗어나거나 하나님께 명령받은 것이 없는 일에 대해 어떻게 답하는 것이 좋을지 고민하였고 하나님께 묻는 것이 옳다고 판단하여 하나님께 물은 것이다. 이런 모세를 보면 열린 마음을 가진 지도자라는 것을 알 수 있다. 자신이 생각하지 못한 문제나 관습에 맞지 않는 문제나 자신보다 아래에 있다고 생각하는 사람들의 목소리도 열심히 청종하고 그 문제를 자기 생각대로 해결하려 하지 않고 하나님의 뜻을 찾기 위해 노력했기 때문이다.

하나님은 모세에게 슬로브핫의 딸들의 말이 옳다고 하시며 그들에게도 기업을 주고, 이것을 규례로 삼아 남자가 아들이 없이 죽은 경우 딸에게 기업을 상속하라고 명령하신다. 즉, 이번만 아니라 앞으로도 아들이 없는 경우는 딸에게 기업을 상속하는 법을 명령하신 것이다. 이로 인해 이스라엘에 여성도 자기 가문의 땅을 지키고 생계를 이어갈 권리가 생겼다. 이 사건은 하나님이 약자를 보호하기 위해 종종 당시의 관습을 뛰어넘는 규례나 명령을 하신다는 것과 하나님의 생각은 한 시대나 관습에 매이지 않음을 보여준다.

이 사건은 민수기 36장에서 다시 문제로 떠오른다. 이때는 슬로브핫의 딸들의 지파인 므낫세 지파의 남성들에 의해서 문제가 제기된다. 딸들이 다른 지파의 남자들에게 시집가면서 땅을 가져가게 되면 지파의 땅이 줄어들게 된다는 문제를 제기한 것이다. 이것은 27장에서는 미처 생각지 못한 문제이다. 사실 하나님은 땅의 경계를 옮기지 말라고 명령하시면서 각 지파의 땅은 사고팔지 말라고 하셨다. 이것은 하나님이 정해주신 지파의 경계나 땅을 다른 지파가 함부로 침범하고 강탈하거나 사지 못하도록 막으신 법이다. 즉, 한 지파가 강성해졌다고 해서 다른 지파의 땅을 힘으로 차지하거나 돈이 많다고 해서 다른 사람의 땅을 사서 땅을 늘리는 것을 방지한 것이다. 그런데 땅을 가진 딸들이 다른 지파로 시집가면 땅의 경계가 혼란스럽게 될 위험이 생긴다. 좋은 의도로 만든 법에 생각지도 못한 문제가 생긴 것이다. 아마 이런 문제로 므낫세 지파의 남자들은 슬로브핫의 딸들에게 땅을 주는 것을 철회할 수 있다고 생각했을지도 모르겠다. 이런 문제 제기에 모세는 이번에도 여호와께 묻는다. 그러자 하나님은 슬로브핫의 딸들에게 땅을 주는 것을 철회하는 대신 지파 내에서만 결혼하라는 해결책을 주신다. 이렇게 하면 땅도 가질 수 있고 지파의 경계도 흐트러지지 않게 된다.

이 사건은 법이 상황과 법 정신에 따라 시행 방법에 유연성을 가질 수 있다는 것을 보여주는 좋은 예시이다. 즉, 법을 문자적으로 적용하는 것이 목적이 아니라 하나님의 기본 뜻과 법의 근본 취지를 살리는 방향으로 법이 적용되어야 한다. 이런 방식이 바로 교회와 교회 지도자들이 교회 내에서 일어난 문제들, 특히 약자들이 호소하는 문제를 해결하는 방법이라고 모세와 하나님이 우리에게 알려주시는 것이다.

여호수아 17장에서 슬로브핫 딸들의 이야기는 마무리된다. 여호수아 17:3~4에서 실제로 슬로브핫의 다섯 딸에게 땅을 주었다고 보고한다. 이런 보고가 기록된 이유는 문제를 제기하고 땅을 주라는 판결을 받았을 때는 아직 가나안을 정복하기 전인 모세 시대였기 때문이다. 이 판결이 실제로 실행되었을 때는 모세가 죽고 여호수아가 지도자가 되어 가나안을 정복한 때이다. 많은 시간이 흘렀고 지도자도 바뀌었기에 이 법의 실행이 흐지부지 될 수도 있는 상황이었다. 하지만 여호수아는 모세에게 받은 명령에 충실한 사람이었기에 그 법을 잊지 않았고 므낫세 지파에게 땅을 분배할 때 슬로브핫의 딸들에게 땅을 분배하였다. 여기서 우리는 하나님이 주신 법이 온전히 실행되기 위해선 여호수아와 같이 충실히 행하는 사람이 있어야 한다는 것을 알게 된다. 문제를 제기하고 판단을 하고 이를 전달해도 실제로 이 법을 실행하는 사람이 무시하고 사문화시키면 그 모든 과정은 무용지물이 된다. 그렇기에 약자를 위한 법을 만드는 것도 중요하지만 이를 충실히 실행하는 지도자와 공동체가 있어야 법이 꽃을 피우고 약자가 도움을 받을 수 있다. 구약의 많은 법이 약자를 위한 법이지만 이를 실제로 행하지 않았기에 선지서는 이를 강력히 비판하고 있다. 그러므로 여호수아 17장의 보고는 이 법이 충실한 여호수아로 인해 아름답게 마무리되었다는 것을 우리에게 전해주고 있다.

6) 여종과 여자 포로에 관한 규례

고대 이스라엘 사회는 신분제 사회로 노예가 인정된다. 다만 동족은 노예로 삼지 말라고 하지만 가난한 집은 빚 대신 아들이나 딸을 노예로 파는 것이 가능했다(출 22:3). 또한 전쟁에서 승리하여 잡아 온 포로들은 노예로 사고파는 것이 보편적인 문화였다. 이런 문화 속에서 하나님은 여종이나 포로에 대해서도 함부로 대하지 말라고 규례를 주셨다. 또한 여종과 여자 포로에 대한 규례는 특별히 일부다처가 인정되는 문화 속에서 이들이 비록 신분은 노예이지만 물건이 아니라 아내와 첩과 같은 인격적인 존재로 대하라는 의미를 담고 있다. 그럼 본문을 통해 왜 그런 의미를 갖고 있는지 살펴보겠다.

a. 여종의 경우(출 21:7~11)

출애굽기 27장은 종에 대한 규례로 21:2~6은 일반적인 종 즉, 노동을 위해 팔린 종을 말한다. 여기서는 주로 남종을 중심으로 이야기하고 있지만 노동을 위해 팔린 여종도 포함된다.[28] 신명기 15:12~18에서도 같은 주제를 다루는데 여기서는 남종과 여종을 모두 언급하고 있다. 이들은 6년 동안 일하고 7년째는 그대로 방면될 수 있다. 6년의 노동으로 그들의 빚이 탕감되었다고 보기 때문이다.

7~11절에 언급된 여종은 이와는 다른 경우로 결혼을 목적으로 팔린 특별한 경우이다. 고대 이스라엘 사회는 일부다처제로 남성은 법적인 아내와 첩 이외에 성관계를 위한 여종을 둘 수 있었고 이때는 여종에게 남편의 의무(부양과 잠자리)를 해야 한다. 이 경우는 일반 종[29]과 달리 6년이 되어도 나갈 수 없다. 그러나 여종에 대해 주인이 지켜야 할 규례는 일반적인 종보다 까다롭다. 첫째는 성관계를 위해 샀지만 맘에 들지 않아 내보내고 싶은 경우이다. 이 경우에는 주인이 계약관계를 어긴 것이기 때문에 그냥 내보내야 하며 다른 사람에게 팔아서는 안된다. '속량한다'는 말은 여기서 빚을 탕감하고 노예상태를 벗어나게 한다는 의미이다. 그리고 개역개정에서 '외국인'이라고 번역된 '노크리'는 외국인이란 의미도 있지만 외부인이나 가족이 아닌 낯선 사람을 의미하기에 여기서는 다른 사람에게 되파는 행위를 금지하는 것으로 해석된다. 즉, 주인이 마음에 들지 않으면 되팔지 말고 그대로 내보

---

[28] 전정진, "출 21장 2-11절과 신 13정 12-18절에 나타난 종의 방면 법",「구약논단」, 16(1) (2010), 63.
[29] 히브리어 아바딤은 문자적으로는 '남성 종들'이지만 구약에는 남성 명사가 남성과 여성 명사 모두를 총체적으로 지칭하는 경우가 흔하게 나타난다. 그러므로 이 단어는 2절의 종(에베드)처럼 남녀를 모두 포괄한다고 보아야 한다. 전정진, "출 21장 2-11절과 신 13정 12-18절에 나타난 종의 방면 법", 63.

내라는 것이다. 둘째, 아들과 결혼시키기 위해 샀다면 딸같이 대하라고 하는데 이는 며느리로 가족으로 대하라는 의미이다. 셋째는 주인에게 다른 아내나 여종이 생긴 경우로 이때도 남편이 아내에게 행해야 할 의무인 음식과 의복과 동침은 반드시 해야 한다고 규정한다. 그리고 만일 이 세 가지 의무를 행하지 않으면 여종은 자유롭게 집에서 나갈 수 있다.

당시 고대 근동 문화에서 성을 위한 노예는 주인 마음대로 사고팔 수 있는 존재였다. 그렇기에 노예를 샀더라도 마음에 들지 않으면 다른 사람에게 얼마든지 팔 수 있었다. 이런 문화적 배경 속에서 구약의 율법은 성을 목적으로 산 노예를 아내처럼 대하라고 한다. 만약 마음에 들지 않거나 남편의 의무를 하지 않으면 그냥 자유롭게 내보내라고 한다. 이것은 겉으로 보기에는 성을 목적으로 하는 노예를 인정하는 듯 보이지만 내면을 보면 노예가 아닌 아내를 얻은 것으로 보는 것이다. 그렇기에 주인에게 잠자리를 포함한 남편의 의무를 다하라고 한다. 이 법은 성은 사고팔 수 있는 것이 아니라 남편과 아내 사이에서만 가능하다는 사상을 바탕에 깔고 있다. 일단 여성과 잠자리를 하면 남성은 그 여성의 남편으로서의 의무를 가지게 된다는 것이다. 그러므로 이 법은 여성을 성적 대상으로 대하며 여성의 성을 착취하고 유린하고 사고파는 것을 금지하는 법이라고 할 수 있다.

b. 여자 포로에 관한 규례(신 21:10~14)

여자 포로에 대한 규례는 여종에 대한 규례와 유사하다. 고대 사회는 물자와 식량, 인구가 귀한 시절이었기에 모자란 식량이나 사람을 얻기 위해 주변과 전쟁이 빈번하였다. 전쟁에서 승리한 쪽은 전쟁에서 진 사람들을 포로로 끌고 와 노예로 삼는 것이 당연했다. 그 중에서 여자 포로는 성적 목적을 위해 남자에게 넘겨지는 경우도 비일비재했다. 이 법은 이런 당시의 상황을 전제로 주어진 규례이다. 본문은 '남자가 포로 중 한 여자를 보고 마음에 들어 아내를 삼고자 하면'이란 전제로 시작한다. 즉, 아무리 포로라 하더라도 성적인 목적으로 얻고 싶으면 노예가 아닌 아내로 대우하라는 의미이다. 그리고 그 여자를 집으로 데리고 가야 한다. 집으로 데리고 간다는 것은 눈에 보기 좋다고 즉시 혹은 폭력적으로 함부로 여자 포로를 취하는 일을 금하는 것이다.

12~13절에서 머리를 밀고 손톱을 자르고 포로의 옷을 벗는 것에는 다음과 같은 몇 가지 해석이 있다. 첫째는 가족과 나라를 위한 애도를 위한 상징적인 행동으로 보는 것이고 둘째는 이전의 가족이나 나라와의 결별, 혹은 이전에 가지고 있던 정체성과의 결별로 보는 것이다.30) 셋째는 공동체의 정결 문제를 다루는 21장의 문맥을 따라 이스라엘 공동체의 정결을 위해서라고 본다.31) 그 의미가 어떻든 이런 의식을 마치고 남자는 여자 포로에게 한 달의 애도 기간을 주어야 한다. 전쟁으로 부모를 잃고 조국을 잃은 여자 포로에 대해 인간적인 도리를 하고 슬퍼할 수 있는 인도주의적 배려를 하는 것이다. 이런 일련의 절차가 다 끝난 후 남성은 여자 포로와 결혼할 수 있다. 결혼 후 여자 포로에 대한 마음이 변하게 되면 그는 그녀를 그냥 자유롭게 내보내야 한다. 절대 노예처럼 돈을 받고 팔지 말라고 하는데, 그 이유는 남성이 여성을 성폭행했기 때문이다. 여기서 구약 법의 독특한 관점을 볼 수 있디. 결혼의 정식 절차를 거치지 않고 우월한 힘과 지위를 이용해 여자 포로와 결혼하는 것을 일종의 성폭행으로 보았다는 것이다. 이것은 이런 결혼을 인정하긴 하지만 긍정적으로 보지 않았다는 의미이다.

고대나 현대나 전쟁에서 사로잡은 여성 포로를 전쟁터에서 성폭행

---

30) Tigay, *Deuteronomy*, 194.
31) 박부자, "신명기 법전에 나타난 포로 여성에 대한 하나님의 돌보심", 「한국여성신학」 6 (1991), 6.

하고 성적으로 착취하다 그냥 버리는 경우가 비일비재하다. 여성을 한 사람의 인격으로 대하기보다는 단순히 성적 대상으로 보았기에 이런 폭력적인 상황이 벌어지는 것이다. 그런데 여자 포로를 아내처럼 대우하며 인도주의적으로 배려하라는 이런 법은 고대 근동 어디에도 없는 여성을 보호하는 놀라운 법으로, 하나님은 여성의 보호 혹은 약자에 대한 보호에 관심이 있으며 성을 함부로 취하는 것을 반대하신다는 것을 보여준다.

전체적으로 여종과 여자 포로에 관한 법은 남성에게 주어진 법으로 여종이든 여자 포로든 여성과 성관계를 하는 것은 부부 관계를 맺는 것과 같다고 말한다. 다른 말로 하면 부부 관계 안에서의 성관계만을 인정하겠다는 의미이다. 일단 부부의 연을 맺었으면 남편은 아내에게 부양과 잠자리의 의무를 다해야 한다. 즉, 남성은 아내를 선택하고 취할 권리뿐만 아니라 그 아내를 부양할 의무도 지게 된다. 권리만 있는 관계는 없다. 그리고 그 의무를 다하지 못하면 그 권리도 상실하게 되고 여종이나 여자 포로를 아무런 대가 없이 자유롭게 내보내야 한다. 이것은 성경이 성관계를 매우 무겁고 중요한 사람 간의 언약으로 보았다는 것을 반영한다. 구약에서의 성은 즐기고 버릴 수 있는 가벼운 것이 아니라 의무와 책임이 따르는 무거운 것이었다. 이런 구약의 관점은 성을 너무 가볍게 여기는 현재 세대에게 고리타분할 수도 있지만 성에 대한 가장 핵심적인 교훈을 준다고 생각한다.

7) 여성의 서원(민 30장, 레 27:3~7)

구약의 제사법에는 서원에 대한 규정이 있다. 민수기 30:2에 따르면 남성의 경우는 자신의 입으로 여호와 앞에서 서원하면 반드시 다 이행하라고 규정한다(2절). 하지만 여성의 경우는 서원을 했어도 아버지나 남편이 반대하면 서원을 이행하지 않아도 된다(3~16절). 이것은 여성이 기본적으로 아버지와 남편에게 종속되어 있으며 중요한 결정을 내릴 수 있는 독립적인 인격으로 인정받지 못하고 있다는 것을 보여준다. 이런 시대에 한나가 자식을 하나님 앞에 드리겠다는 매우 중요한 서원에 대해 한나의 남편 엘가나가 침묵으로 찬성했다는 것은 상당히 진보적인 모습이다. 그런데 예외적으로 남성 보호자가 없는 과부나 이혼녀의 경우는 독립적인 인격으로 인정되어 남성과 동일하게 자신의 서원을 반드시 이행해야 한다(9절). 이것을 보면 과부와 이혼녀는 경제적으로 어려운 상황에 있는 경우가 많지만 다른 한편으로는 독립성을 인정받고 있다는 것을 알 수 있다. 하지만 부유한 경우가 아니면 여성이 독립성을 가지고 가부장적 사회 속에서 살아가기는 쉽지 않았을 것이다.

서원에 대한 규례는 레위기 27:3~7에도 언급된다. 그런데 여기는 서원 시 몸값에 관한 규례이다. 레위기 27:2에 '어떤 사람이 사람의 값을 여호와께 드리기로 분명히 서원하였으면'이란 구절이 나오는데 이것은 자신이 성소나 성전에서 하나님을 섬기는 종이 되겠다고 서원한 경우가 배경이 된다. 성소나 성전에서 하나님을 섬기는 것은 레위인의 역할이기 때문에 일반 사람이 이렇게 서원한 경우는 대부분 몸값을 내는 것으로 그 서원을 갚는다. 그리고 몸값은 당시 노예 시장에서 거래되는 가격이다. 그 가격이 20~60세 남성은 50세겔, 여성은 30세겔이고, 5~20세 남성은 20세겔, 여성은 10세겔이며, 1~5세 남성은 5세겔, 여성은 3세겔이고, 60세 이상 남성은 15세겔, 여성은 10세겔이다. 만일 이 돈이 없는 가난한 사람은 제사장이 서원자의 형편에 맞추어 조정해 준다. 즉, 이 몸값은 일반적이지만 절대적인 것은 아니며 형편에 따라 서원을 갚으면 되는 것이다. 그런데 남녀의 몸값의 차이는 일부 보수적인 학자들이 말하는 것처럼 남녀의 존재적 우열의 차이를 나타내는 것이 아니라 노예 시장에서 매겨지는 경제적 가치에 따른 것이다. 즉, 비교적 남성이 여성보다 경제적 가치가 높다고 여겨진 것이다. 만일 몸값의 차이가 존재의 우열을 나타내는 것이라면 20~60세 여성보다 1~20세 남성과 60세 이상의 남성은 존재적으로 여성보다 열등한 것으로 해석되어야 한다. 그러므로 몸값의 차이를 존재적 우열로 보는 것은 잘못된 해석이라고 할 수 있다.

대신 여기서 주의해서 볼 것은 여성도 남성과 동일하게 하나님의 종으로 섬기겠다고 서원할 수 있었으며 그 서원을 이행할 수 있게 규례를 세세하게 규정하고 있다는 점이다. 신앙적인 면에서 민수기 30장의 규정에 따라 보호자의 허락이 필요하다는 제한이 있긴 해도 여성도 하나님의 종이 되겠다는 서원 자체는 가능하다는 것이다. 이렇게 하나님은 자신 앞으로 나오는 자들에 대해서 남녀의 차이를 두지 않고 자신의 종으로 인정하시는 분이다.

결론적으로 현대 교회에서 구약의 율법은 거의 지켜지지 않고 폐기되었지만 여성의 인권과 권리를 당대의 문화보다 존중하려는 태도는 현재 한국교회가 여성의 문제에 대해 어떤 시각으로 바라보아야 할지에 대한 방향을 제시한다.

5장 고정관념을 깬 여성들

여성들은 종종 그들의 개성과 재능과 특별한 업적보다는 여성에게 주어진 사회적 관습적 기준으로 평가되곤 한다. 우리나라는 오랫동안 현명한 어머니, 순종적인 아내, 지혜로운 아내, 시부모 잘 공양하는 며느리, 아름다운 여성 등 유교가 여성에게 부과한 역할이나 기준에 맞추어 여성을 평가해왔다. 교회도 이런 관점에서 자유롭지 못하다. 성경에 나오는 여성을 독립적인 인격체로서 하나님 앞에 신앙인으로 행동한 것으로 보기보다는 현모양처라는 유교적 관점으로 좋은 어머니나 좋은 아내라는 틀에 가두어 두었기 때문이다. 그러나 구약에 여성들이 기록된 것은 그들이 좋은 어머니이거나 좋은 아내의 모범이어서가 아니라 하나님 편에 서거나 하나님을 온전히 의지한 신앙의 모범이 되는 인물이기 때문이다. 이 장에서는 그동안 유교적 관점으로 해석되거나 외면당한 여성들의 신앙과 업적에 대해 이야기하려고 한다.

1. 라합(수 2장)

라합은 많은 설교자들이 이스라엘을 도운 신앙적이고 용감한 여성으로 많이 설교한 인물이다. 라합에 대한 소개는 매우 간단한데 여리고에 사는 기생으로 누구의 딸이라거나 누구의 아내라는 부수적인 설명 없이 오직 본인 이름만 나오고 기생이라는 직업을 가지고 있었다고 소개되고 있다.

 라합은 여호수아가 여리고를 정탐하기 위해 두 명의 정탐꾼을 보내는 이야기에 등장한다. 정탐꾼들은 여리고에 오자 기생 라합의 집으로 들어가서 거기에 거한다. 기생이라는 라합의 직업에서 유추해 보면 라합의 집은 술집을 같이 운영하는 여관으로 보인다. 예나 지금이나 술집은 이방인들이 정보를 모으기 가장 좋은 곳이기에 정탐꾼들은 라합의 집으로 들어간 것이다. 그런데 정탐꾼이 들어온 사실이 그날 밤 바로 여리고 왕에게 보고되고 그들을 잡기 위해 라합의 집으로 군사들을 보낸다. 하지만 라합은 왕의 사람들이 도착하기 전에 이미 이 사람들을 지붕 위에 숨겨두었고 왕의 사람들이 도착했을 때는 그들을 보긴 했지만 그들이 어디에서 와서 어디로 갔는지는 알지 못한다고 시치미를 떼었다. 그러면서 넌지시 그들이 성문 닫을 무렵에 성을 나갔으니 급히 따라가면 잡을 수도 있을 것이라고 하여 그들이 빨리 그 자리를 떠나게 만든다. 라합이 어떻게 정보를 얻었는지 본문은 말하지 않지만 그녀가 대단한 정보력을 가지고 있었던 것은 확실하다. 그렇기에 이스라엘 정탐꾼을 바로 알아보았고 그들의 목적을 알고 있었고 심지어 왕의 사람들이 올 것을 알고 그들을 미리 숨겨놓기까지 하였다. 이런 것을 보면 정보를 얻기 위해 정탐꾼들이 라합의 집으로 들어간 것은 전혀 이상한 일이 아닐 것이다. 사실 이런 라합의 행위는 목숨을 건 행동이었다. 자칫 발각이라도 되면 그녀와 그녀의 집은 반역죄로 몰살당할 운명이기 때문이다. 그러나 라합은 이런 긴박한 상황에서 아주 태연하고 재치 있게 행동할 줄 아는 대담하고도 지혜로운 여성이었다. 결국 왕의 군사들은 라합의 말에 속아 성 밖으로 나가고 성문이 닫히며 정탐꾼은 안전하게 된다.

여호수아 2:9~11은 라합의 독백이자 신앙고백으로 자신이 정탐꾼을 숨겨준 이유를 설명한다. 그 이유는 첫째, 이 땅을 여호와께서 이스라엘에게 주셨다는 것을 알기 때문이다. 이 말은 일반적으로 전쟁을 할 때 하나님께서 승리를 주시겠다고 선언하실 때 사용하는 말로 여호수아 1:6에서 여호와께서 여호수아에게 하신 말씀이다. 그런데 그 말을 여리고에 사는 기생 라합이 안다고 말하고 있다. 여기서 '안다'는 표현은 단순히 지식적으로 안다는 의미가 아니라 그렇게 될 줄 확신한다는 믿음이 포함되어 있다. 둘째 이유는 '이 땅의 백성이 이스라엘 백성을 두려워하고 그들 앞에서 간담이 녹았다(9,11절)'는 것이다. 이것은 모세가 이전에 열두 정탐꾼을 보냈을 때와 반대이다. 전에는 정탐꾼의 말에 이스라엘 백성의 간담이 녹았으나 지금은 가나안 백성의 간담이 녹았는데 그 이유는 여호와의 놀라운 구원 사역을 들었기 때문이다. 라합은 정보 수집의 대가답게 구원의 이야기가 사실이며 결국 하나님만이 상천하지의 하나님이심을 믿게 되었다고 고백한다. 즉, 이 말은 하늘 위로도 하나님은 여호와 한 분이시고 땅 아래로 하나님은 여호와 한 분이시라는 신앙고백이다. 이런 믿음과 확신을 가진 라합은 구원받을 수 있는 기회가 오자 자신의 모든 것을 걸고 일생일대의 모험을 한 것이다.

라합은 자신의 도움에 대한 보답으로 협상을 요청한다(13절). 그녀는 내가 너희를 선대(헤세드)하였으니 너희도 우리 가족을 살려 달라며 그 증표를 보이라고 요구하였다. 이런 요구는 머지않아 이스라엘이 여호와의 도움으로 반드시 여리고를 정복하리라는 믿음을 바탕으로 한 것이다. 그녀는 여호와의 능력을 눈으로 보지 못하고 소문만 들었지만 그것만으로도 철저히 하나님을 신뢰하는 신앙의 모습을 보여준다. 이런 모습은 여호와의 능력을 보지도 듣지도 못하였지만 오직 시어머니가 믿는 신이기에 여호와를 의지하고 여호와의 날개 아래로 들어온 룻과 같다. 이런 라합의 요구에 두 정탐꾼은 자신들을 끝까지 밀고하지 않으면 자신의 생명을 걸고 약속하겠다고 맹세하고, 땅을 차지할 때 그들에게 여호와의 인자(헤세드)와 진실(에무나)로 대우할 것이라고 라합과 언약을 맺는다. 헤세드와 에무나는 언약의 맥락에서 사용되는 관용어이다.

약속을 받은 라합은 줄을 통해 이들을 무사히 성 밖으로 내보면서 사흘 동안 산에 숨어 있다가 뒤쫓는 자들이 돌아간 후에 돌아가라며 무사히 도망갈 방법도 알려준다. 이런 것을 보면 라합은 지략이 뛰어난 인물이다. 정탐꾼들은 라합에게 자신들이 이 땅에 들어올 때 이 붉은 줄을 창문에 걸어두어 구원의 징표로 삼으라고 하였다. 그들을 구원해 준 줄을 이제는 라합 집을 구원하는 징표로 만든 것이다. 그리고 라합 집 안에 있는 사람만이 구원을 받을 수 있다는 것을 주지시켰다. 마치 유월절 피를 바른 집 안에 있는 장자들에게는 재앙이 지나가지만 그 외의 장자들은 모두 죽은 애굽의 장자 재앙을 연상시키는 부분이다. 라합은 이들을 무사히 보내고 약속대로 집 창문에 붉은 줄을 매달아 놓는다. 이렇게 함으로 정탐꾼과 라합의 만남은 막을 내린다.

라합은 여호와를 믿고 정탐꾼을 숨겨주는 일생일대의 도박을 하였고 결과적으로 모든 사람이 죽는 가운데 살아남는 승리(수 6:22~25)를 취하게 되었다. 그녀가 기생이라는 신분도, 가나안 사람이라는 민족도 그녀의 구원에 전혀 장애가 되지 않는다. 그녀는 오직 여호와께 대한 믿음만 있으면 구원받을 수 있다는 것을 삶으로 증명하였다. 그뿐 아니라 후에 그녀는 유다 지파의 살몬과 결혼하여 보아스를 낳았다. 그녀의 아들 보아스는 다시 믿음으로 여호와의 날개 아래 들어온 이방 여인 룻과 결혼하여 오벳을 낳고 오벳은 이새를 낳고 이새는 다윗을 낳으므로 다윗 가문의 선조가 된다. 그러므로 다윗이 다윗 왕가를 세운 것은 결코 우연이거나 운이 좋거나 그가 개인적으로 잘나서가 아니다. 그것은 바로 이방인이고 여성임에도 불구하고 모든 것을 다 버리고 오직 여호와 신앙만을 붙잡고 이스라엘에 들어온 그의 할머니들의 신앙 유산 때문이다. 그러므로 히브리서 기자는 라합을 믿음의 조상 반열에 올려놓았다.

2. 야엘(삿 4:17~22, 5:24~27)

야엘은 가나안과 이스라엘의 전쟁에서 가나안의 군대 장관인 시스라를 죽인 영웅으로 '바락의 영광이 여인의 손에 넘어갈 것'이라는 드보라의 예언을 성취한 인물이다. 또한 사사기 5장에서는 장막에 거하는 여자 중 가장 축복받은 여자라는 찬사를 받았다. 이런 성경 본문에도 불구하고 야엘은 교회에서 거의 설교된 적이 없다. 이스라엘의 적을 죽이고도 야엘만큼 무시된 인물도 드물다. 한편에서는 야엘이 자신의 집에 온 손님을 보호하지 않고 죽인 배신자라거나 성적으로 부도덕한 인물로 평가하였다. 이렇게 야엘에 대한 기존 입장은 무시 혹은 부정적 평가였다. 그러므로 이 글에서는 야엘의 도덕성에 대한 논란을 비판하며 본문이 보여주는 야엘의 모습을 드러내려고 한다.

1) 야엘의 도덕성에 대한 논란 살펴보기[32]

학자들이 야엘을 부정적으로 보는 첫 번째 이유는 환대법을 어겼다는 것이다. 환대법이란 고대 근동의 중요한 문화로 자기 집에 온 손님을 잘 대접하고 보호하는 관습을 말한다. 야엘이 자신의 장막으로 온 시스라를 죽인 것은 환대법을 어긴 배반자의 모습이라는 것이다. 그런데 환대법은 고대의 중요한 관습법이긴 하지만 성경은 이것을 꼭 지켜

---

32) 참조, 박유미, 「내러티브로 읽는 사사기」, (서울: 새물결플러스, 2018), 124-125.

야 할 성스러운 율법으로 강조하지 않는다. 물론 성경은 아브라함이나 롯이 환대를 통해 하나님의 도우심을 받은 사실을 긍정적으로 평가한다. 그렇지만 환대법이 성경의 율법과 같은 권위가 있다고 주장하며 야엘을 성스러운 법을 깨뜨린 죄인으로 취급하는 것은 부당하다. 왜냐하면 그런 해석은 야엘이 하나님 편에서 이스라엘을 위해 싸웠다는 사실을 외면하고 단지 행동의 단면만을 가지고 정당한가 아닌가를 따지는 것이기 때문이다. 야엘이 시스라를 죽인 것은 이스라엘과 가나안 전쟁의 연장선상에서 야엘이 기막힌 작전으로 적인 시스라를 죽여 전쟁을 승리로 이끈 사건으로 해석하는 것이 정당하다. 적을 정당한 방법으로 죽이지 않았다고 비난하는 것은 야엘을 이스라엘 편으로 생각하지 않거나 적인 시스라에게 감정 이입한 해석이라고 볼 수 있다.

야엘을 부정적으로 보는 두 번째 이유는 야엘이 시스라를 죽일 때 성관계를 했다는 해석 때문이다. 이런 해석은 고대부터 지금까지 끊임없이 제기되었다. 그 이유는 먼저 당시 문화에서 남성이 여성의 텐트에 들어가는 것은 성관계를 맺을 때뿐이었다는 전제와 성관계를 통해 기진맥진하게 만들었기에 여성이 군대 장관을 손쉽게 죽일 수 있었던 것이라는 가정 때문이다. 그러나 두 가정 모두 성경적 지지를 받지 못하는데 먼저 성경은 성관계를 위해 여성의 장막에 들어가는 경우는 상징적으로 표현하지 않고 분명히 밝힌다(창 19:34). 그리고 구약 내러티브에서 성관계를 상징적으로 표현하는 경우는 없고 항상 앞뒤 문맥을 통해 분명하게 표현한다. 또한 전쟁터에서 간신히 목숨을 부지하고 도망치는 처지에 있는 장수가 처음 본 여성과 지치도록 성관계를 맺는다는 것 자체가 상식적이지 않다. 그러므로 야엘을 성적으로 부도덕한 여성으로 몰아 그녀의 영웅적 행동을 평가절하하려는 해석은 적절하지 못하다.

2) 야엘 이야기33)

야엘은 사사기 4:17에서 겐 사람 헤벨의 아내로 소개된다. 이런 간단한 소개는 그녀가 헤벨과 같은 겐 사람이라는 것과 평범한 가정주부임을 말하는 것이다. 즉, 야엘은 이스라엘 사람이 아닌 이방 여성이다. 시스라가 헤벨 장막 근처에 등장하는데 그 이유는 헤벨과 화평이 있기 때문이다. 화평이란 강한 동맹이라기보다는 상호 불가침 조약 정도의 느슨한 동맹 관계를 의미한다. 시스라는 이런 동맹 관계를 생각하고 헤벨에게 도움을 요청하기 위해 온다. 그런데 헤벨의 장막으로 가기 위해 야엘의 장막을 지나가는데 갑자기 야엘이 등장한다. 야엘은 지나가는 시스라를 부르며 "나의 주여 들어오소서 내게로 들어오소서" 하며 자신의 장막으로 들어오라고 강하게 요청한다(삿 4:18). 그러면서 "두려워하지 말라"고 말하는데 이것은 시스라가 쫓기는 신세임을 알고 숨겨주겠다는 의미이다. 성경 본문에서 야엘이 시스라가 전쟁에 지고 도망하는 상황이라는 것을 어떻게 알았는지 말하고 있지 않지만 야엘의 말과 행동을 보면 시스라의 형편을 정확히 알고 있는 것이 분명하다. 야엘의 초청으로 시스라가 야엘의 장막에 들어가자 야엘은 시스라에게 이불을 덮어 숨겨준다. 그리고 물을 달라는 요청에 우유를 준 뒤 다시 이불을 덮어준다. 야엘과 시스라의 관계에서 야엘이 주도적이고 적극적으로 행동하고 시스라가 수동적으로 따르고 있는 것을 볼 수 있다. 야엘이 시스라에게 우유를 준 것은 표면적으로는 피곤하고 배고픈 시스라에게 영양가 있는 음료를 제공하는 호의를 보인 것처럼 보이지만 실제로는 시스라를 깊은 잠에 빠지도록 하려는 것으로 보인다. 이런 야엘의 숨은 동기는 야엘이 깊이 잠든 시스라를 죽인 이후에야 알게 된다.

야엘의 호의에 안심한 시스라는 야엘에게 보초를 서줄 것을 명령한

---

33) 참조, 박유미, 「내러티브로 읽는 사사기」, 95-100,

다. 편안한 상황이 되자 그는 바로 군대장관의 모습으로 돌아와 야엘을 자신의 부하처럼 대한 것이다. 그리고 시스라는 누가 와서 '여기에 사람이 있냐'고 물으면 '없다'라고 대답하라고 한다. 하지만 이 말은 시스라의 운명을 예고한 것으로 야엘이 시스라를 죽임으로 없는 사람으로 만들었기 때문이다. 시스라가 안심하고 깊이 잠들자 야엘은 갑자기 태도가 바뀐다. 그녀는 장막 말뚝과 망치를 양손에 들고 시스라에게 조용히 다가가 그의 관자놀이에 말뚝을 망치로 박아 넣는다. 그녀가 얼마나 세게 망치를 내려쳤는지 말뚝이 관자놀이를 뚫고 나와 땅에 박힐 정도였다. 이 부분이 드보라 이야기의 절정으로 저자는 야엘이 시스라를 죽이는 장면을 아주 자세하게 설명하고 있다. 그런데 이 장면은 사사 에훗이 에글론 왕을 죽이는 장면과 유사하다. 야엘과 에훗은 둘 다 몰래 그러나 한 치의 망설임도 없이 단호하게 적을 죽인다. 이런 유사함은 야엘의 행동이 에훗과 같은 영웅적인 행동이라는 것을 알려준다. 그리고 이런 야엘의 용감함은 드보라의 명령에 주저하던 바락의 용기 없는 모습과 대조된다. 야엘이 장막 말뚝과 망치를 무기로 사용한 것은 일상에서 사용하는 가재도구이기 때문이다. 유목민은 여성도 장막을 치고 걷는 일을 하기 때문에 말뚝과 망치를 사용하는 데 익숙하다. 이렇게 야엘은 장막 말뚝과 망치를 가지고 여호와의 전쟁에 참여하여 적장을 죽이는 영광을 얻는다. 이렇게 야엘이 시스라를 죽임으로 드보라의 예언이 정확히 이루어진다. 많은 학자들이 왜 야엘이 시스라를 죽였는지에 대해 의견을 내지만 본문은 야엘의 의도에 대해선 침묵하고 그녀의 행동에만 집중하며 그녀가 드보라의 예언을 성취했다는 것을 강조한다.

　야엘이 시스라를 죽인 바로 그때 바락이 야엘의 장막 앞에 나타난다. 그리고 야엘은 바락에게 찾는 자를 보여줄테니 장막으로 들어오라고 한다. 이 부분도 시스라의 경우처럼 야엘이 주도권을 갖고 바락을 인도한다. 시스라를 잡을 수 있을 것이라 기대하던 바락은 야엘이 말뚝으로 시스라를 죽였다는 사실만 확인한다. 바락의 역할은 야엘이 시스라를 죽인 것과 드보라의 예언이 성취된 것을 목격하는 목격자이다. 그리고 이야기는 바락의 침묵으로 끝나는데 야엘이 시스라뿐만 아니라 바락도 침묵하게 만든 것이다. 여기서 야엘과 바락은 여성과 남성, 이방인과 이스라엘인, 가정주부와 군대장관이라는 대조를 이룬다. 하나님은 이스라엘 남성 군대장관인 바락이 아니라 이방인 여성 가정주부 야엘을 사용하셨다. 하나님의 일을 하는데 성별이나 민족이나 자격은 중요하지 않으며 오직 하나님을 향한 믿음과 헌신이 필요하다는 것을 바락과 야엘의 대조를 통해 성경은 분명히 말한다. 이렇게 야엘은 남편이 있는 가정주부이지만 남편과 다르게 생각하고 움직이는 독립적인 인물이다. 헤벨은 시스라에게 호의적 관계를 맺고 있었지만 야엘은 시스라를 적으로 규정하고 죽인다. 야엘은 남편 헤벨과 달리 가나안이 아니라 이스라엘에 호의적이며 이스라엘의 적을 자신의 적이라 생각하고 이스라엘 편에 서서 시스라를 죽인 것이다.

야엘이 시스라를 죽인 것에 대해 반감을 갖는 경우를 많이 보았다. 여자가 어떻게 잔인하게 말뚝으로 남자를 죽일 수 있냐며 불편한 감정을 표현하기도 한다. 여기서 더 나아가 이런 야엘을 부정적으로 평가하기도 한다. 사실 사사기 4장은 야엘의 행동에 대한 평가가 없기 때문에 자유롭게 생각할 여지가 있다. 하지만 사사기 5장 드보라의 노래는 야엘의 행동을 저주받은 메로스와 대비시키며 극찬한다. 드보라는 선지자로 하나님의 관점에 따라 여호와의 편에 서서 이스라엘의 적인 시스라를 죽인 야엘을 장막에 거하는 여자 중 가장 축복받은 여자라며 칭찬을 아끼지 않는다(삿 5:24). 우리는 야엘의 행동을 평가할 때 이런 성경의 관점을 따라야 한다. 성경은 야엘이 남편과 상관없이 독립적으로 생각하고 행동한 것에 대해 비난하지 않는다. 그녀가 얌전하지 않고 여성스럽지 않게 말뚝으로 남성을 죽였다고 비난하지 않는다. 오히려 성경은 여호와의 편에 서서 이스라엘의 전쟁에 참여하여 용감하게 시스라를 죽인 야엘을 칭찬하고 축복하고 있다. 성경은 여성의 여성스러움, 남편에게 순종하는 것으로 여성을 긍정적 혹은 부정적으로 평가하는 것이 아니라 하나님과 어떤 관계를 맺고 하나님을 위해 어떤 행동을 했는지를 평가의 기준으로 삼고 있다. 그러므로 우리는 독립적이고 용감한 야엘을 영웅으로 인정하고 그녀의 용감함과 지혜를 기억하며 신앙의 모범으로 삼았으면 한다.

3. 룻(룻기)

1) 룻 이야기

룻기는 여성 이름으로 된 두 개의 성경(룻기, 에스더서) 중 하나이지만 막상 결혼한 여성들이 좋아하지 않는 성경이다. 그동안 교회에서 시어머니에게 잘해서 복 받은 인물로 룻을 설교하며 시부모에게 잘하라는 강요 아닌 강요를 하며 고된 시집살이에 시달리던 며느리들의 마음을 힘들게 했기 때문이다. 즉, 룻기는 유교의 효 사상 중에서 며느리의 도리와 만나면서 며느리의 효만을 강조하는 본문으로 설교 되었다. 그렇기에 룻과 나오미와 보아스가 서로에게 헤세드(인애)를 베푸는 아름다운 이야기는 간과되고 여성들이 싫어하는 본문으로 자리 잡게 되었다. 그러나 이런 해석은 유교 관점에서 룻기와 룻의 행동을 해석한 것으로 성경이 본래 이야기하는 룻기의 모습과는 많이 다르다. 그러므로 이 글에서는 본문이 그리는 룻과 시어머니 나오미에 대한 이야기를 해보려고 한다.

룻은 모압 사람으로 말론과 결혼하였지만 자식도 없이 일찍 과부가 된 인물이다. 그녀는 고향인 모압에서 과부인 시어머니 나오미와 동서

인 오르바와 함께 살다 시어머니를 따라 유다 베들레헴으로 오게 된다. 그녀가 고향을 떠나 유다로 온 것은 관습과 시어머니의 설득을 무시한 본인의 선택이었다. 나오미는 남편과 두 아들이 모압 땅에서 죽고 베들레헴에는 양식이 있다는 말을 듣자 고향으로 떠날 결심을 한다. 그리고 두 며느리에게는 어머니의 집으로 돌아가 재혼을 하라고 권한다. 이런 나오미의 권면은 당시 관습을 따른 것으로 아이가 없는 젊은 과부에게 가장 좋은 해결책은 재혼이기 때문이다. 그러면서 나오미는 며느리들에게 그동안 헤세드를 베풀어주어 고맙다며 여호와의 헤세드를 빌어준다. 우리나라는 종종 아들을 먼저 보낸 시어머니가 며느리에게 원망을 퍼붓는 정서가 있다. 하지만 나오미는 자신에게 닥친 비극에 함몰되지 않고 그동안 며느리들과 지낸 시간에 대한 감사와 그녀들에 대한 연민의 마음을 잃지 않았다. 이런 나오미의 모습은 그녀가 인간에 대한 사랑과 너그러움과 성숙함을 가진 인물임을 보여준다.

나오미의 권면에 오르바는 처음엔 거절하다 시어머니가 너희 때문에 자신이 더 괴롭다는 말을 듣고 나오미의 말에 순종하여 본인의 집으로 돌아간다. 설교에서 룻을 좋은 인물로 강조하기 위해 오르바를 시어머니를 버린 나쁜 며느리라고 비난하는 경우가 있는데 그것은 옳지 않다. 오히려 오르바는 나오미의 마음에 공감하고 순종적이며 당시 관습을 따르는 상식적이고 일반적인 인물이다. 이에 비해 룻은 나오미의 말에 순종하지 않고 고집을 부리며 시어머니를 따라가겠다고 강하게 말한다. 그녀는 나오미에게 자신에게 떠나라고 강요하지 말라고 강하게 말하면서 살아서도 죽어서도 절대 나오미를 떠날 수 없다고 고백한다(룻 1:16~17). 그 고백 중에 룻은 나오미와 살기 위해 자신의 민족도 종교도 버리고 나오미의 민족과 신을 따르겠다고 서약한다. 이런 룻의 고백은 매우 비정상적인 특별하고 놀라운 헌신과 사랑의 표시이다. 그리고 이 고백의 순간부터 룻은 더 이상 이방인이 아닌 이스라엘 백성이며 여호와의 백성이 되었다. 출애굽기의 시내산 언약의 핵심이 바로 '나는 너희의 하나님이 되고 너희는 나의 백성이 되는 것'이다 (출 19:5-6). 그렇기에 룻의 이 고백은 그녀가 이제 다른 이스라엘 사람과 동일하게 여호와의 백성이 되겠다는 신앙고백이기도 하다.

왜 룻은 나오미를 따르겠다고 고집을 부렸을까? 우리나라의 일반적인 고부관계를 생각한다면 룻의 결정은 이해하기 어렵다. 하지만 나오미가 과부인 며느리들이 더 나은 삶을 살기 바라는 간절한 마음에서 며느리들을 설득하는 말을 보면(룻 1:9~13) 이해가 된다. 그녀는 자신의 고통이나 어려움을 해결하는 것보다 며느리들의 편안한 삶을 기원하는 좋은 어머니였기 때문이다. 이런 나오미의 모습은 후에 룻을 재혼 시킬 계획을 세울 때 다시 드러난다.

나오미를 따라 베들레헴으로 온 룻의 삶은 쉽지 않았다. 하루 양식을 위해 추수하는 밭에 가서 이삭줍기를 해야 하는 열악한 상황이었다. 룻은 꿋꿋하게 그 힘든 일을 하며 자신과 나오미의 생계를 유지했다. 그러나 룻은 보아스를 만나면서 보아스의 호의로 추수 기간엔 양식을 넉넉히 얻을 수 있었다. 여기서도 룻의 적극적인 성격이 드러나는데 룻은 자신에게 호의를 베푸는 보아스에게 왜 자신에게 잘해주냐고 직접 질문한다. 그녀는 자신의 상황을 수동적으로 받아들이는 대신 질문을 통해 자신의 상황을 적극적으로 이해하려고 하였다. 이에 보아스는 룻이 나오미에게 베푼 헤세드를 들었기 때문이라고 말하는데 이는 룻의 헌신이 보아스의 마음을 움직인 것이다. 이런 보아스의 말에 룻은 감격하며 자신을 위로해 주고 기쁘게 해주셨다고 감사 인사를 한다. 룻의 말 속에는 그동안 받았던 차별과 멸시에 대한 설움, 하루하루 양식을 구하기 위해 분투했던 생존의 고단함 등이 녹아 있다. 이렇게 고단한 삶을 룻은 당차게 견디며 살아간다.

보아스가 룻에게 호의를 베푼 것을 알게 된 나오미는 보아스를 룻의 신랑감으로 생각하고 룻에게 보아스와의 결혼을 제안한다. 보아스가 룻에게 베푼 호의를 보고 룻과 결혼하면 잘해줄 것이라는 판단을 한 그녀는 이 결혼을 계획한다. 그리고 오늘 밤에 타작마당에서 보리를 털 것이라는 사실을 알고 룻에게 준비를 하고 보아스에게 가라고 말한다. 이것을 보면 나오미는 룻이 곡식을 주워오는 동안 보아스 성품과 정보들을 수집하여 보아스가 룻과 결혼하기에 적합한지, 결혼하려면 어떻게 해야 하는지에 대해 오래 생각하고 치밀한 계획을 세웠다는 것을 알 수 있다. 나오미는 그동안의 무기력한 모습을 버리고 룻을 결혼시키기 위해 발 벗고 나선 것이다. 그런데 나오미의 계획은 보아스가 자는 데 들어가서 하룻밤 자고 오라는 매우 위험한 방법이다. 이는 룻과 보아스의 결혼이 정상적인 상황에서는 불가능하기 때문이다. 부유하고 유력하고 나이 많은 보아스와 이방인 과부 소녀는 여러 면에서 극과 극의 대조를 이루고 있다. 그렇기에 나오미는 보아스의 인품과 그동안의 행동을 믿고 보아스에게 룻과 결혼할 동기를 마련해 주기 위해 이런 방법을 사용한 것으로 보인다. 어떤 사람은 나오미가 땅을 되찾으려는 목적으로 룻과 보아스를 결혼시키려고 했다고 보는데 이것은 본문의 지지를 받지 못한다. 나오미는 룻에게 보아스가 고엘이기 때문에 결혼하라고 하지 않고 '안식처'를 얻기 위해 결혼하라고 말했기 때문이다.

그러나 룻의 생각은 달랐다. 절대 시어머니를 안 떠나겠다고 맹세까지 한 룻이 보아스와 결혼하라는 나오미의 제안에 순종한 것은 시어머니에게 땅을 되찾아주고 싶어서이다. 룻은 보아스가 '기업 무를 자(고엘)'이니 자신과 결혼해 달라고 요청한다. 룻이 타작마당에서 보아스에게 "당신의 옷자락을 펴 당신의 여종을 덮으소서(룻 3:9)"라고 한 말은 청혼이다. 성경에서 여성이 남성에게 결혼을 요청한 경우는 룻이 유일하다. 룻의 말을 들은 보아스는 시어머니를 위해 늙은 자신과 결혼하려고 한 룻의 마음을 깨닫고 룻의 넘치는 헤세드를 칭찬한다. 그는 인간의 본성을 거스르는 룻의 헤세드를 보았기 때문이다. 그리고 룻을 안심시키며 자신이 문제를 해결하겠다고 약속한다. 룻은 보아스가 기업 무를 자인 줄 알았는데 그보다 앞 순번의 기업 무를 자가 있었기 때문에 보아스는 당장 결혼을 약속하진 못했다. 하지만 자신이 최선을 다해 이 문제를 해결할 것을 약속한다. 사실 남성의 잠자리에 들어가서 결혼을 요청하는 룻의 행동은 대담하기 그지없다. 만일 다른 사람들에게 알려지면 룻의 명성은 하루아침에 곤두박질치고 손가락질 받아 그 동네에서 쫓겨날 수 있는 위험천만한 행동이다. 물론 나오미는 보아스가 룻을 받아 줄 것이라는 확신이 있어 보냈지만 이런 것을 모르는 룻은 시어머니를 위해 위험한 행동도 불사한 것이다. 이것을 보면 룻은 자기가 사랑하는 사람을 위해선 물불 안 가리고 행동하는 적극적인 인물이다.

보아스의 적극적인 개입으로 마침내 룻은 보아스와 결혼하게 된다. 사실 룻이 보아스와 결혼하여 나오미의 기업을 물러달라는 것은 무리한 요구이다. 이것은 시형제 결혼과 기업 무르는 것을 같이 해달라는 것인데 시형제 결혼은 형제간의 의무이지 친척의 의무는 아니다. 그렇기 때문에 보아스보다 더 가까운 친척은 기업만 무르려고 한 것이다. 하지만 기업을 무르면 나오미의 땅은 상속할 아들이 없는 나오미가 아닌 기업 무르는 자가 갖게 된다. 알고 한 것인지 모르고 한 것인지 알 수 없지만 룻은 나오미에게 땅을 돌려주기 위해 보아스에게 무리한 요구를 하였고 보아스는 룻의 의도와 마음을 알고 결혼도 하고 기업도 물러주었다. 이렇게 룻의 헤세드와 적극성은 텅 빈 나오미를 가득 채우고 자신의 삶도 풍요롭게 만들었다.

룻의 선한 영향력은 여기서 끝나지 않는다. 룻기 마지막(룻 4:18~22)에 족보가 나오는데 여기서 우리는 놀라운 사실을 발견할 수 있다. 첫째는 보아스가 기생 라합의 아들이라는 것이다. 라합은 이스라엘에 들어온 후 유다 지파의 살몬과 결혼하였는데 그가 보아스의 아버지이다. 즉, 보아스가 이방인인 룻에게 관용적 태도를 가질 수 있었던 것은 어머니와 아버지의 영향이었음을 알 수 있다. 그리고 보아스와 룻의 결혼으로 태어난 오벳은 다윗의 할아버지이다. 다윗은 룻의 후손이며 다윗 가문은 기생 라합과 모압 여성 룻에 의해 이루어진 신앙의 가문이다. 이렇게 모압 여성 룻에게서 시작된 헤세드는 보아스의 헤세드를 끌어내고 하나님께서 헤세드로 응답하시므로 나오미를 풍족하게 만들 뿐 아니라 이스라엘의 암흑 같던 사사 시대를 끝내고 새로운 시대를 열 가문을 세웠다. 한 여성의 헤세드가 세상을 바꾸었다.

결론적으로 룻은 관습에 순응해 살기보다는 자신이 옳다고 생각한 일에 대해서는 신념을 갖고 모든 어려움을 감당하며 꿋꿋하게 삶을 개척해가는 '용감한 여자(하일 에쉐트)'이며 이방인이지만 하나님을 자신의 신으로 받아들임으로 언약 백성 안으로 들어온 믿음의 용사이다. 이렇게 볼 때 룻을 협소하게 좋은 며느리의 모델로 삼아서는 안되며 모든 그리스도인의 모델로 이야기해야 한다.

2) 사사기 19~21장과, 룻기에 등장하는 여성 비교[34]

룻기는 사사 시대를 시대적 배경으로 하고 있다. 그런데 룻기 바로 앞에 나오는 사사기 19~21장의 분위기와는 완전히 다르다. 사사기 19~21장은 성경에서 가장 끔찍하고 잔인한 이야기로 성폭행과 살인, 시체 절단과 전쟁, 여성 납치와 강제 결혼 등 심각한 도덕적 결함을 가진 상태로 사사기가 마무리된다. 그런데 이어 나오는 룻기는 헤세드와 환대가 넘치는 따뜻하고 아름다운 이야기이다. 사사 시대와 베들레헴이라는 같은 시대와 같은 장소에서 일어난 사건이지만 분위기는 매우 대조적이다. 사사기 19~21장의 사건에 대해서는 7장 성폭행을 다

---

[34] 좀 더 자세한 내용은 본인의 논문을 참조. 박유미, "여성등장인물로 본 사사기 19-21장과 룻기 비교 연구", 「구약논집」 18 (2020), 77-107.

루는 곳에서 좀 더 자세히 다룰 것이고 여기서는 둘의 분위기가 어떻게 다른지 그리고 다른 이유가 무엇인지 이야기해보려고 한다. 두 본문을 비교하면 다음과 같다.

첫째, 여성의 이름과 목소리와 행동을 비교하면 사사기 19~21장에서는 여성의 이름과 목소리는 없고 행동의 대상으로 등장한다. 이것은 여성이 온전한 인격으로 여겨지지 않고 존재가 부정당하고 있으며 여성이 자신의 생각을 말할 수 없거나 무시되는 억압적인 사회적 환경임을 드러낸다. 반면 룻기에서는 여성이 이름과 목소리를 가지고 주체적으로 행동한다. 이들은 온전한 인격으로 존중받으며 자신의 요구를 당당히 말하고 주체적으로 자신의 운명을 개척해 나간다. 둘째, 환대와 헤세드와 하나님의 관계라는 주제를 가지고 비교하면 사사기 19~21장에서 여성은 환대와 헤세드의 대상에서 제외되고 남성을 향한 환대와 헤세드를 위해 희생된다. 그리고 이렇게 여성이 죽임당하고 희생당하는 상황 속에서 하나님은 등장하지 않으신다. 남성들은 자신들이 하나님의 뜻을 행하는 것처럼 말하지만 행동은 여성에게 폭력적이다. 반면 룻기에서는 이방 여성인 룻도 공동체 안으로 받아들여지고 정착할 수 있도록 환대를 받으며 강자인 보아스가 헤세드를 베풀고 약자인 룻과 나오미가 헤세드를 받으며 서로 돕는 아름다운 관계를 만들어 나간다. 그리고 인간의 헤세드 저변에는 하나님의 헤세드가 깔려 있다. 하나님께 대한 신실함을 약자에 대한 헤세드로 표현하였고 하나님은 그들의 헤세드에 더 큰 헤세드로 응답하셨다.

이렇게 같은 사사 시대적 배경 속에서 완전히 다른 이야기가 전개되는 것은 그 시대의 문화보다는 공동체와 개인이 갖는 여성과 약자에 대한 관점과 태도 때문이다. 여성을 남성과 동등한 존재로 보지 않고 남성을 위한 수단으로 여기는 관점은 여성에게 폭력적이며, 결국 공동체 전체를 약자라 살아남을 수 없는 폭력적이고 비윤리적인 사회로 만든다. 반면 여성을 인격적으로 존중하고 약자의 필요에 응답하며 강자가 기꺼이 헌신하면 그 공동체는 남녀와 강자와 약자가 서로 공존하며 더 나은 공동체를 만들 수 있다. 이것이 바로 하나님이 원하시는 공동체의 모습이다. 그러므로 여성에 대해 어떤 관점을 가지고 있는지가 그 공동체와 하나님의 관계를 드러낸다고 볼 수 있다.

4. 한나(삼상 1~2장)

1) 한나 이야기(삼상 1장)

한나는 교회에서 가장 많이 설교 되는 여성으로 특히 '기도의 어머니'는 한나에 대한 가장 오래된 호칭이다. 그녀는 기도로 불임을 극복하고 아들을 낳아 하나님께 바친 장한 어머니로 혹은 불임 여성의 희망이 되는 인물로 설교 된다. 그런데 일반적으로 생각하는 것처럼 한나가 좋은 어머니였을까? 한나는 서너 살밖에 되지 않은 아이를 성막에 갖다 바치고 일 년에 한 번 정도 아이를 만났고 어린 사무엘은 어머니를 떠나 성막에서 자라야 했다. 과연 이것은 어린아이를 위한 행동이었을까 아니면 한나 자신을 위한 행동이었을까? 우리는 좋은 어머니라는 타이틀을 가진 한나에 대한 이야기를 뒤집어 보며 어머니 한나가 아닌 한 인간으로서의 한나를 만나보고자 한다.

한나는 에브라임 지파 사람인 엘가나의 첫째 부인으로 소개된다(삼상 1:2). 그런데 둘째 부인 브닌나와 달리 한나는 아이를 낳지 못하였다. 저자는 하나님이 한나를 임신하지 못하게 하셨다고 설명하며(삼상 1:5) 한나의 불임 원인은 하나님이라고 밝힌다. 즉, 한나의 불임은 한나의 잘못이 아니지만 한나는 이로 인해 큰 고통을 겪는다. 특히 경쟁자인 브닌나가 때때로 한나를 화나고 비참하게 만들었고 이로 인해 울고 밥을 먹지 못할 만큼 힘들어했다. 비록 엘가나가 한나를 지극히 사랑해서 그녀를 위로하였지만 그도 한나의 고통을 해결해 줄 수는 없었다. 한나는 남편의 사랑에 안주하며 만족할 수 없었기 때문이다. 그래서 한나는 이 문제를 직접 하나님께 가져가기로 결심한다. 이런 면에서 한나는 남편에게만 의존하는 순종적인 아내라기보다 문제를 직접 해결하기 위해 나서는 독립적이고 주체적인 인물이다.

본문은 브닌나를 한나의 원수라고 표현하여 매우 나쁜 사람처럼 생각되게 만들지만 브닌나 입장에서 보면 브닌나도 할 말이 많을 것이다. 브닌나는 비록 둘째 부인이지만 집안의 대를 이을 자녀를 낳은 사람이다. 고대 사회에서 여성의 위치는 자녀 특히 아들의 존재 유무 혹은 아들의 지위로 결정이 되었기 때문에 브닌나의 입장에서는 얼마든지 자식을 가진 유세를 할 수 있다. 그리고 자신이 많은 자식을 낳았음에도 불구하고 남편은 한나를 더 극진히 사랑하니 브닌나 입장에서는 부당하다는 생각이 들어 한나를 질투하며 한나에게 심한 말을 했을 것이다. 이렇게 브닌나와 한나는 가부장제의 일부다처 가정이 겪을 수 있는 구조적인 갈등을 겪고 있었다. 이런 관점에서 보면 브닌나가 일방적인 가해자가 아니라 브닌나도 가부장 제도의 피해자이며 구조의 희생자로 볼 수 있다. 그렇기 때문에 한나를 일방적인 피해자로 브닌나를 일방적인 가해자로 평가하고 해석하는 것은 다시 생각해봐야 할 문제이다.

한나는 자신의 문제를 하나님께 가져간다. 그는 태를 열고 닫으시는 분은 오직 하나님이라는 것을 깨닫고 하나님께 직접 매달리기로 결심하였다. 이런 한나의 모습은 당시 하나님을 찾지 않고 하나님의 음성에 귀 기울이지 않던 사사 시대의 사람들과 다르다. 한나는 하나님의 살아계심과 권능을 믿었기에 기도할 수 있었다. 한나는 기도하며 하나님께 만일 아들을 주시면 그의 평생을 여호와께 드리고 나실인으로 바치겠다는 서원을 한다(삼상 1:11). 이 기도에서 아들을 바치겠다는 서원도 중요하지만 더 중요한 것은 그 앞의 "주의 여종의 고통을 돌보시고 나를 기억하사 주의 여종을 잊지 아니하시고"라는 3중적 표현이다. 즉, 하나님이 자신에게 아들을 주시는 것은 하나님이 자신을 기억하시고 자신의 음성을 듣고 계신다는 징표라는 것이다. 한나에게 중요한 것은 아들을 얻어 이로 인한 사회적 가정적 안정을 얻는 것보다 하나님이 자신을 잊거나 버리신 것이 아니라는 것을 확인하는 것이다. 그렇기에 그녀는 어렵게 낳은 아들도 기꺼이 하나님께 바치겠다고 서원한 것이다. 고대 사회에서 불임은 때때로 저주받은 것 혹은 하나님께 벌을 받은 것으로 간주하며 불임 여성을 비난하였는데 이는 불임의 책임을 전적으로 여성에게 돌리는 사회적 관습 때문이다. 이런 사회 속에서 한나는 아들을 통해 자신이 하나님께 버림받지 않았다는 것, 자신도 하나님이 사랑하는 딸이라는 것을 확인받고 싶었던 것이다. 그러므로 한나의 기도는 어머니가 되고 싶은 모성의 기도가 아니라 하나님의 자녀임을 확인받고 싶은 신앙인의 기도이다. 그렇기에 한나는 하나님께서 아들을 주시면 하나님이 자신을 사랑하는 것을 알게 될 것이고 그에 대한 은혜와 감사로 하나님께서 주신 아들을 다시 하나님께 바치겠다고 기도하였다.

　하나님은 한나의 기도를 들으셨고 그녀에게 아들을 주셨다. 하나님은 한나를 기억하셨고 사랑하셨기 때문이다. 그리고 하나님의 사랑을 확인한 한나는 서원을 지킨다. 사무엘을 낳은 한나는 젖 뗀 후에 사무엘을 하나님 앞에 둘 것이라고 말하며 매년제에 동행하지 않는다. 그리고 엘가나는 한나가 서원을 갚을 수 있도록 한나의 말에 반대하지 않고 한나의 서원에 동의해준다. 민30:10~16에 따르면 결혼한 여자의 서원은 남편의 동의 혹은 묵인이 있어야 효력이 있다. 엘가나에게도 사무엘은 너무나 기다리던 귀한 아들이지만 그는 한나의 결정을 존중하고 한나가 하나님께 한 서원을 갚을 수 있도록 도와준 것이다. 가부장적 시회였던 이스라엘에서 독립적으로 의사 결정을 하는 한나와 이런 한나를 지지하는 엘가나의 모습은 관습에서 상당히 벗어난 관계이다. 하지만 관습보다 어떤 모습이 하나님 앞에서 더 신실한 것인가가 이들 부부의 판단 기준이었다. 그렇기에 엘가나는 항상 한나의 결정에 동의하고 지지하였다. 한나는 아이가 젖을 떼자 서원을 갚기 위해 아이를 데리고 성소에 올라가 아이를 하나님께 드린다. 그녀는 자신의 목소리를 들으시고 자신을 사랑하신다는 사실을 아들을 줌으로 표현해 주신 하나님께 다시 아들을 드림으로 자신의 사랑과 헌신을 표현한 것이다.

사무엘상 1:24 마지막 부분에 우리말 성경에서는 '아이가 어리다'라고 표현하였는데 히브리어 원문에서는 '아이는 아이이다'라는 문장으로 사무엘이 정말 어린 아이라는 사실을 강조하고 있다. 이런 강조는 한나가 얼마나 큰 헌신을 하고 있는지를 드러낸다. 아직 서너 살 정도밖에 되지 않아 말도 제대로 못하고 엄마와 떨어져 살기에는 너무 어린 아들을 하나님께 약속한 대로 하나님의 전에 영원히 바치기 위해서 데리고 온 것이다. 사무엘을 엘리에게 맡긴 후 한나는 자신이 서원한 대로 사무엘을 평생 나실인으로서 여호와를 섬기는 자로 하나님께 바치겠다고 하며 자신의 결심을 드러낸다. 이런 한나의 말은 당연한 말처럼 들리지만 하나님께 대한 한나의 충성스러움은 일반적인 사람을 뛰어넘는 것이다. 사람이 화장실 들어갈 때 다르고 나올 때 다르듯이 아이가 없을 때는 아이만 생기면 무엇이라도 다 할 수 있을 것 같지만 막상 아이가 생기고 내 품에서 젖을 빨고 웃고 아장아장 걸어 다니며 '엄마 엄마' 부르고 애교를 부리는 아기를 내 품에서 떼어 놓아야 하는 상황이 되면 망설일 수밖에 없다. 처음부터 맛보지 않았으면 모르지만 아이가 주는 즐거움과 행복을 안 한나가 그 아이를 자신의 품에서 떼어서 엘리의 손에 넘겨주기까지 많은 갈등과 고통과 눈물이 있었을 것이다. 아이를 데리고 도망이라도 갈까, 죽으면 죽었지 아이는 내놓을 수 없다고 하나님께 생떼라도 쓸까, 하는 마음도 들었을 것이다. 과연 그 어린 것이 엘리 제사장의 집에서 제대로 자랄 수 있을지, 그

곳에서 챙겨주는 사람도 없는데 먹는 것은 제대로 먹을지 걱정이 이만 저만이 아니었을 것이다. 하지만 한나는 사무엘을 떠나보내고 겪어야 할 모든 고통과 걱정을 기꺼이 감내하기로 결심하고 자신에게 신실하신 하나님께 자신의 신실함을 보였다. 이런 한나의 모습은 100세에 얻은 독자 이삭을 하나님의 명령대로 바치려 했던 믿음의 조상 아브라함의 모습과 유사하다. 아브라함으로 인해 이스라엘 민족이 생긴 것처럼 하나님께 대한 한나의 충성이 암흑 같은 사사시대를 넘어 새로운 이스라엘 왕국을 열기 시작하였다. 즉, 하나님께서 한나가 드린 사무엘을 받으시고 그를 통해 이스라엘의 새 역사를 시작하기로 하신 것이다.

2) 한나의 노래(삼상 2:1~10)

한나의 노래는 단순히 하나님께서 아이를 주셔서 감사하다는 감사의 찬양에 그치지 않고 더 깊은 신학적 의미를 담고 있다. 한나는 여기서 신학자이며 예언자로 등장한다. 그녀는 고난과 기도와 기도의 응답이라는 개인적 경험을 통해 하나님에 대한 깊은 통찰과 지식을 얻게 되었기에 이런 신학적인 노래를 남겼다.

한나의 노래 핵심은 두 가지인데 첫째는 하나님께 대한 감사이다. 1절 "내 뿔이 여호와로 말미암아 높아졌으며 내 입이 원수들을 향하여 크게 열렸으니 이는 내가 주의 구원으로 말미암아 기뻐함이니이다"에서 '뿔'은 기본적으로 짐승의 머리에 나는 뿔을 의미하지만 상징적으로 위엄과 힘을 나타낸다. '뿔이 높아졌다'는 것은 '머리를 높이 쳐들었다'는 것으로 시편에서는 종종 승리를 나타낼 때 사용하는 표현이다. 즉, 한나는 아이를 낳지 못한 이유로 늘 움츠러들어야 했고 멸시를 받아야 했다. 하지만 이제 그녀는 자신 있게 머리를 들고 다닐 수 있게 되었다. 브닌나와 자신을 조롱하고 멸시하던 자들이 자신을 분노하게 하는 말을 하여도 늘 대답도 제대로 못했고 기도조차 입을 열지 못하고 속으로 우물우물하였던 그녀가 이제는 입을 크게 벌려 자신을 멸시하고 조롱하던 자들을 향하여 비웃을 수 있게 되었다. 이렇게 인생의 자존감을 찾아주시고 기쁨을 주신 분은 바로 여호와 하나님이시라고 고백한다.

두 번째 핵심은 4~7절로 역전시키시는 하나님께 대한 고백과 찬양이다. 4~7절은 다음과 같은 구조를 가지고 있다.

    A. 힘 있는 자와 힘없는 자의 역전(4절)
      B. 부자와 가난한 자의 역전(5a)
        C. 다산한 여인과 불임 여인의 역전(5b)
        C'. 생명의 주권자 여호와(6절)
      B'. 가난한 자와 부유한 자의 주권자 여호와(7a)
    A'. 힘의 주권자 여호와(7b)

이 구조는 힘 있는 자와 힘 없는 자, 부자와 가난한 자, 다산과 불임을 역전시키시는 인생의 주권자인 하나님을 잘 드러낸다. '높은 자를 낮추시고 낮은 자를 높이시는 하나님'이란 주제는 사무엘서 전체를 관통하는 가장 중요한 주제로 엘리 가문 대신 사무엘이 제사장이 되고 사울 대신 목동 다윗이 왕이 되는 것 모두 이 주제와 연결된다.

한나의 노래 마지막 절인 10절에서는 '여호와의 기름부음을 받은 자' 즉 왕에 대한 예고가 등장한다. 아직 왕이 세워지기 전에 한나는 왕의 등장을 예언한 것이다. 한나의 노래는 사무엘하 22장 다윗의 노래와 짝을 이루는데, 한나의 노래는 사무엘서를 여는 역할을 하며 다윗의 노래는 한나의 노래와 유사한 주제(역전시키시는 하나님, 왕을 세우신 하나님, 반석, 뿔 등)를 언급하며 사무엘서를 닫는다. 사무엘서는 한나를 통해 새로운 역사를 시작한 하나님께서 다윗을 통해 새로운 시대를 완성하신 것으로 본 것이다.

그러므로 한나는 단지 기도로 아들을 얻은 어머니로 볼 것이 아니다. 그녀는 아무도 하나님을 찾지 않던 사사 시대에 하나님을 찾고 기도하며 새로운 시대를 열 물꼬를 튼 신앙인이자 예언자이다.

6장 사무엘서의 지혜 여성들

우리는 '지혜' 하면 지혜가 여선지자, 여주인, 유능한 아내로 등장하는 잠언을 떠올리게 된다. 그런데 이런 여성 지혜가 사무엘서에 많이 등장한다. 사무엘서는 다른 역사서에 비해 여성들이 많이 등장하는데 그 중에서 네 명이나 지혜와 연결된 인물이다. 지혜로운 말을 한 아비가일과 다말 그리고 드고아의 지혜자와 아벨의 지혜자이다. 이렇게 사무엘서에 여성들이 지혜자로 여러 번 등장하는 것은 이들이 다윗 왕조에 다양한 역할을 하였다는 것을 의미한다. 이 장에서는 사무엘서 안에 나타난 지혜 여성들과 다윗 가문과의 관계를 통해 다양한 지혜 여성의 모습을 살펴보려고 한다.

네 명의 지혜 여성은 긍정/부정, 역할/결과라는 네 가지 요소로 분류할 수 있다. 아비가일은 긍정적인 역할을 하고 결과도 긍정적이고 다말은 긍정적인 역할을 하였지만 결과는 부정적이다. 드고아의 지혜자는 부정적인 역할과 부정적인 결과를 가져온 반면 아벨의 지혜자는 긍정적인 역할과 긍정적인 결과를 가져온다. 그럼 각각의 인물을 자세히 살펴보겠다.[35]

---

[35] 이 장은 본인이 쓴 논문 "다윗왕조의 동반자로서의 지혜로운 여성들"을 요약 정리한 것이다. 참고, 박유미, "다윗 왕조의 동반자로서의 지혜로운 여성들: 사무엘서의 지혜로운 여성 연구",「성경과 신학」 77(2016), 1-28.

1. 아비가일(삼상 25장): 긍정적인 역할과 긍정적인 결과

아비가일의 이야기는 사무엘상 24장과 26장 사이에 위치한다. 그런데 이 두 장은 다윗이 왕이 되기 전 사울에게 쫓기는 시기의 것으로 다윗이 자신을 죽이려고 쫓아다니는 사울을 기적적으로 죽일 기회를 얻게 되지만 사울을 죽이지 않고 놓아주는 이야기이다. 특히 24장에서 다윗은 사울을 만나 죽일 기회를 얻었지만 여호와께서 기름 부은 왕을 죽일 수 없으며 여호와께서 자신과 사울 사이를 판단하시기를 원한다고 하면서 사울을 살려준다. 여기서 다윗은 매우 지혜롭고 하나님의 말씀에 순종하는 좋은 모습을 보여주고 있다. 그런데 25장의 다윗은 다른 모습으로 등장한다.

25장은 사무엘의 죽음으로 시작하며 마온에 사는 매우 부유한 나발과 그의 아내 아비가일이 소개된다. 그런데 나발에 대한 평가는 완고하고 행실이 악하다는 것이다. '나발'의 뜻은 '어리석음'이며 17절에서는 종이 나발에 대해 '불량한 사람(벨리알의 아들)'으로 평가하고 있다. 이렇게 그는 어리석고 완고하고 악한 인물로 평가된다. 이와 대조적으로 그의 아내 아비가일은 총명하고 용모가 아름답다고 평가한다. '총명하다(토바트 쉐켈)'는 '훌륭한 식견이 있다, 좋은 통찰력이 있다'라는 뜻이다. 특히 '쉐켈'은 시편 111:10에서는 '훌륭한 지각'으로, 잠언 13:15에서는 '선한 지혜'로 번역되는, 지혜와 비슷한 단어이다. 즉, 화자는 나발에 대해서는 어리석은 사람으로 아비가일에 대해 지혜로운 사람으로 평가를 내리고 있다. 이들이 가진 특징은 앞으로 진행될 이야기의 전제가 되는 것으로서 각각 죽음과 삶으로 끝나는 어리석음과 지혜의 두 길의 결과를 암시한다.[36]

사건은 다윗이 나발에게 자신과 자신들의 부하들이 먹을 양식을 얻

---

[36] 이은애, "이스라엘 역사에 나타나는 여성의 지혜-평화를 가져오는 힘", 「한국기독교신학논총」 56 (2008): 36.

6장 사무엘서의 지혜 여성들

으려고 하는 데서 시작된다. 다윗은 나발이 갈멜에서 양털을 깎는다는 소리를 듣고 사람을 보내어 갈멜에 있는 동안 자신의 수하들이 나발의 양을 지켜 주었다는 사실을 상기시키면서 자신의 수하들에게 은혜를 베풀어 먹을 것을 좀 달라고 정중하게 부탁을 한다. 일반적으로 털을 깎는 날에는 그동안 양들을 돌보던 사람들이 양의 주인에게 수수료를 받는 것이 관례이기 때문에 다윗은 자신과 수하들이 일정 부분 사례를 받을 수 있다고 생각한 것이다. 하지만 나발은 다윗을 주인에게서 도망친 종이라고 모욕하며 매몰차게 거절한다. 다윗은 생각지도 못한 나발의 모욕과 거절을 당하자 분노하는데 그의 분노는 "내가 그에게 속한 모든 남자 가운데 한 사람이라도 아침까지 남겨두면 하나님은 다윗에게 벌을 내리시고 또 내리시기를 원하노라(삼상 24:22)"라는 다윗의 맹세에 잘 표현되어 있다. 이런 모습은 사울에게 "여호와께서 나를 위하여 왕에게 보복하시려니와 내 손으로는 왕을 해하지 않겠나이다(삼상 24:12)"고 말한 것과 대조가 된다. 여기서 다윗의 부정적인 모습이 처음 등장하는데 그는 나발에게 개인적인 보복을 하기 위해 400명의 군사를 무장시켜 갈멜로 올라간다.

이런 급박한 상황이 벌어지고 있는 사이에 나발의 집에서는 하인 하나가 여주인 아비가일에게 나발이 다윗의 사자를 모욕한 후에 빈손으로 돌려보냈다는 것과 다윗과 그의 군사들이 양을 칠 때 자신들을 보호해주었다는 사실을 알린다. 이 하인의 말을 통해 아비가일은 다윗의 요청이 정당하다는 것과 나발의 행동이 다윗의 분노를 일으킬 수 있다는 것을 알게 된다. 종은 여기서 한 발 더 나가 다윗이 나발과 나발의 집을 치기로 결정하였다는 매우 급박하고 위험한 상황을 전달한다. 종은 마지막에 나발은 '불량한 사람' 즉, 이런 일을 의논할 만한 지혜가 없는 사람이라고 말하며 아비가일에게 대책을 마련해 달라고 요청한다. 이것은 나발의 집 안에서 일하는 종들도 주인인 나발보다는 여주인인 아비가일이 더 지혜롭고 유능하며 믿음직스러운 인물로 평가한다는 것을 보여주는 증거이다. 실제로 아비가일은 어리석은 남편과 달리 뛰어난 통찰력을 가지고 있었다.

   종의 말을 듣고 상황을 파악한 아비가일은 즉시 다윗에게 줄 식량을 최대한 빠르게 그리고 많이 준비하여 나귀에 싣고 자신보다 앞서 출발을 시킨다. 이것은 창32장에서 야곱이 자신에게 분노하여 자신을 죽이기 위해서 달려오고 있다고 생각한 에서의 분노를 좀 가라앉히기 위해서 예물들을 자신의 잎에 미리 보내는 모습과 유사하나. 아비가일도 다윗의 분노를 가라앉히기 위해 준비한 식량을 먼저 보낸 것이다. 여기서 화자는 아비가일이 그녀의 남편인 나발에게 알리지 않았다는 사실을 밝히며 그녀가 가부장적인 사회 속에서 남편을 배제하고 독립적이고 주체적으로 행동하고 있음을 강조하고 있다. 가부장적 사회에서 아내가 남편의 의견과 반대되는 행동을 하는 것은 비난받아 마땅하지만 본문에서 이런 비난의 어조는 전혀 찾아볼 수 없다. 오히려 나발의 어리석음으로 인해 아비가일의 지혜로운 행동이 방해받지 않았다는 것을 강조하기 위해 이 구절을 집어넣은 것이다. 전체적으로 나발의 가정은 나발보다는 아비가일에 의해 완벽하게 통제되고 있다는 사실을 알 수 있다. 나발이 모르는 사이에 아비가일의 명령 한 마디에 일사불란하게 많은 양식이 준비되었을 뿐만 아니라 모든 일이 끝날 때까지 아무도 나발에게 아비가일의 행동을 보고하지 않은 것을 보면 알 수 있다.

   이렇게 만반의 준비를 한 아비가일은 다윗을 만나러 직접 나귀를 타고 위험한 길을 나선다. 그녀는 분노하여 군사를 이끌고 쳐들어오는 다윗을 만나는 것이 목숨을 잃을 수 있는 매우 위험한 행동이라는 것을 알면서도 자신의 가족을 구하기 위해 용감하게 길을 나선 것이다. 그리고 마침내 그녀는 자신의 앞으로 오고 있는 다윗과 그의 군사들을 만난다. 화자는 이 장면에서 다윗이 왜 나발의 집으로 오고 있는지 분명히 설명한다. 13절에서는 암시적으로 무장을 하고 올라간다고 표현하여 나발을 치려고 한다는 사실에 대해 추측하게 하였다면 21~22절에서는 다윗이 실제로 나발과 그에게 속한 남자들은 모두 죽이겠다고 맹세한 사실을 밝히면서 나발과 그의 집의 모든 남자의 목숨이 경각에 달려 있다는 사실을 강조한다. 창세기 32장과 비교해 보면 야곱은 이런 상황 속에서 한 발자국도 앞으로 나가지 못하며 두려워하고 있었다. 하지만 아비가일은 두려움 없이 다윗을 만나러 나섰고 다윗을 보자 나귀에서 급히 내려 땅에 완전히 엎드린다. 이런 모습은 완전한 순종과 헌신의 의미로 주로 신하가 왕을 만났을 때 혹은 인간이 하나님의 사자를 만났을 때 보여주는 인사법이다. 이렇게 아비가일은 다윗 앞에 완전히 복종하는 모습을 보이며 자신이 다윗의 앞을 막은 죄를 용서해 달라고 양해를 구한 뒤 자신의 말을 들어달라고 간청한다. 사실 여성이 남성의 앞을 막는 행동은 당시 문화적 관습을 벗어난 비난받을 만한 행동이다. 그러나 그녀는 이런 관습에 얽매이지 않고 자신의 소신껏 행동한다. 그리고 그녀는 바로 자신이 할 말을 다윗에게 말하는데 이 말은 구약에서 여성이 한 말 중에 가장 길다. 아비가일은 자신의 남편인 나발에 대해 '불량한 사람'이라고 말하며 그 사람에 대해 마음을 두지 말라고 하면서 나발은 이름 그대로 미련한 자이기 때문이라고 한다. 그리고 나서 아비가일은 하나님의 살아계심을 두고 맹세하면서 다윗의 손에 피를 흘리며 직접 보복하는 행위를 하나님께서 막으신다고 말한다. 나발의 가족을 죽이겠다는 다윗의 맹세에 대해, 하나님께서는 보복을 막으신다는 맹세로 다윗이 잘못하고 있다는 것을 지적한다. 그녀는 분기탱천한 다윗에게 그런 행동이 잘못되었다고 하나님의 이름으로 지적하는 용감한 모습을 보인다. 그리고 준비한 예물을 다윗에게 줌으로 다윗에 대한 충성을 보여주면서 아비가일은 여호와께서 다윗의 집을 든든하게 세우실 것과 다윗이 지금 사울과 맞서며 싸우는 것은 하나님의 일을 하는 것이며 하나님께서 다윗을 생명 싸개 속에 싸서 보호하실 것과 다윗을 이스라엘의 지도자로 세우실 것이라는 예언과 무죄한 피를 흘렸다는 말을 듣지 말라고 조언을 한다.

여기서 아비가일은 두 가지 모습을 보여준다. 첫째는 지혜자로서 어리석은 행동을 하려는 다윗에게 하나님의 말씀을 깨닫게 해주고 있다. 피고트라는 학자는 아비가일이 선지자 사무엘의 죽음 바로 뒤에 소개가 된 이유가(삼상 25:1) 하나님의 지혜의 전달자였던 사무엘이 죽은 후에도 지혜가 침묵하고 있지 않은 것을 알려주기 위한 것이라고 언급한다.37) 즉, 아비가일을 통해 하나님의 지혜가 계속 이어졌다는 의미이다. 아비가일은 지혜롭지 못하게 행동하는 다윗에게 사무엘상 24:12 (여호와께서는 나와 왕 사이를 판단하사 여호와께서 나를 위하여 왕에게 보복하시려니와 내 손으로는 왕을 해하지 않겠나이다)에서 다윗이 했던 것과 같은 말을 하며 나발의 집을 치려는 행동은 개인적 복수이며 이것은 잘못된 행동이라는 것을 일깨워준 것이다. 다윗은 개인적 복수가 잘못이라는 사실을 알고 있었지만 당시 그는 그 대상을 자신보다 높은 인물에 한정시켰고 자신보다 약한 사람에게는 자신의 힘으로 보복하려고 하였다. 이런 다윗에게 아비가일은 하찮은 사람일지라도 개인적으로 보복해서는 안된다는 것과 이런 보복이 훗날 다윗이 왕이 되었을 때 그의 명성에 흠집을 낼 수도 있다는 사실을 지적하였다. 이렇게 아비가일은 어떤 것이 여호와 앞에서 옳은지 어떤 것이 그른지를 바로 분별하며 다윗에게 옳은 길을 가르쳐주는 지혜자의 역할을 하고 있다. 둘째는 선지자로서의 모습을 보여준다. 그녀는 후에 사무엘하 7장에서 나단 선지자가 다윗에게 주었던 하나님의 약속과 유사한 내용을 다윗에게 말하고 있다. 그 내용을 보면 첫째, 다윗을 위해 집을 세우시겠다는 말씀을 나단 선지자보다 먼저 하고 있다. 둘째, 하나님께서 다윗과 함께하며 싸우겠다고 약속하시는데 이것은 후에 나단 선지자가

---

37) Susan M. Pigott, "Wives, Witches and Wise Women: Prophetic Heralds of Kingship in 1 and 2 Samuel", *Review and Expositor* 99 (2002), 152.

이 말씀이 성취되었다고 알려준다(삼하7:9). 셋째, 아비가일은 하나님께서 다윗을 이스라엘의 왕으로 세우실 것을 분명히 알고 있었다. 이렇게 아비가일은 죽은 사무엘을 대신해 다윗에게 지혜로운 예언자 역할을 하였다고 평가할 수 있다.

이런 아비가일의 말을 들은 다윗은 아비가일의 지혜를 칭찬하고 그 지혜가 하나님께로부터 온 것이라는 사실을 인정한다. 이는 "나를 막아 너를 해하지 않게 하신 이스라엘의 하나님 여호와의 살아계심을 두고 맹세하노니(34절)"라는 말 속에 잘 나타나 있다. 그리고 다윗은 아비가일의 말을 듣고 나발의 집을 치는 것을 포기하고 양식만 받고 돌아간다. 이렇게 아비가일의 지혜롭고 결단력 있는 말과 행동은 일차적으로는 자신의 생명과 자신의 집안을 구하였고 이차적으로는 다윗이 하나님 앞에서 범죄하는 것을 막으므로 다윗이 하나님께 버림받지 않고 무사히 왕위에 오를 뿐만 아니라 왕이 될 때 나쁜 평판도 갖지 않게 만들었다. 이 이야기는 마지막에 하나님의 심판으로 나발과 아비가일의 운명이 갈리게 되는데 잠언의 교훈처럼 어리석은 나발은 어리석음을 따라 죽음의 심판을 받게 되고, 지혜로운 아비가일은 그 지혜로 생명을 얻고 자신이 가진 경제력과 정치적 힘으로 다윗이 왕이 되는 것을 도우며 이스라엘의 왕비가 되는 명예를 얻는다.

아비가일은 이스라엘의 왕비 중에서 자신의 이야기를 가지고 있는 몇 안 되는 인물이며 특히 아름다운 에피소드를 가지고 있는 유일한 왕비이다. 아비가일이 다윗의 왕비가 된 이후 사무엘서에서 아비가일의 이야기는 더 이상 나오지 않아 그녀가 다윗 궁전에서 어떤 역할을 하였고 다윗의 업적에 어떤 기여를 했는지 알 수 없다. 하지만 사무엘서의 저자가 그녀에 관한 이야기를 상당한 분량을 할애하여 기록한 것을 보면 그녀가 다윗 궁전에서도 지혜로운 면모를 충분히 발휘하며 지혜로운 왕비로 명성을 얻었을 것으로 보인다. 그런 지혜로운 왕비를 기념하기 위해 사무엘서 저자는 아비가일의 이야기를 기록한 것이다.

전체적으로 사무엘서에서 아비가일은 다윗 왕조가 형성되는 초기에 다윗이 하나님 앞에서 올바로 행하게 하는 역할을 하였고 이로 인해 다윗은 하나님의 마음에 합한 자로서 왕조를 세울 수 있었던 것이다. 그녀는 죽은 사무엘을 대신하여 지혜자와 선지자의 역할을 하며 다윗 왕조를 세우는 데 도움을 주었던 인물로 평가할 수 있다. 개인적으로는 자신과 자신의 가정을 살린 지혜롭고 용감하고 독립적인 여성이었다. 그리고 성경은 어리석은 나발에게 순종하지 않은 그녀의 지혜로움을 칭찬한다.

2. 다말(삼하 13장): 긍정적인 역할과 부정적인 결과

이 책에서 다말 이야기는 두 번 다룰 예정이다. 하나는 지혜 여성이라는 관점에서 본 장에서 다루고 또 하나는 성폭행을 다루는 장에서 성폭행과 전쟁이라는 관점에서 다룰 예정이다. 같은 본문이라도 어떤 관점이나 주제를 가지고 본문을 해석하느냐에 따라 강조하는 부분과 해석의 방향이 달라지기 때문이다.

다말 이야기는 다윗 왕조가 안정된 이후 다윗이 밧세바와의 간음 사건으로 하나님 앞에 범죄한 후 다윗 왕가에 일어난 범죄 사건이며 후에 압살롬 반란의 원인이 된다. 1절에서 다말은 다윗의 딸이 아닌 다윗의 아들 압살롬의 누이로 소개된다. 이것은 암논이나 압살롬이 다윗의 아들로 소개되는 것과 대조되는데, 다윗이 딸인 다말과는 거리가 있다는 것을 암시한다. 사건은 암논이 이복누이인 다말을 사랑하면서 시작되는데 암논의 사랑은 단순히 육체적인 욕망이다. 다말에 대한 암논의 욕망은 너무나 강하지만 다말은 처녀이기 때문에 만날 방법이 딱히 없었을 것이다. 처녀의 경우 동복의 남자 형제가 늘 보호하고 있기

6장 사무엘서의 지혜 여성들

에 암논은 자신의 동생이자 경쟁자인 압살롬을 배제하고 다말을 만날 방법이 없었고 이로 인해 암논은 병이 날 지경에 이르렀다. 본문은 다말을 '그의 누이'라고 표현하여 암논의 욕망이 잘못된 것임을 암시적으로 표현하고 있다. 이때 암논의 사촌 요나답이 등장한다. 우리말은 요나답을 '심히 간교한 자'로 번역하지만 히브리어 본문을 직역하면 '매우 지혜로운 남자'이다. 여기서 지혜의 모티프가 등장한다. 그는 왕인 다윗의 권위를 이용하여 다말을 그의 보호자인 압살롬에게서 떼어내라고 조언한다. 요나답은 자신의 지혜를 범죄를 돕는 데 사용할 뿐만 아니라 결국은 암논을 죽게 만든다. '지혜(하캄)'는 선한 목적을 위해 사용될 수도 악한 목적을 위해 사용될 수도 있는데[38] 여기서는 악한 목적으로 사용된 것이다. 이런 그의 모습은 후에 암논의 잘못된 행동을 막으려고 했던 지혜로운 다말과 대조된다. 암논은 요나답의 말대로 아픈 체 하고 있다가 다윗이 병문안 왔을 때 요나답이 알려준 대로 다윗에게 요청한다. 이때 암논은 다말을 '내 누이'라고 부르며 자신의 요청이 형제간의 우애를 위한 것처럼 포장하며 자신의 욕망을 숨기려고 하였다. 하지만 그녀의 손으로 자신에게 먹여 주게 해달라는 요청은 단순히 남매간의 우애로 보기에는 지나친 면이 있다. 이렇게 그는 자신의 요청을 남매의 우애로 포장하려고 애를 썼지만 자신의 욕망을 완전히 숨기지는 못하였다. 하지만 암논에 대한 사랑에 눈이 먼 다윗은 경우에 합당하지 않을 뿐만 아니라 뭔가 미심쩍은 부분이 많은 암논의 요청을 받아들여 자신의 손으로 자신의 딸 다말을 암논의 손에 넘겨주는 어리석음을 범하게 된다. 다윗의 어리석은 모습은 밧세바와의 범죄 이후에 나타나는데 그가 하나님과 거리가 생겼다는 것을 암시한다.

    왕인 아버지 다윗의 명령에 따라 암논에게 간 다말은 아무것도 모르고 명령대로 과자를 만들어 암논이 먹게 차려 놓았다. 저자가 다말

---

38) Antony F. Campbell, *2 Samuel*, (Grand Rapid: Eerdmans, 2005), 128.

이 과자를 만드는 모습을 자세히 설명하는 것은 그녀가 아버지의 명령을 충실하게 수행하는 것을 보여주는 것으로 성실한 다말의 모습은 독자에게 다말의 다가올 운명에 대해 더욱더 안타까운 마음이 들게 하며 암논과 다윗에 대해 더욱 부정적인 생각을 갖게 만든다. 하지만 암논은 다말을 침실로 들어오게 하여 다말을 강제적으로 붙잡고 동침하자고 명령한다. 이때 암논은 다말을 '나의 누이'라고 부른다. 이 말은 한편으로는 다말을 안심시키려고 하는 말이지만 다른 한편으로는 그의 행동이 금지된 행동이라는 것을 표현한다. 이런 암논의 말에 다말은 자신의 의사표현을 확실하게 한다. 그녀는 암논을 '오빠'로 부르면서 어리석은 일을 행하지 말라고 강력하게 경고한다. '어리석은 일을 하다(아싸 에트-하네발라)'라는 문장은 창세기 34:7과 사사기 19:23의 본문에서 모두 성폭행을 표현한다.39) 다말은 어리석은 행동의 결과로 다말 자신은 수치를 입고 공동체에서 설 자리를 잃게 되고 암논도 '어리석은 자' 즉, 범죄자가 될 것이라고 말한다. 대신 다말은 좀 더 지혜로운 조언을 하는데 성폭행 대신에 차선책으로 결혼이라는 적법한 절차를 거쳐서 다말과 암논의 명예를 모두 지키자고 제안한다. 둘 다 아버지 다윗을 통해 문제를 해결하는 것이지만 다말은 간교한 요나답보다 훨씬 지혜로운 제안을 한 것이다. 하지만 욕정에 사로잡힌 어리석은 암논은 다말의 말을 듣지 않고 그녀를 성폭행한다.

이렇게 강제적으로 자신의 욕망을 채운 암논은 다말에 대한 태도가 돌변한다. 15절의 '그 미움이 전에 사랑한 것보다 더하다'라는 표현은 암논이 매우 변덕스럽고 자기 멋대로인 인물이라는 것을 보여준다. 차갑게 변한 암논은 다말에게 나가라고 명령한다. 이런 암논의 태도에 다말은 또다시 암논의 행동은 폭행보다 더 악하다고 지적한다. 김이곤은 다말의 질책 속에서 다윗에 대한 나단 선지자의 질책 속에 담긴 예언적 지혜를 발견할 수 있다고 평가한다.40) 하지만 암논은 듣지 않았

---

39) 그리고 '네발라'는 삼상 25:24에서는 어리석은 나발을 표현할 때 사용하고 있다.

다. 구약의 율법에 따르면 성폭행의 경우 그 처녀와 결혼을 하거나 아니면 그녀가 앞으로 살아갈 수 있게끔 보상을 해주어야 한다. 다말은 이 사실에 근거하여 암논에게 책임을 지라고 하지만 암논은 다말의 지혜로운 말을 또다시 묵살하고 종을 불러 다말을 쫓아내고 문빗장을 지르라고 명령한다. 어리석은 암논은 살 길을 제시한 지혜자의 길을 버리고 죽음을 선택한 것이다.

쫓겨난 다말은 머리에 재를 뒤집어쓰고 공주의 옷인 채색옷을 찢고 손을 머리 위에 얹고 크게 부르짖으며 자신의 비극을 알리고 도움을 요청하였다. '부르짖다(짜아크)'는 괴로움과 고난에 빠져 하나님께 구원을 요청할 때 사용하는 단어이다. 다말은 자신의 이런 부당하고 억울하고 아픈 상황에 대해 공개적으로 부르짖으며 도움을 요청하며 정의를 실행해 달라고 외쳤다. 하지만 아무도 지혜로운 다말의 외침에 응답하지 않았다. 자신의 오빠인 압살롬은 이런 다말의 부르짖음에 상대가 다윗이 가장 아끼는 아들 암논이라는 것을 확인한 후에 지금은 "잠잠하라"고 말한다. 그는 이 일에 대해 옳고 그름을 따지고 정당한 처벌을 요청하는 길을 택하지 않고 아버지인 다윗이 어떻게 처리할지 눈치를 보면서 다말에게 잠잠하라고 한 것이다. 다윗왕은 이 일을 듣고 크게 화를 냈지만 암논에 대한 처벌도 다말에 대한 위로나 보상이나 결혼에 대한 어떤 언급도 없었다. 다윗은 한 가정의 가장이자 한 나라의 왕으로서 법을 집행하고 질서와 도덕을 세울 의무를 가지고 있었지만 어떤 처벌도 하지 않고 그냥 넘어갔다. 아무런 행동을 하지 않은 이유는 다음 왕위 계승자로 염두에 두고 있는 장남 암논에 대한 편애 때문으로 보인다. 압살롬도 다윗의 부당함이나 암논의 잘못에 대해 계속해서 침묵한다. 이렇게 다말의 억울함을 풀어주어야 할 보호자인 다윗과 압살롬은 모두 침묵하였고 결국 그녀는 매우 불쌍한 처지로 살아야 했다.

---

40) 김이곤, "다윗의 딸 다말 애도송", 105-106.

하지만 다윗의 침묵은 매우 참혹한 결과를 낳았는데 압살롬이 2년 후에 이 일을 빌미로 암논을 죽였다. 이때 압살롬은 암논을 자신에게로 오게 만들기 위해서 다윗에게 암논과 함께 가게 해달라고 간청하였는데 이것은 암논이 다말을 자신에게 오게 만든 방법과 동일하다. 즉, 압살롬은 암논이 다말을 성폭행하기 위해 놓은 것과 동일한 덫을 놓고 다윗을 통해 자신의 수중에 들어온 암논을 죽인 것이다. 압살롬이 암논을 죽인 것은 표면적으로는 다말의 성폭행 사건에 대한 복수이지만 이면적으로는 자신이 왕이 되는 데 걸림돌이 되는 왕위 계승 서열 1위를 제거한 것이다. 이렇게 압살롬은 자신의 누이 성폭행 사건을 자신이 왕이 되려는 욕망을 성취하기 위한 수단으로 삼았다. 이런 해석이 더욱 힘을 얻는 것은 암논을 죽이고 도망갔다 다시 예루살렘으로 돌아온 압살롬은 결국 군사를 모아 반란을 일으켜 다윗을 왕위에서 쫓아낸다. 압살롬의 반란으로 이스라엘은 내전을 겪게 되고 결국 압살롬도 요압의 손에 의해 죽임을 당하게 된다.

여기서 다말은 다윗 왕조를 불법과 혼돈으로부터 구할 수 있는 여성 지혜자로 등장한다. 그녀는 지혜로운 말로 암논의 불법성과 폭력성을 막으려고 하였다. 마치 아비가일이 나발을 죽이려고 가는 다윗을 막으려고 설득했던 것처럼 말이다. 하지만 이때는 다말의 말이 묵살되었고 성폭행이라는 폭력과 불법이 일어났다. 그리고 이런 불법에 대한 정당한 처벌을 요구하는 다말의 정의로운 외침을 또다시 묵살한 어리석은 다윗의 태도로 인해 다윗 왕가는 살인과 반란과 전쟁에 휩싸이게 되면서 다윗 왕조 최대의 위기를 맞게 된다. 지혜자의 외침을 무시한 결과 다윗은 아들 둘을 죽게 만들었고 나라는 혼란에 휩싸이게 되었다. 그러므로 여성 지혜자로서 다말의 지혜로운 말과 행동은 다윗과 다윗 가문 남성들의 폭력성과 어리석음을 드러내는 역할을 하였다.

3. 드고아의 지혜 여성(삼하 14장): 부정적인 역할과 부정적인 결과

드고아의 지혜 여성 이야기는 다말 이야기의 연장선상에서 등장하는데, 그녀는 사무엘서에 등장하는 다른 지혜 여성들과 달리 부정적인 역할을 통해 다윗의 어리석음을 드러낸다. 다말이 올바른 지혜를 통해 다윗의 어리석음을 드러낸 것과는 다른 모습이다.

다윗은 압살롬이 암논을 죽이고 도망간 지 3년 정도가 지나면서 암논에 대한 죄책감과 그리움은 흐려지고 대신 도망간 압살롬에 대한 그리움이 커지기 시작하였다(삼하 13:39; 14:1). 다윗은 암논의 성폭행 죄를 묻지 않은 것처럼 압살롬의 살인죄를 물을 생각보다는 아들에 대한 그리움이 더 컸다. 그는 아들 일에 있어서는 항상 정의보다 정이 앞섰다. 이것을 알게 된 요압은 압살롬을 데려오기 위해 드고아의 지혜 여성을 불러온다. 사무엘하 14:2에서 저자는 이 여성을 '지혜로운 여성(이샤 하카마)'이라고 부른다. 요압은 그녀를 불러 왕 앞에서 할 행동과 말들을 알려준다. 사무엘하 14:3에서 "요압이 그의 입에 할 말을 넣어 주니라"라고 표현하고 있는데 이것은 요압의 말을 앵무새처럼 옮긴다는 의미가 아니라 요압은 대략적인 상황과 말들만 이야기하고 나머지 세부적인 사항과 말들과 분위기나 이런 것들은 전적으로 드고아 여성이 행했다는 의미이다.

드고아 여성은 먼저 한 아들을 잃은 과부로 변장한 후 다윗에게 나아와 연극을 하기 시작한다. 캠프는 만약 그녀가 권위를 수행하는 실제 경험이 부족했다면 그런 대담한 연극을 수행할 용기와 태도를 갖기 어려웠을 것이라고 지적한다.[41] 그녀는 두 아들이 서로 싸우다 한 아들이 다른 아들을 죽였으며, 남은 아들을 자신의 친척들이 죽여서 상속자를 끊어버리려고 모두 들고 일어나 자신을 핍박하고 있는 상황을

---

41) Claudia V. Camp, "The Wise Women of 2 Samuel: A Role Model for Women in Early Israel." *CBQ* 43 (1981), 17.

설명하며 도와달라고 요청을 한다. 이 말을 들은 다윗은 사람들이 널 못 건드리게 할 테니 걱정하지 말고 가라고 문제를 해결해 준다. 일단 첫 번째 문제를 해결 받은 여성은 두 번째 문제를 제기하는데 원수를 갚으려는 피의 보수자가 자기 아들을 죽이지 않게 해달라고 요청한다. 그러자 다윗은 또다시 그 요청을 들어주어 아들의 머리카락 한 오라기도 땅에 떨어지지 않을 것이라고 여호와의 이름으로 맹세를 한다. 이렇게 다윗은 살인한 아들의 죄를 용서하므로 피의 복수에 대한 문제를 너무도 쉽게 해결해버렸다.

다윗이 이렇게 쉽게 드고아 여성 아들의 죄를 용서한 이유는 그녀를 과부로 여기고 남아 있는 아들이 유일한 아들로 죽은 남편의 이름을 이어야 한다고 생각했기 때문이다. 하지만 드고아 여성은 이 기회를 놓치지 않고 다윗이 스스로 쳐 놓은 덫 즉, 자신이 듣기를 원했던 말을 듣자마자 바로 태도를 바꿔 화살을 다윗에게로 돌린다. 왜 다른 사람들의 죄는 용서하고 피의 복수를 하지 못하게 막으면서 자신의 아들인 압살롬의 죄는 용서하지 않느냐며 다윗의 말이 모순적이라고 지적한 것이다. 그리고 죽음에 대한 고대의 일반적인 지혜로 다윗을 설득한다. 모든 인생은 결국 죽을 수밖에 없고 죽으면 되돌릴 수 없으며 하나님은 산 사람에 대해서 생명을 빼앗는 것 대신에 여러 가지 방법으로 살려주시며 하나님 백성의 기업에서 쫓겨나지 않게 하신다는 것이다. 이 말은 일견 맞는 부분이 있다. 하나님은 자기 백성이 하나님께서 주신 기업에서 쫓겨나는 것도 좋아하지 않으시고 자기 백성의 생명을 빼앗는 것도 좋아하시지 않는다.

하지만 여기서 드고아 여성은 자신의 목적을 위해서 두 가지 사실을 왜곡하였다. 첫째는 드고아 여성이 설정한 상황과 다윗의 상황은 같지 않은데 마치 같은 것처럼 말한 것이다. 드고아 여성이 설정한 상황에서 살인한 아들은 과부의 유일한 아들이기 때문에 다윗이 살려주겠다고 말한 것이다. 하지만 압살롬은 다윗의 유일한 아들이 아니기

6장 사무엘서의 지혜 여성들

때문에 죄를 용서할 조건에 들어가지 않는다. 그런데 다윗은 이 사실을 깨닫지 못한다. 둘째는 하나님의 정의이다. 하나님은 사랑이 많으셔서 자신의 백성이 사는 것을 원하시지만 정의를 무너뜨리시는 분은 아니다. 사실 다윗이 압살롬에 대해서 그리워하면서도 그를 다시 불러들일 수 없었던 이유도 바로 정의 부분에서 걸렸기 때문이다. 그런데 이런 다윗의 마음을 알고 있던 드고아 여성은 하나님의 자비만을 강조하면서 다윗의 고민에 면죄부를 준 것이다. 더 나아가 그녀는 다윗이 피의 복수를 금지한 것이 하나님의 사자의 지혜와 같다며 다윗의 판단이 절대적으로 옳았다고 적극적으로 지지한다. 이런 말을 통해 그녀는 다윗이 혹시 잘못 판단한 것은 아닐까 하는 갈등을 완전히 없애 주었다. 이렇게 드고아 여성은 철저히 자신이 원하는 방향으로 상황을 이끌어 가면서 다윗이 압살롬을 불러들일 수 있는 근거를 만들어 주었다. 이런 그녀의 전략은 나단 선지자가 다윗이 자기의 범죄를 시인하게 만든 방법과 같다. 그때도 다윗은 나단이 쳐 놓은 덫에 걸렸고 이번에도 다윗은 드고아 여성이 쳐 놓은 덫에 걸렸다. 하지만 다른 점은 나단은 하나님의 말씀을 기초로 다윗이 바른 판단을 내리도록 덫을 놓았다면 드고아 여성은 다윗이 지혜를 잃고 갈팡질팡하고 있을 때 잘못된 결정을 하도록 조종하기 위해 덫을 놓은 것이다. 그리고 이 일이 요압의 손에서 꾸며진 것을 다윗이 알아챘을 때, 그녀는 그것을 순순히 인정하고 또다시 다윗이 하나님의 사자의 지혜를 가지고 있어 모든 것을 알고 계신다며 칭송하였다. 하지만 다윗은 선과 악을 구별하는 것도 땅의 모든 것을 아는 것도 실패하고 결국 압살롬을 예루살렘으로 불러들이는 어리석은 결정을 한다.

드고아의 여성 지혜자를 평가하자면 사무엘서의 다른 세 여성 지혜자와 다른데 첫째, 드고아 여성은 독립적인 인물이 아니라 요압의 계획에 동조하고 이용당한 인물로 종속적인 인물이다. 둘째, 드고아 여성은 대담하고 매우 영리하며 언변과 상황 장악 능력 등이 뛰어난 인물이며 정치적인 면에서 필수적인 지혜를 가진 유능한 인물이었지만 목적을 위해 거짓이라는 수단을 사용하는 데 거리낌이 없고 하나님의 정의를 약화시킨 인물이었기 때문에 참된 지혜를 가졌다고 볼 수 없다. 그녀는 다말 이야기에 등장하는 요나답과 같이 간교한 지혜를 가진 인물로 평가할 수 있다. 그녀의 뛰어난 언변과 연극은 다윗이 압살롬을 불러들이는 어리석은 결정을 하게 만들었고 이것은 다윗 왕권의 최대 위기가 되는 압살롬의 반역으로 이어진다. 결론적으로 드고아 여성 지혜자는 지혜를 잃은 다윗의 모습을 부각시키면서 그가 더욱 어리석은 길로 가는 모습을 보여준다. 이렇게 다말과 드고아 지혜자는 다윗이 하나님의 지혜와 멀어진 어리석은 왕이 되었다는 것과 어리석은 결정이 나라의 운명에 얼마나 무서운 영향을 끼치는지 보여준다.

4. 아벨의 지혜 여성(삼하 20장): 긍정적인 역할과 긍정적인 결과

아벨의 지혜 여성은 다윗이 아닌 요압과 만난 인물이지만 다윗에 대한 반란을 종결한 인물이기 때문에 다윗 가문과 연결된다. 압살롬의 반란이 진압되고 다윗이 예루살렘으로 돌아온 후 얼마의 기간이 지난 후에 베냐민 사람 세바가 다윗에게 반란을 일으킨다. 세바의 반란은 유다에 대한 열 지파의 반란이기 때문에 압살롬의 반란보다 더 위협적이었다고 평가할 수 있다.[42] 사무엘하 20:1에서 화자는 세바를 '불량배(이쉬 벨리야알)'라고 부르는데 이 표현은 삼상 25:17에서 나발을 '불량한 사람(벤-벨리야알)'이라고 부른 것과 유사하며 이것은 두 사람이 모두 어리석은 사람으로 비슷한 운명이 될 것이라 예상하게 한

---

42) C. E. Morrison, *2 Samuel*, (Collegeville, Minnesota : Liturgical Press, 2013), 267.

다. 다윗은 그 반란을 진압하라고 직접 아마사에게 지시하였지만 요압은 아마사를 죽이고 자신이 그의 뒤를 쫓는다. 그 사이 세바는 이리저리 돌아다니며 사람들을 모아 아벨로 간다. 아벨은 벧마아가 근처에 있는 성읍이기 때문에 벧마아가 아벨로 불리기도 한다. 요압은 세바를 잡기 위해 아벨로 가서 다짜고짜 그 성읍을 에워싸고 토성을 쌓아 성을 파괴하려고 한다. 이때 아벨의 지혜 여성이 협상가로 등장한다. 사무엘하 20:16의 '지혜로운 여성(이샤 하카마)'이란 표현은 드고아의 지혜 여성과 같다. 지혜 여성은 자신의 말을 들으라고 반복적으로 소리치며 요압에게 가까이 오라고 요청한다. 이 모습은 잠 8:6에서 지혜가 길가의 높은 곳과 네거리에서 성문 곁과 문 어귀와 여러 출입문에서 사람들을 부르며 자신의 말을 들으라고 외치는 것과 유사하다. 그리고 요압이 그녀의 말대로 행동한 것을 보면 그녀의 요청을 권위적인 것으로 받아들였다는 것을 알 수 있다.

    요압을 가까이 오게 한 지혜 여성은 자신을 '당신의 여종'으로 표현하며 부드러운 말로 협상을 시작한다. 이것은 아비가일이 다윗과 협상하기 위해 자신을 '여종'으로 표현한 것과 유사하다(삼상25:24). 하지만 부드러운 시작과 달리 그녀의 말은 매우 논쟁적이며 훈계적이다. 아벨의 지혜 여성은 아벨을 공격해서는 안되는 이유를 네 가지로 조목조목 지적하는데 첫째는 아벨이 유서 깊은 지혜의 도시이기 때문이다. 지혜 여성은 '아벨에게 가서 물을 것이라'는 옛 속담으로 시작한다. 아벨이 옛날부터 지혜 전통이 있는 도시로 이곳에 지혜로운 조언을 듣기 위해서 많이 왔다는 것을 의미한다. 그리고 '그 일을 끝내었다'는 표현은 그곳에서 조언을 구하면 모든 문제가 해결되었다는 의미이다. 즉, 아벨이란 도시는 지혜가 매우 깊고 풍부한 곳으로 이스라엘에서 매우 중요한 역할을 하고 있다는 것을 강조하며 아벨을 공격하는 것은 잘못된 행동임을 일깨운다. 둘째는 자신은 이스라엘의 충성되고 평화롭게 통치를 받는 백성이라는 것이다. 반역자 세바가 아벨에 들어온 것을 보면 세바를 지지하는 사람들도 있지만 성 안에 다윗의 지지자도 있으며 자신은 다윗을 지지한다고 밝힌 것이다. 셋째는 이스라엘 중에 어머니 같은 성읍을 파괴하는 것이 옳은지 묻는다. '어머니 같은 성읍'은 직역하면 '이스라엘 중에 어머니(엠 베이쓰라엘)'이다. 아벨을 이스라엘의 어머니와 같은 성읍이라고 말하고 있는 것이다. 구약에서 '이스라엘의 어머니'로 불린 사람은 사사 드보라가 유일한데 그녀는 선지자로 하나님께서 주시는 지혜와 신앙을 가지고 이스라엘 백성을 올바로 재판하였으며 또한 이스라엘을 적의 손에서 구원해낸 사사이다. 드보라에게 와서 재판을 받았던 것처럼 문제가 생기면 아벨에 와서 물어보고 해결 받고 가는 상황이 거의 유사하다. 그러므로 여기서 어머니라는 것은 이스라엘을 지혜로 교육하고 조언하는 역할을 하고 있다는 의미이다. 넷째로 아벨은 '여호와의 기업'이라는 것이다. 여호와의 기업이라는 것은 여호와께서 그의 백성에게 그곳에 살도록 주신 곳으로 함부로 파괴하거나 빼앗기거나 팔거나 하면 안되는 장소이다. 즉, 아벨을 파괴하는 것은 여호와의 율법을 어기는 행위라고 말하는 것이다. 지혜 여성은 요압의 행동이 여호와의 율법을 어기는 것이라고 직언한 것이다.

   그제야 요압은 자신의 행동이 매우 심각한 죄라는 것을 인식하고 세 번이나, 그런 의도를 가지고 행동한 것이 아니라고 강하게 부인한다. 이런 반복적인 부인은 요압이 지혜 여성의 공격에 당황하였음을 나타낸다. 아벨의 지혜 여성은 요압의 생각이 어리석었음을 깨닫게 하였다. 자신의 잘못을 깨달은 요압은 한발 물러서며 세바가 다윗에게 반란을 일으켰기 때문에 그를 잡으려고 하는 것이니 그만 넘겨주면 떠나겠다고 협상안을 내놓는다. 무조건 공격하여 다 죽이려던 요압이 세바만 넘겨주면 물러가겠다고 한발 물러선 것이다. 마음에 안 들면 다윗의 명령도 무시하던 요압이 지혜 여성의 권위 있는 말에 승복한 것이다. 이에 아벨의 지혜 여성은 요압의 협상을 받아들여 세바의 머리를 성벽에서 던져주겠다고 약속한다. 그리고 그 여성은 지혜로 성읍 사람들을 설득하였고 마침내 세바의 머리를 베어 요압에게 던져주었다. 그 결과 요압은 성읍에서 물러가고 아벨은 무사하게 된다. 그리고 다윗 가문을 향한 반란은 종지부를 찍게 된다. 즉, 다윗을 향한 반란의 마지막 승리를 가져온 인물이 바로 아벨의 지혜 여성이다.

여기서 나타나는 아벨의 여성 지혜자의 모습은 그녀가 아벨의 지도자였다는 것을 알려준다. 그녀는 성읍을 대표하는 지도자로서 연설을 통해 요압의 공격에 대한 부당성을 폭로하고 협상을 하였다. 그리고 요압의 말을 듣고 세바의 머리를 넘겨주겠다는 결정을 내린다. 그녀는 자신의 결정을 관철하기 위해 아벨의 사람들을 설득하고 마침내 모든 일이 그녀가 결정한 대로 이루어진다. 그녀의 이런 행동에 대해 아무도 제지를 하거나 거부하지 않는다. 심지어 왕의 심복인 군대장관 요압조차도 그녀의 권위를 인정하고 그녀의 말을 따르고 있다. 이런 모습을 보면 이스라엘 사회에 여성 지혜자가 한 지역의 지도자 역할을 하는 전통이 있었다는 것을 추측할 수 있다. 이렇게 아벨의 지혜 여성으로 인해 요압은 어리석은 행동을 멈추었고 아벨은 전쟁과 살육과 파괴를 피할 수 있었으며 다윗 왕은 자신의 자국민을 학살하였다는 오명을 피할 수 있게 되었다. 또한 다윗은 세바를 제거함으로써 반란을 효과적으로 제압하고 다윗 왕권을 든든하게 세우게 된다.

* 참고: 여성 지혜 지도자 전통

드고아의 여성이나 아벨의 여성은 본문에서 별다른 설명 없이 '지혜로운 여자'로 불린다. 이것을 보면 초기 이스라엘 사회에 '지혜 여성'으로 불리는 집단이 존재했다는 것을 추측할 수 있다. 이들은 공식적으로 '지혜로운 여자(이샤 하카마)'로 불렸고 자신의 성읍에서 일어나는 여러 가지 문제를 해결하는 역할을 한 것으로 보인다. 드고아의 지혜 여성은 비록 요압에게 이용당하기는 하였지만 왕 앞에서 협상자로 나섰고 아벨의 지혜 여성은 분명히 아벨성의 지도자이다. 반란군을 진압하기 위해 온 다윗의 군대 장관인 요압을 상대로 도시를 대표하는 협상자로 나섰다는 것은 그 역할에 합당한 지위를 가지고 있었다는 것을 의미하기 때문이다. 또한 협상 결과를 가지고 성읍 사람들을 설득하고 세바의 목을 넘긴 것은 그녀의 지도력을 성읍 사람 모두가 인정하였다는 것이다. 아벨의 지혜 여성이 군사 지도자나 선지자처럼 행동하며 위급한 상황에서 이런 지도력을 발휘할 수 있었던 것은 일상적인 상황에서 이와 비슷한 지도력을 가지고 있었기 때문이다. 드고아의 지혜 여성이나 아벨의 지혜 여성이 위험하고 조심스러운 상황에서 협상을 이끌어 갈 수 있었던 것은 그들이 이전에 이런 책임을 질 수 있을 만한 사회적 지위를 가지고 있었고 충분한 훈련을 받았기 때문이다.[43] 이경숙은 이들의 역할은 이스라엘 왕정 초기에 성읍의 평화, 분쟁 해결 등으로 지혜가 여성들의 지도력과 결부되어 있음을 보여주는 것이며 '지혜 여성'은 일정한 권위를 가진 존경을 받는 직분의 명칭이라고 보았다.[44]

지혜 여성의 지도력에 대한 근거는 두 가지로 들 수 있는데 첫째는 드보라 사사이다. 드보라는 지혜자는 아니지만 사사로서 선지자로 이스라엘의 지도자로 활동하였다. 사람들이 그녀에게 와서 재판을 받는 것은 그녀의 지혜로운 판단을 신뢰하고 그녀의 지도력을 인정하였다는 것이다. 이것은 여성이 지도자로 역할한 근거가 될 수 있다. 둘째는 잠언의 여성 지혜 전통이다. 잠언에서는 지혜 자체가 여성으로 등장하며 여성 지혜가 선지자(1:22~33)나 여주인(9:1~6)이나 아내(31:26)의 모습으로 등장하며 많은 사람에게 공적으로 지혜를 가르치는 모습을

---

43) Camp, "The Wise Women of 2 Samuel", 24.
44) 이경숙, "전쟁을 막아낸 지혜로운 여인", 「기독교사상」 418 (1993), 145.

볼 수 있다. 또한 어머니가 자녀들에게 율법과 지혜를 가르친다(잠 1:8; 31:1~9). 이렇게 잠언에서 여성들이 지혜를 전달하고 가르치는 모습으로 등장하는 것을 보면 구약 이스라엘 사회에서 여성들도 지혜자로서 사람들에게 지혜를 가르치는 사회적 역할을 했다고 볼 수 있다.

7장 여성과 성폭력과 전쟁

현재 한국 사회는 2018년의 '#MeToo' 운동을 시작으로 성범죄에 대한 경각심이 높아지고 있다. 그동안 사람의 외모나 옷차림을 지적하는 것이나 성적 발언에 대해 심각하게 생각하지 않았지만 이제는 이런 행동을 성희롱이라는 범죄로 규정하고 있다. 예전에는 성폭행이 일어났을 경우 피해 여성의 옷차림이나 밤 늦은 외출 등을 지적하며 피해자의 잘못된 행동이 원인이라며 피해자에게 책임을 돌리는 일이 잦았다. 그런데 강남역 여대생 살인사건을 계기로 여성에 대한 폭력은 개인의 일탈이나 개인 윤리 의식의 문제가 아니라 사회 전반에 깔린 여성에 대한 인식과 윤리 문제라는 것이 인식되고 논의되기 시작했다. 하지만 교회는 아직 이런 사회적 변화를 따라가지 못하며 교회에서 일어나는 성범죄에 대해 숨기거나 가해자를 옹호하거나 꽃뱀이나 이단이라며 피해자를 비난하기에 여념이 없다.

이런 교회 현실 속에서 성경은 성폭력에 대해 어떤 입장을 가지고 있는지, 교회가 성폭력 문제에 대해 어떤 입장을 가져야 하며 어떻게 대응해야 하는지를 구약의 성폭력 본문을 통해서 이야기하려고 한다. 구약에는 성폭행 사건이 다섯 번 나오는데 창세기 34장의 세겜의 성폭행 사건과 사사기 19장의 기브아 거민의 성폭행, 사사기 21장에 나오는 집단 납치 사건, 사무엘하 13장의 암논 성폭행, 사무엘하 16장의 압살롬 성폭행 사건 등이다. 여기서 사건의 명칭을 피해자의 이름 대신 가해자의 이름으로 부르고자 한다. 다섯 개의 성폭행 사건 중에서 사사기 21장과 사무엘하 16장은 이전의 사건인 사사기 19장과 사무엘하 13장과 연결되어 있기 때문에 앞의 사건과 같이 다룰 것이다.

구약에 기록된 성폭행 사건은 모두 개인적 범죄가 아닌 공동체의 문제로 다뤄지고 있다. 그 근거는 첫째, 성폭행을 '망령된 일(네발라)'이라고 표현하는데 이 단어는 공동체를 향한 무질서, 혼돈, 평화를 붕괴시키는 죄악을 내포하고 있기 때문이다.[45] 둘째, 구약의 성폭행 사건은 단독 사건으로 끝나지 않고 항상 더 큰 폭력인 집단적 학살이나 지파 간의 전쟁으로 확산되는 특징을 가지고 있다. 세겜의 성폭행 사건은 세겜에 대한 진멸 전쟁으로 확대되었고 기브온 거민의 성폭행 사건은 이스라엘과 베냐민 지파와의 내전으로 확대되었으며 암논의 성폭행 사건은 압살롬의 반역과 이스라엘 내전으로 확대되었다. 이런 성폭행이 전쟁으로 확대되는 패턴은 성폭행이 개인의 문제가 아니며 공동체의 문제로 성폭행 사건이 공동체가 가지고 있던 갈등과 문제를 드러내는 촉매제 역할을 한다는 의미이다. 이 장에서는 세 개의 성폭행 사건의 개요와 성폭행 이후에 이 사건이 어떻게 다루어졌는지, 무슨 이유로 전쟁으로 확대되었는지 이야기할 것이다.[46]

---

45) A. Keefe, "Rapes of Women/ Wars of Men," *Semeia* 61 (1993), 82.
46) 이 장은 본인의 논문 "성폭력, 개인의 문제인가 사회적 문제인가?- 구약의 '여성 성폭력-전쟁'의 패턴에 대한 연구"를 요약하고 참조한 것이다.
박유미, "성폭력, 개인의 문제인가 사회적 문제인가?- 구약의 '여성 성폭력-전쟁'의 패턴에 대한 연구", 「구약논단」 70 (2018), 125-155.

1. 성폭행 사건의 개요

1) 세겜의 성폭행 사건(창 34장)

이 사건에서 가장 먼저 등장하는 인물은 디나이다. 디나는 "레아가 야곱에게 낳은 딸"이라고 소개된다. 하지만 원문을 직역하면 "디나, 레아의 딸, 레아가 야곱에게 낳은 딸"로, 보통 자녀는 아버지 이름을 사용하여 '~의 아들', '~의 딸'로 표현되는데 여기서는 어머니인 레아 이름을 사용하여 '레아의 딸'이라고 표현하였다. 이에 대해 웬함은 디나가 야곱이 사랑하지 않는 레아의 딸이었기 때문에 야곱이 디나의 치욕에 무관심한 태도를 보였다고 이해하였다.47) 그러므로 디나는 레아의 자녀이자 딸이란 이유로 남자 형제에 비해 야곱의 관심과 보호를 받지 못하는 존재였다.

야곱 가족이 세겜 근방에 살 때, 어느 날 디나는 그 지방의 여성들을 보러 나갔다. 칼빈이나 웬함은 디나가 성폭력 당한 것이 디나가 그 땅의 딸들을 보기 위해 밖으로 나갔기 때문이라며 성폭력 당한 책임이 디나에게 있다고 비난한다.48) 하지만 이런 해석은 성폭행 범죄를 피해자의 잘못으로 돌리는 가해자 중심의 해석이다. 세겜의 우두머리인 세겜이 디나를 보고 그녀를 끌고 가서 성폭행하였다. 2절의 '그녀를 잡아 그녀를 눕혔고 그녀를 욕보였다'라는 표현은 세겜이 강제적으로 성폭행했다는 것을 의미한다. 세겜이 디나를 성폭행하고 그녀를 집에 잡아 둔 것은 그가 세겜의 우두머리로서 힘이 있었고 야곱의 가족은 이방인이자 거류민으로 힘이 없었기 때문에 가능한 일이다. 만일 야곱의 집을 자신과 대등한 집으로 보거나 최소한 존중하였다면 디나를 보고 맘에 든다고 성폭력하고 잡아 놓을 것이 아니라 야곱 가족에게 정

---

47) 웬함, 「창세기16-50」, 551.
48) 참조, 웬함, 「창세기16-50」, 551. 박유미, "칼빈의 해석은 영원한 진리?", 122.

식으로 결혼 요청했을 것이다. 그런데 세겜은 이 모든 과정을 생략하고 일단 힘으로 어쩔 수 없는 상황을 만든 후 결혼을 요청하고 있다. 그러므로 이것은 위계와 힘에 의한 성폭행이라고 할 수 있다. 3절에서 그가 디나에게 연연하고 사랑하며 말로 위로했다고 하면서 세겜이 디나를 진심으로 사랑하게 되었다고 말하더라도 세겜의 성폭행이 정당화될 수는 없다. 이런 태도 또한 가부장 사회의 남성이자 권력자로서 가지는 힘에서 나온 행동이지 성폭행을 당한 디나의 심정을 헤아리는 태도는 전혀 아니다.

하지만 이런 세겜의 태도를 완전히 부정적으로 볼 수만 없는 것은 가부장 사회 속에서 성폭행당한 디나의 입장에서 보면 세겜과의 결혼이 최선은 아니지만 최악의 상황은 피할 수 있기 때문이다. 여성이 결혼을 통해 사회의 구성원으로 인정받았던 고대 가부장 사회에서 성폭행당한 여성은 정상적인 결혼을 하기 어려웠기에 결국은 고립된 삶을 살 수밖에 없다. 그렇기에 신명기 법은 정상적인 결혼을 할 수 있는 기회를 박탈당한 성폭행 피해 여성의 피해를 최소화하기 위해 남자에게 그녀와 결혼하고 이혼하지 못하게 하였다(신 22:29). 그러므로 세겜은 최소한 자신의 행동에 책임지려고 한 인물이다.

2) 기브아 불량배의 성폭행(삿 19장)

기브아 불량배의 성폭력은 세겜이나 암논의 성폭행과는 성격이 다르다. 이들의 성폭행은 자신의 영역에 들어온 외부인을 배척하고 몰아내려는 적대적 행위이다. 기브아의 불량배들은 레위인 일행이 노인의 집에서 쉬고 있을 때 노인의 집을 에워싸고 문을 두드리며 손님을 끌어내서 그를 성폭행하겠다고 소리 지른다. 이들이 집주인의 환대를 받고 있는 레위인을 끌어내려고 한 것은 노인도 외부인으로, 손님을 접대할 주인으로 인정하지 않았기 때문이다.[49] 이때 다수가 떼로 몰려와 처음 보는 동성과 성관계를 하겠다고 요구하는 것은 동성을 대상으로 성폭행을 하겠다는 것이다. 남녀를 불문하고 합의되지 않은 성관계는 모두 성폭행이다. 이들이 레위인에게 성폭행을 하려는 이유는 자신의 영역에 함부로 들어온 외부인을 가장 잔혹하게 처벌하기 위해서이다. 남성 중심의 가부장 사회에서 남성이 남성을 성폭행하는 것은 상대방을 자신보다 열등한 위치라는 것을 알려주며 모욕하는 것이기 때문이다. 이들은 노인이 이것은 '망령된 일(네발라)'이라며 말려도 듣지 않는다. 그러자 노인은 폭도들에게 자신의 딸과 레위인의 첩50)을 끌어낼 테니 오직 레위인에게는 망령된 일을 하지 말라고 제안한다. 그는 레위인 남성을 위해 딸과 레위인 첩을 희생시키겠다고 말한 것이다. 이것은 기브아 노인이 남성인 레위인만을 보호와 환대의 대상인 인간이고 레위인 첩과 자신의 딸인 여성은 남성의 안전을 위해 언제든지 희생시켜도 좋은 열등한 존재로 여기고 있다는 것을 보여준다. 기브아 사람과 다르게 환대법을 지키며 상식적으로 행동하던 노인도 이런 놀라운 말을 한 것을 보면 그 당시 이스라엘 사회가 남성 중심적이고 여성 혐오적인 문화가 보편적인 정서였다는 것을 보여준다.

하지만 무리가 노인의 제안을 거절하고 계속해서 레위인을 요구하

---

49) 임봉대, "구약성서에 나타난 환대에 관한 소고-다문화 사회에서의 성경이해", 「구약논단」 45 (2012), 51.
50) 첩으로 번역된 히브리어 '필레게쉬'는 정부나 하녀는 아니고 둘째 부인 혹은 셋째 부인 정도의 지위를 갖는다. 신분상 첫째 부인(이샤)보다는 아래에 있지만 정식으로 결혼한 관계이며 이 사이에서 태어난 아이는 첫째 부인의 아이와 동일한 권리를 갖는다(예, 아비멜렉). 법적 지위를 보장받지 못한 채 남편 마음대로 쫓아낼 수 있었고 그 자녀는 서자로 차별을 받았던 조선시대의 첩과는 성격이 다르다. 그러므로 요즘 많은 번역과 글에서 '레위인의 아내'로 부르는 경향이 있지만 여기서는 개역개정의 번역을 따라 '첩'으로 부르도록 하겠다.
참조, 캐롤 A. 뉴섬, 샤론 H. 린지, 「여성들을 위한 성서주석- 구약편」, 이화여성신학연구소, (서울: 대한기독교서회, 2015), 210; 이성임, "첩을 들인 이유", 우리역사 사이트, http://contents.history.go.kr/mobile/km/view.do?levelId=km001 0050_0030_0030_0010 김지찬, "평신도를 위한 성경강해 사사기 145-첩까지 거느린 레위인" 기독신문 (1998.12.09.). http://www.kidok.com/news/articleView.html?idxno=42107,

자 레위인은 자신의 첩을 직접 붙잡아 밖으로 끌어낸다. 그는 자신을 보호하기 위해 자신의 첩을 희생양으로 삼은 것이다. 아마 첩은 나가지 않겠다고 울며불며 발버둥치며 힘껏 저항했을 것이다. 그렇지만 남편이 그녀를 힘으로 제압해 강제로 내보냈는데 '붙잡다'로 번역된 동사는 '강하게 꽉 잡았다(하자크)'는 의미로 강제적으로 그녀를 밖으로 끌어냈다는 것을 표현한다. 이 모든 과정에서 본문은 첩의 외침은 언급하시 않는데 이것은 노인도 남편인 레위인도 그녀의 울부짖음을 외면했다는 의미이다. 결국 끌려나온 첩은 기브아의 불량배들에게 성폭행을 당한다. 저자는 첩이 얼마나 오랫동안 끔찍한 폭력의 시간을 보냈는지 시간의 흐름을 통해 잘 보여주고 있다. 그녀는 밤새도록 성폭력을 당하였고 새벽에 풀려났고 동틀 때 자신의 남편이 있는 집으로 왔다. 본문은 '밤새도록', '새벽 미명에', '동틀 때' 등 시간적 표현을 반복 사용함으로써 그녀가 밤새도록 폭력에 내던져져 있었다는 것을 강조한다.51) 그러나 이와 대조적으로 레위인은 집 안에서 편안한 잠을 잤다. 그녀가 새벽녘에 풀려나 간신히 집으로 돌아왔지만 아무도 그녀를 기다리거나 맞아 준 사람이 없었기에 그녀는 아침이 될 때까지 문 앞에 엎드러져 있어야 했다. 그녀는 철저히 버려지고 외면당한 것이다. 그리고 아침에 남편은 길을 떠나기 위해 나왔다가 첩을 보고 '가자'라고 한마디 하고 그대로 나귀에 그녀를 싣고 집으로 출발한다. 우리말 번역에서는 '그의 시체를 나귀에 싣고(28절)'라고 번역하고 있지만 원문에는 '그가 그녀를 나귀에 싣고'로 표현되어 있다. 본문에 따르면 아직 그녀의 생사가 확인되지 않는다. 이것은 레위인이 첩의 안부나 상태보다는 무서운 곳을 빨리 빠져나가는 것이 더 급하기에 그녀의 생사를 무시한 것으로 해석할 수 있다. 이것은 레위인이 첩의 안위보다 자신의 안전을 우선으로 챙기는 비정한 사람이며 첩을 인간으로 대우하지 않는다는 것을 보여준다.

---

51) 박유미, 「내러티브로 읽는 사사기」, 345.

기브아 성폭행 사건의 가해자는 분명히 기브아의 불량배들이지만 첩의 입장에서는 자신을 직접 끌어낸 레위인과 그런 아이디어를 준 노인도 공범이라고 할 수 있다. 이렇게 환대를 해야 할 손님을 적대하고 배척하는 과정에서 희생당한 사람은 가장 약자인 외부인이자 여성인 레위인의 첩이었다. 이 사건은 사회가 비윤리적이고 무정할수록 희생당하는 사람은 그 사회의 가장 약자라는 사실을 우리에게 잘 보여주는 사건으로 레위인 첩은 남성 집단의 공모로 죽임당한 것이다.

3) 암논의 성폭행(삼하 13장)

암논의 성폭행 사건은 세겜 사건과 같은 개인적인 욕망 때문에 일어난 범죄이다. 여기서 다말에 대한 소개도 디나와 유사하다. 압살롬과 암논은 다윗의 아들로 소개되는 반면 다말은 다윗의 딸이 아닌 압살롬의 누이로 소개된다. 다말이 압살롬을 통해 간접적으로 다윗과 연결되게 표현한 것은 다윗과 다말의 관계가 아들들과의 관계보다 멀다고 해석할 수 있다. 암논은 아름다운 배다른 누이동생에게 욕망을 품게 된다. 레위기 18:9에 따르면 이복남매간의 성관계는 금지되어 있기에 암논의 욕망은 죄이다. 그런데 2절에 따르면 암논은 다말이 누이동생이라서가 아니라 처녀이기 때문에 그녀에게 접근할 수 없어서 괴로워하며 병이 생긴다. 이런 암논의 욕망은 힘을 가진 남성이 소유하고 싶은 것을 가지지 못한 것에서 오는 화병으로 여성을 성적 대상으로 보고 소유하고 쟁취하려는 왜곡된 욕망이다. 이것은 암논이 다말을 성폭행한 후에 모욕적으로 내쫓는 것을 통해 증명된다.

이런 암논에게 두 명의 남성 조력자가 등장한다. 처음에 등장하는 인물은 요나답으로 암논의 사촌인 그를 화자는 매우 지혜로운 자로 소개한다. 우리말에서는 '간교한 자로' 번역하고 있지만 히브리어 본문을 직역하면 '매우 지혜로운 남자'이다. 그는 암논에게 아버지 다윗을 이용하라고 조언하며 방법도 알려준다. 암논은 요나답의 말대로 다윗이 병문안 왔을 때, 다말을 보내어 그녀의 손으로 음식을 먹게 해달라고 요청한다. 암논을 편애하는 다윗은 '그녀의 손으로 음식을 먹게 해달라'는 뭔가 미심쩍은 암논의 요청을 의심하지 않고 다말을 암논에게 보낸다. 이렇게 다윗은 자신도 모르는 사이에 암논 성폭행의 조력자가 되었다. 그리고 암논은 다말이 음식을 만들어 주러 왔을 때 힘으로 그녀를 잡고 성폭행한다. 다말은 이러지 말고 자신을 원하면 아버지께 말씀드리고 결혼하자며 더 좋은 방법을 제안하지만 암논은 이 말을 듣지 않고 강제로 성폭행하는데 사무엘하 13:14에서 "암논이 힘이 세므로 억지로 그와 동침하니라"라고 말하며 강제성을 분명하게 밝힌다.

성폭행 후 암논은 다말에게 바로 싫증을 낸다. 15절에서 '그 미움이 전에 사랑한 것보다 더하다'라고 말하며 급격한 암논의 변심을 보여준다. 그는 이런 마음을 바로 행동으로 옮겨 다말을 쫓아내라고 명령한다. 여기서 암논은 다말을 '이것(조트)'이라 부르며 마치 거추장스럽고 더러운 물건을 치우듯이 다말을 내쫓고 문빗장을 지르라고 명령한다. 그는 매우 모욕적이고 비인간적으로 다말을 대한다. 이런 태도에 대해 다말은 이런 행동이 더 악한 것이라며 항의하지만 암논은 듣지 않는다. 암논이 이렇게 다말의 말을 계속 무시하는 것은 그녀를 사람으로 인정하지 않고 오직 자신의 욕망을 채워줄 성적 대상 그것도 한 번 놀고 버리는 장난감처럼 여겼기 때문이다. 이런 모습 속에서 암논의 탈법적 권력이 잘 드러난다. 일반 여성도 아닌 왕의 딸인 공주를 성폭행하고 전혀 책임질 생각을 하지 않을 수 있는 힘 즉, 처녀를 성폭행하면 이혼할 수 없는 결혼(신 22:28~29)을 해야 하는 법이 있음에도 불구하고 이 법을 지키지 않을 수 있는 권력과 비호가 암논에겐 있었던 것이다. 그러므로 암논의 성범죄는 단순히 암논의 나쁜 인간성의 문제가 아닌 다윗 왕가의 타락한 권력의 문제와 결합된 권력형 범죄이다.

2. 피해자 여성의 목소리

창세기 34장과 사사기 19장의 사건을 보면 피해자인 디나와 레위인 첩의 목소리는 전혀 들리지 않는다. 창세기 34장에서 디나는 '나갔다' 라는 표현에서만 그녀가 주어로 등장하고, 디나에 대한 언급이 계속되고 있지만 디나의 말과 행동은 전혀 나오지 않는다. 그렇기에 세겜의 성폭행이 얼마나 무서웠는지 세겜의 구애에 대해 좋게 생각했는지 끔찍하게 생각했는지 그리고 오빠들이 세겜과 세겜 사람들을 죽였을 때 원수를 갚게 되었다고 기뻐했는지 아니면 세겜과 결혼을 하여 불명예를 씻을 기회를 잃어버리게 되었다고 분노하고 슬퍼했는지 전혀 알 수가 없다. 이것은 그녀를 둘러싼 남성들 누구도 피해 당사자인 디나에게 관심을 가지지 않았기 때문이다. 본문은 피해자인 디나의 생각과 감정보다는 남성들의 생각과 감정에만 관심을 가지는데 이것은 디나가 아닌 남성들이 사건의 의미를 규정하고 행동하고 있기 때문이다.

이런 상황은 사사기 19장의 레위인 첩에서도 마찬가지이다. 사사기 19장에서도 레위인 첩의 목소리는 들리지 않는다. 심지어 본문은 희생당한 그녀의 이름도 언급하지 않는다. 19장 전체에 나오는 사람들은 모두 익명으로 이런 익명성은 이 사건이 개인의 일탈이 아니라 그 당시 이스라엘의 사회적 상황을 반영하는 것으로 당시 여성은 언제든지 레위인 첩처럼 희생당할 수 있는 처지에 있다는 것을 암시한다. 그리고 이런 우려는 사사기 21장에서 집단적인 납치 성폭행으로 현실화된다. 레위인 첩은 아버지와 남편 사이에서 언제 여행을 떠날지 결정할 수 없었고 어느 성읍에 들어갈 것인지에 대해서도 의견을 내지 못했다. 그리고 그녀가 남편의 손에 끌려나갈 때 얼마나 놀라고 무서웠으며 남편에게 얼마나 배신감을 느꼈는지에 대한 언급도 없다. 또한 그녀가 성폭행 당하고 돌아와서 문 앞에 엎드려졌을 때도 "문 열어달라", 혹은 "도와달라"는 말을 했을 것이 분명한데도 그에 대한 언급이 없이 철저히 그녀의 목소리는 삭제되어 있다. 이를 통해 저자는 기브아 노인 집에 있던 그 누구도 레위인 첩에게 관심이 없었고 그녀의 꺼져가는 미세한 음성에 귀 기울이지 않았다는 것을 표현하고 있다.

피해 여성의 목소리가 삭제된 것은 두 가지 의미를 갖는데 첫째는 당시가 여성을 남성의 소유물 혹은 한 가문의 재산으로 여기던 가부장적 사회라는 것을 보여주는 것이다. 가부장 사회에서 성폭행 사건은 여성에게 가해진 폭력으로 보지 않고 여성의 보호자인 남성을 모욕하고 그의 재산에 손실을 준 것으로 보기 때문이다. 그렇기에 고대 사회에서 남성의 성에 비해 여성의 성에 대한 통제가 심하며 율법은 여성의 성적 문제에 대해 더 많은 관심을 갖는 것이다.[52] 그렇기에 성폭행 문제에 대해 디나는 말할 기회도 없었고 디나의 보호자인 디나의 오빠들이 나서서 사건을 진행한다. 레위인 첩도 피해 당사자는 말 한마디 못하고 죽었지만 그녀의 남편이 복수하기 위해 나선다. 그런데 이것도 자신의 첩의 처참한 죽음에 대한 복수라기보다는 자신에게 가해진 모욕에 대한 분노가 더 크다. 그는 첩을 자신의 손으로 넘겨주었기 때문에 첩의 복수를 하기 위해 나섰다고 말하기 어렵다. 저자가 디나와 레위인 첩의 목소리를 삭제한 두 번째 이유는 성폭행을 저지른 남성들과 피해자의 남성 보호자들이 여성의 목소리에 귀 기울이지 않고 무시한 것을 나타낸다. 가해자들은 피해 여성의 '하지 말라'는 목소리를 무시했고 남성 보호자들은 그녀들의 고통과 아픔에 귀 막았다는 것을 알리며 남성 보호자들이 성폭행 피해자를 무시하고 없는 사람 취급하는 끔찍한 상황을 역설적으로 알리기 위해서이다.

이런 가부장적인 문화와 피해 여성에 대한 무시와 비인간화는 목소

---

52) 캐롤 A. 뉴섬외, 「여성들을 위한 성서주석- 구약편」, 162.

리를 낸 다말의 경우도 예외는 아니다. 다말은 세 명의 피해자 중 유일하게 목소리를 가지고 있다. 그녀는 사무엘하 13장에 등장하는 어느 남성보다 지혜롭고 정의로웠다. 그녀는 암논이 성폭력을 하려고 하였을 때 "어리석은 일(네발라)"이며 이렇게 되면 자신은 공동체에서 살아갈 수 없게 된다며 암논과 자신을 위해 이 일을 막으려 하였고 대신 자신과 결혼을 시켜달라고 아버지에게 요청하라고 제안한다. 여기서 다말의 제안은 좋아서 하는 제안이라기보다 폭력적 상황에서 법의 테두리 안에서 인간으로서의 존엄성을 유지할 수 있는 최소한의 것이기 때문에 한 것이다.53) 만약 이런 보호도 받지 못하면 다말은 평생 불명예를 뒤집어쓰고 고립된 삶을 살아야 하기 때문이다. 하지만 이런 다말의 말은 암논에게 묵살된다. 암논은 다말을 단순히 성적 욕망의 대상으로만 보았기 때문에 다말의 말을 들을 필요가 없었다. 다말은 성폭행을 당한 후에도 말을 멈추지 않았다. 그는 자신을 물건 취급하며 내쫓으려는 암논에게 이것은 이전보다 악하다며 질책하였다. 하지만 다말의 이런 말도 무시되고 결국 다말은 암논의 집에서 쫓겨난다.

하지만 다말은 침묵하지 않고 계속해서 자신에게 닥친 재앙을 알리고 정의를 세워달라고 부르짖는다. 먼저 그녀는 공주의 채색옷을 찢고 머리에 재를 덮어쓰고 자신에게 끔찍한 재앙이 닥쳤다는 것을 시각적으로 표현한다. 그리고 자신의 처소까지 가는 동안 계속해서 자신에게 일어난 폭력과 암논의 죄를 알리며 이 상황을 도와달라고 호소한다. 우리말에 "울부짖다"로 번역된 '짜아크'라는 동사는 부당한 고통을 겪은 자의 도움을 요청하는 법률상의 용어이다. 신명기 22:23~27에 의하면 강간을 당한 처녀가 부르짖으면 여자에게는 허물이 없고 남자에게만 허물이 돌아가고, 부르짖지 않으면 처녀도 처벌을 받게 된다는 규정이 있기 때문에 부르짖음은 그가 속한 공동체에 도움을 청하는 합

---

53) 김호경, "[성서와 설교:왜 그 여자와 이야기하십니까]낮은 목소리- 다말"「기독교사상」 48 (2004), 120.

법적인 행위이다.54) 이렇게 다말은 자신이 할 수 있는 방법을 다하여 저항하고 성폭력을 당한 후에도 부르짖으며 자신의 보호자들에게 도움을 요청하였다. 하지만 아무도 다말의 모든 목소리에 제대로 응답하지 않았고 오히려 다말은 "잠잠하라"며 침묵을 강요받고 압살롬의 집에서 쓸쓸하게 고립되고 격리된 채 남은 생을 살아야 하는 처지가 되었다. 블리스는 성폭행당한 피해자의 목소리를 가정과 공동체에서 거절함으로써 디나는 계속해서 고립되고 낙인찍히고 자신을 회복시켜줄 청중을 박탈당하게 되었다고 하였는데55) 이것은 디나뿐만 아니라 다말도 마찬가지이다.

3. 남성 보호자와 전쟁

1) 피해자에게 무관심한 아버지

딸들이 성폭행당했을 때 아버지인 야곱과 다윗의 반응은 거의 비슷하다. 창세기 34:5에서 야곱은 디나가 세겜에게 성폭력을 당하고 잡혀 있다는 소식을 들었지만 철저히 침묵한다. 야곱이 침묵한 이유는 두 가지인데 첫째는 야곱의 가정은 세겜에서 이방인 거류민으로 살고 있었고 디나를 성폭행한 세겜은 세겜의 우두머리였기 때문에 야곱은 세겜의 힘에 눌렸기 때문이다. 그는 가장이자 디나의 보호자로서 세겜과 하몰에게 항의하고 이에 대한 사과와 디나를 돌려보낼 것과 보상을 요구해야 할 책임이 있었지만 세겜의 권력을 두려워한 나머지 디나의 아버지로서 해야 할 일을 하지 않고 침묵했다. 둘째는 디나는 사랑하지

---

54) 김이곤, "다윗의 딸 다말 애도송", 110.
55) Caroline Blyth, "Terrible Silence, Eternal Silence: A FeministRe-Reading of Dinah's Voicelessness in Genesis 34" *Biblical Interpretation 17* (2009), 505.

않는 아내 레아의 딸로 거리를 두었기 때문이다. 그래서 그는 사건이 일어난 직후 아들들을 부르지도 않았다. 그리고 아들들이 디나의 일로 분노할 때도 아무런 관심을 표하지 않았다. 그는 중요하지 않은 딸 디나를 보호하는 것보다 자신을 보호하는 것이 우선이었기 때문에 침묵하며 세겜의 요구대로 디나를 결혼시키고 끝내고 싶었지만 한편으로는 모욕을 당했다며 분노하는 아들들을 달래고 설득하지 않음으로 문제를 심각하게 만들었던 것이다. 후에 아들들이 세겜 사람들을 속여 할례를 받게 하여 세겜 남자들을 모두 죽이고 약탈하는 만행을 저지른 뒤에도 야곱은 그들의 잘못된 복수에 대해 야단치지 않고 오직 자신의 안위를 위태롭게 만든 사실에 대해서만 화를 낸다(창 34:30). 이렇게 야곱이 아버지로서 적절한 보호와 지도력을 발휘하지 않고 디나의 고통과 아들들의 분노를 무시함으로써 디나의 성폭행 사건이 세겜의 모든 남자를 살육하는 전쟁으로 발전한다. 이런 야곱의 모습을 통해 무능한 가부장은 가정과 자식을 지키고 올바른 방향으로 인도하는 것에 실패할 수밖에 없다는 것을 보여준다. 그리고 야곱이 무능한 이유는 신앙적으로 하나님과 멀어졌기 때문이다.

사무엘하 13장의 다윗은 야곱과 다른 입장을 가지지만 결국 비슷한 결정을 내린다. 다윗은 암논의 지나친 요구에 담긴 암논의 욕망을 발견하지 못하고 지혜롭게 대처하지 못하고 오히려 암논이 다말을 성폭행하도록 돕는 역할을 한다. 다윗은 이 사건의 조력자이자 가해자 암논의 아버지이자 피해자 다말의 아버지이다. 다윗은 다말의 부르짖음을 통해 성폭행 사건을 알았고 모든 사실을 들은 후에 크게 화를 낸다. 하지만 그는 화만 냈을 뿐 더 이상의 조치를 취하지 않는다. 암논은 처녀 강간죄와 근친의 하체를 범하지 말라는 레위기 18장의 명령을 어겼다. 이때 처녀를 강간한 죄를 물었다면 그에 대한 책임으로 다말과 결혼하게 하거나 다말에게 사과와 배상을 하게 해야 했다. 그리고 만일 레위기 18장으로 인해 다말과 결혼이 안된다고 생각을 하면 레위기 20장에서 명한 것처럼 이에 상응하는 처벌을 했어야 했다. 레위기 20:17에 따르면 암논의 죄는 민족 앞에서 끊어질 죄이다. 다윗은 다말의 아버지이자 한 나라의 왕으로서 법을 집행하고 질서와 도덕을 세울 책임을 가지고 있었지만, 다음 왕위 계승자로 염두에 두고 있는 장남 암논을 편애하였기에 그에게 아무런 처벌도 내리지 않는다. 그리고 다말에게도 아무런 소지도 취하지 않고 내버려 두었다. 그에겐 딸의 상처와 고통과 남은 인생에 대한 걱정보다는 아들의 장래와 왕가의 체면과 왕권의 안정이 우선이었기 때문이다. 그는 피해자 다말의 아버지가 아닌 가해자 암논의 아버지로서 행동하며 정의롭지 못한 남성 연대를 형성하였다. 이런 남성 연대는 여성이 어머니와 아무런 연대를 갖지 못하는 것과 대조를 이룬다. 다윗이 이렇게 정의롭지 못하게 된 것은 밧세바를 성폭행한 사건과 연결된다. 자신도 왕이란 권력으로 밧세바를 성폭행하고 은폐한 전력이 있기에 암논을 감싸주는 쪽을 택한 것이다. 이런 다윗의 모습은 신앙적으로도 건강하지 못하다. 자신이 나단 선지자의 질책을 받고 회개한 것처럼 암논의 죄를 지적하여 암논도 잘못을 회개하고 살아날 기회를 주었어야 했지만 그는 죄를 덮음으로 암논이 자신의 죄를 하나님 앞에서 회개하고 책임질 기회를 갖지 못하게 한 것이다.

이렇게 두 아버지는 가부장과 왕에게 주어진 권력을 자식을 보호하고 올바른 질서를 세우며 하나님의 법으로 다스리는 책임을 다하는 데 사용하지 않았다. 야곱은 아무것도 하지 않았고 다윗은 자신의 권한을 이용해 아들의 죄를 감쌌다.

2) 전쟁: 형제들과 남편

세 사건 모두 여성에 대한 성폭행으로 시작되어 이민족과의 전쟁,

지파끼리의 전쟁, 이스라엘 내의 전쟁으로 확대된다. 이때 중요한 역할을 하는 사람이 세겜 사건과 암논 사건에서는 여성의 남자 형제들이고 기브아 사건에서는 남편이다. 피해자의 남성 가족들은 피해 여성을 대신해 자신들을 피해자로 생각하고 자신들이 사건 해결의 당사자로 등장한다. 이것은 가부장제 사회 속에서 여성은 남편 혹은 아버지 혹은 동복 오빠들의 보호 아래 있기에 여성에 대한 성폭행을 자신들의 권리에 대한 침해와 모욕으로 생각하기 때문이다.

a. 디나의 남자 형제들

창세기 34장에서 디나가 세겜에게 성폭행당했다는 소식을 들은 야곱의 아들들의 반응은 아버지와 달리 매우 적극적으로 디나의 동복 오빠들이 디나를 대신해 피해자로 행동한다. 그렇기에 그들은 성폭력 사건을 듣고 근심하고 매우 화를 내었고 세겜과 하몰이 결혼을 요청하러 왔을 때 협상 당사자로 나선다. 하몰은 세겜이 디나를 좋아하니 결혼을 허락해 달라면서 서로 통혼도 하고 혼수와 예물도 말하는 대로 다 주겠다고 제안하며 진심으로 디나와 세겜을 결혼시키고 싶어 한다. 그런데 이런 하몰의 태도는 철저히 남성 가해자 중심적이며 권력을 가진 자의 모습이다. 지금 세겜이 디나를 성폭행하는 범죄를 저지른 상황이므로 가해자 아버지 하몰은 피해자인 디나를 집에 무사히 데려다주고 피해자와 피해자 가족이 받았을 모욕감에 대해 사과를 하고 그 다음에 보상이나 처벌에 대해서 논의하는 것이 순서이다. 그런데 하몰은 현재 디나를 자신의 집에 붙잡아두고 사과도 하지 않고 바로 결혼부터 제안한다. 이것은 하몰과 세겜이 힘과 권력이 있기 때문에 피해자의 감정을 생각할 필요 없으며 혹시 감정이 상했더라도 많은 혼수와 예물을 주고 결혼을 하면 무마될 것이라고 오만하게 생각하였기 때문이다. 그렇기에 모든 절차를 무시하고 결혼하자며 찾아온 것이다. 물론 이런 태도는 성폭행 뒤 내쫓고 방치한 암논과 다윗보다는 나은 행동이지만 이런 오만한 행동이 결국 분노한 야곱의 아들들의 감정을 건드렸다.

야곱의 아들들은 할례를 받아야 디나를 줄 수 있다고 말한다. 하지만 그들은 처음부터 세겜의 결혼 요청을 받아들일 생각이 없었다. 13절에서 '야곱의 아들들이 세겜과 그의 아버지 하몰에게 속여 대답하였으니'라며 그들의 속마음을 알려주고 있다. 그들은 디나를 성폭행함으로 자신들을 욕되게 한 세겜과 그 성읍 사람들에게 복수하기로 마음을 먹고 할례를 해야 결혼을 허락하겠다고 조건을 건다. 할례는 하나님께서 아브라함의 후손에게 언약의 표징으로 주신 것인데 야곱의 아들들은 이 할례를 복수의 도구로 삼음으로 하나님께 심각한 범죄를 저지른다. 할례를 받은 세겜의 남자들이 할례로 인해 고통스러울 때 시므온과 레위는 세겜으로 쳐들어가 세겜의 모든 남자를 모두 죽이고 그 후에 다른 형제들은 약탈물을 취하고 세겜 성의 모든 재물과 여자와 아이들까지 잡아 노예로 삼아버린다. 그리곤 엄청난 살육과 약탈에 대한 변명으로 야곱의 아들들은 디나를 욕보인 것에 대한 복수라고 말한다.

하지만 신명기법에 따르면 성폭행을 한 경우 최악의 벌은 성폭행한 당사자를 죽이는 것이고(신 22:25) 일반적으로는 결혼을 하거나 보상금을 받는 것이다. 그런데 야곱의 아들들은 결혼을 요청한 세겜뿐만 아니라 모든 세겜 사람을 죽이고 그들의 여자를 노예로 삼았다. 디나 한 사람이 당한 성폭행에 대한 복수로 세겜의 모든 남자를 죽이고 세겜의 여자들을 노예로 삼고 성폭행을 자행하는 것은 절대 합리화될 수 없다. 더구나 이들의 세겜 정복이 순수하지 않은 것은 이들은 세겜의 남자를 죽인 후 약탈자로 돌변하여 세겜의 모든 재산을 싹쓸이한다. 27절에서 히브리어 원문을 직역하면 '칼에 죽은 자들 위를 지나가며 노략하였다'로, 저자는 약탈에 혈안이 된 야곱의 아들들의 모습을 보여줌으로써 이들의 행동을 부정적으로 평가한다. 이들은 성폭행으로 고통당한 디나의 상처와 피해를 줄여줄 생각은 전혀 하지 않고 자신들을 피해자로 규정하고 자신들의 기분대로 그리고 자신들에게 이익이 되는 방향으로 문제를 해결한 것이다. 결국 디나의 남자 형제들의 세겜 살육은 자신들의 분노와 부에 대한 욕망을 성취하기 위한 살육과 약탈이지 디나를 위한 싸움은 아니었다.

b. 레위인 첩의 남편

사사기 19장의 사건은 여성 피해자의 보호자로 형제가 아니라 레위인 남편이 등장한다. 이 사건이 다른 성폭행 사건보다 심각한 것은 집단 성폭행 사건이자 살인사건이며 이방인에 대한 적의와 배제 때문에 일어난 사회적 사건이기 때문이다. 첩이 어느 시점에서 죽었는지 알 수 없지만 레위인은 집에 도착하자 그녀를 열두 토막으로 토막을 내어 이스라엘 모든 지파에 보낸다. 사무엘상 11:7에서 사울이 군대를 소집하기 위해 두 마리의 소를 잡아 각을 떠서 전 이스라엘에 보내는 장면이 나온다. 즉, 레위인은 첩의 시체를 통해 전쟁을 소집한 것이다. 하지만 이런 레위인의 행동은 인간성을 상실한 행동으로 자신의 첩을 죽은 짐승이나 물건처럼 여긴 것이다. 자신을 대신해 죽은 희생자를 위로하기 위해 정중하게 장례를 치르고 묘지에 안장하여 죽어서라도 평안을 맞이할 수 있도록 하는 것이 인간에 대한 예의인데 그는 자신의 복수를 위해 폭력으로 죽은 그녀의 몸에 더 큰 폭력을 가했다.56) 그는 시체를 이용해 이스라엘 사람이 경악과 분노에 사로잡혀 전쟁을 일으키도록 선동하였다. 그리고 그의 의도대로 모든 이스라엘 자손들은 첩의 시체를 보고 미스바에 있는 여호와 앞에 모였다.

그러자 레위인은 모인 이스라엘 사람들에게 기브아 사람들이 자신을 죽이려고 하였고 첩을 욕보이고 죽인 것으로 말하며 이스라엘 안에서 이런 악을 제거해야 한다고 선동하며 스스로 사건의 피해자로 나선

---

56) 박유미, 「내러티브로 읽는 사사기」, 349.

다. 하지만 그가 레위인 첩의 억울한 죽음을 신원해주기 위해 피해자로 나선 것이라고 볼 수는 없다. 그는 자신이 살기 위해 첩을 희생양으로 죽음으로 내몰았고 희생당한 첩의 시신을 조각내는 악행을 저질렀기 때문이다. 여기서 레위인은 첩의 죽음에 대한 복수가 아니라 자신이 기브아에서 당한 모욕을 갚기 위해 전쟁을 소집한다. 그리고 이스라엘의 어른들이라는 사람들이 이런 레위인의 선동적인 말에 휘둘려 전쟁을 하기 위해 일어선다. 여기서 주목할 것은 가해자 기브아 사람과 베냐민 지파이다. 베냐민은 성폭행과 살인을 한 기브아의 불량배를 징계하라는 이스라엘 장로들의 말에 기브아 사람은 자신의 형제라며 가해자를 두둔하고 나선다. 기브아의 불량배들은 이 사건에 대해 사과하고 처벌을 받는 대신 베냐민 지파 뒤로 숨어버렸고 베냐민 지파는 기브아를 위해 전쟁을 하겠다고 나선다. 여기서 베냐민 지파가 하나님의 법을 따라 정의로웠으면 기브아의 불량배를 두둔하지는 않았을 것이다. 결국 이 전쟁은 불의한 자를 감싼 베냐민 지파에게 가장 큰 책임이 있다.

이스라엘은 전쟁 자체는 하나님의 허락을 받고 시작했지만 이스라엘 사람들의 과도한 복수로 베냐민 지파를 거의 진멸하고 단지 600명만 살려두게 된다. 이들은 동족을 향해 마치 가나안 사람을 진멸하듯 진멸한 것이다. 이것은 당시 이스라엘 사람들이 분노와 흥분에 사로잡혀 이성적인 사고를 하지 못하는 상황이었다는 것을 보여준다. 그러나 폭력은 여기서 끝나지 않고 600명의 베냐민 지파 남성들에게 아내를 얻어준다는 명목으로 또 다시 길르앗 야베스를 진멸하여 400명의 처녀를 얻었고 나머지 모자라는 200명의 처녀들은 베냐민 남자들이 실로에서 납치하여 아내로 삼는다. 사사기 21장에서 벌어지는 전쟁과 살육과 납치의 원인은 베냐민 지파에게 딸을 주지 않겠다는 어리석은 서원 때문이다(삿 21:1).

이렇게 기브아의 성폭행 사건은 개인의 비극에서 끝나지 않고 모든 남성 당사자들의 어리석음과 과도한 복수로 인해 수많은 사람이 죽고 600명이나 되는 처녀들은 강제 결혼과 납치와 성폭행을 당하게 된다. 여기서 당시 이스라엘 남성들의 남성 중심적이고 가부장적이며 폭력적인 모습을 보게 된다. 당시 이스라엘 남성들에게 여성은 존중받고 보호 받아야 할 인간이 아닌 아이를 얻을 수단이자 성적인 욕망을 채울 대상물에 불과하였다. 레위인은 여성을 자신을 대신할 희생물로 생각하였고 이스라엘의 남성들과 장로들은 베냐민 지파의 종족을 보존하기 위한 '자궁' 정도로 여겼다. 사사기 19~21장 어디서도 여성의 목소리는 들리지 않고 오로지 남성들에게 성폭행당하고 죽고 납치당하는 여성들의 모습만 보인다. 이것은 이 사회가 남성이 약자인 여성들을 전혀 보호하지 않는 남성 절대 권력의 부도덕하고 무질서한 시대라는 것을 보여준다. 사사기 화자는 마지막에 이런 시대를 "그때에 이스라엘에 왕이 없으므로 각기 자기 소견에 옳은 대로 행하였더라"라고 평가한다. 즉, 왕이신 하나님 없이 사는 세상이 약자들에게 얼마나 끔찍한 세상인지 말하고 있다. 그러므로 기브아 성폭행 사건은 당시 이스라엘이 전반적으로 신앙적으로 도덕적으로 타락하였다는 것을 보여주는 바로미터이다.

c. 다말의 남자 형제 압살롬

암논의 성폭행 사건에서 피해자 다말을 대신해 피해자로 행동한 것은 동복 오빠 압살롬이다. 사무엘하 13장에서 울부짖으며 집으로 돌아간 다말은 자신에게 일어난 일을 알린다. 그 말을 들은 압살롬은 가해자가 암논이라는 것을 확인한 후에 "그는 네 오라비니 잠잠하라"라며 다말의 입을 막는다. 여기서 '네 오라비'가 잠잠해야 하는 이유로 등장하는데 이것은 암논이 다윗이 가장 사랑하는 큰 아들이라는 것을 기억하라는 뜻이다. 다윗이 암논을 처벌하지 않는 이상 그 누구도 그에게 처벌을 내릴 수 없기 때문에 압살롬은 아버지 다윗이 암논을 처벌하길 기다린 것이다. 또한 암논은 다윗이 가장 사랑하는 왕자이기 때문에 다말과 압살롬이 계속해서 암논의 처벌을 요구할 경우 오히려 다말과 압살롬이 미움을 받을 수도 있기 때문이다.

압살롬은 현재 다윗 왕가의 왕위 계승 서열 2위로 이 일로 암논이 실각하고 자신이 왕위 서열 1위로 올라서길 기대했을지도 모른다. 그러므로 압살롬은 다말의 처지를 생각하며 다윗에게 올바른 판단을 내려달라고 요구하는 대신 기다린 것이다. 그런데 다윗은 암논을 처벌하지 않고 사건을 덮는다. 다말과 그녀의 오빠인 자신을 완전히 무시하고 암논만을 감싸는 다윗의 태도에 압살롬은 암논에게 깊은 원한을 갖게 되었다. 하지만 저자는 압살롬이 이런 자신의 마음을 일절 말하지 않았다고 표현하는데 이것은 압살롬이 순수하게 다말을 위하는 마음이 아니었다는 것을 암시하기 위해서이다. 만일 다말을 위한 것이라면 다윗이 잘못된 판단을 했을 때 부당하다고 항의했을 것이다. 하지만 압살롬은 침묵한다. 이것은 다말이 성폭행당한 것을 빌미로 자신의 정적인 암논을 제거하기로 결심하였기 때문이다.

결국 2년 후에 자신이 직접 암논을 죽이고 도망간다. 그는 다윗이 암논을 내칠 것이라는 기대를 버렸기 때문에 직접 정적을 죽이고 때가 되면 자신이 직접 왕위에 올라야겠다고 결심하였기 때문이다. 그래서 압살롬은 도망에서 돌아온 뒤 백성들의 마음을 훔치고 결국 반란을 일으켜 온 나라를 전쟁에 몰아넣었고 자신은 죽임을 당한다. 압살롬은 다말이 정의를 요구하며 외칠 때 잠잠하라고 말하며 그녀가 당한 성폭행을 이용해 암논을 실각시키고 왕이 되려고 하였다. 그 또한 여성 피해자를 위해 행동한 것이 아니라 자신의 이익을 위해 이 사건을 이용한 이기적인 인물이다.

4. 성폭행과 전쟁의 관계

위에서 보듯이 세 건의 성폭행 사건은 개인의 일탈에서 일어난 개인적 문제라기보다는 가부장 사회의 남녀 위계관계, 내부인과 외부인의 힘의 차이, 환대와 적대, 권력자의 횡포 등 다양한 사회적, 물리적, 신분적 힘의 역학 관계 속에서 일어난 범죄이다. 그리고 이런 다양한 위계 속에서 가장 약한 여성이 피해자가 된다. 결국 한 여성에 대한 성폭행 사건이 전쟁으로 연결되는 패턴을 갖게 된 것은 가부장제가 갖는 여성 차별적이고 남성 중심적인 구조 속에서 권력과 힘의 논리에 따라 피해자를 외면하고 가해자 중심적인 비합리적이고 비윤리적인 결정들이 이루어지는 사회가 만들어졌기 때문이다.

이렇듯 성범죄와 사회는 결코 분리될 수 없기 때문에 단순히 개인의 일탈로 치부해서는 안된다. 그렇기 때문에 현재 한국 사회와 교회에서 일어나는 성범죄는 한국 사회와 교회의 여성 차별적이고 남성 중심적인 구조와 비윤리적인 권력에 의해 일어나는 범죄라는 사실을 인식하고 이런 잘못된 구조를 바꾸어 남녀 평등한 문화와 엄격한 성윤리를 강조하는 교회 문화를 만들어야 할 것이다.

8장 잊혀진 여성 기억하기

성경에 등장하기는 하지만 우리가 잘 기억하지 못하는 여성들이 많다. 즉, 교회 강단에서 거의 설교 되지 않는 경우이다. 우리는 이들을 '잊혀진 여성'이라고 부르는데 이런 인물은 성경에 상당히 많다. 이렇게 해석자들이 이들에게 주목하지 않은 이유는 기록된 분량이 적거나 별로 비중 있는 인물이 아니거나 신앙과 하나님 관계에 대한 어떤 긍정적인 교훈을 발견하기 쉽지 않은 비극적인 인물이기 때문이다. 그렇기에 이들이 성경에 기록되어 있고 그들의 이야기 속에서 중요한 역할을 하고 있음에도 불구하고 이들에 대한 설교와 연구는 많이 이루어지지 않았다. 이 장에서 다루려는 인물은 입다의 딸, 미갈, 리스바, 와스디로 이들의 공통점은 모두 비극적이라는 것이다. 입다의 딸은 아버지에게 죽임을 당했고 미갈과 와스디는 남편에게 버림받았고 리스바는 남편도 잃고 아들도 죽임당한 여성이다. 그런데 이들의 또 다른 공통점은 자신만의 주장과 색깔을 가진 채로 성경에 기록되었다는 것이다. 그러므로 이 장에서는 비극적인 여성들을 살펴보면서 이들의 이야기가 현재 우리에게 주는 의미가 무엇인지 생각해 보려고 한다.

1. 입다의 딸(삿 11:34~40)

우리가 이 장에서 제일 먼저 이야기할 인물은 입다의 딸이다. 그녀는 아버지인 사사 입다의 서원을 갚기 위해 죽임당한 비극적 인물이다. 이런 비극적 사건이 일어나게 된 원인은 입다의 서원이다. 입다는 길르앗의 혼외자로 태어나 아버지 길르앗이 죽은 이후 형제들과 고향 사람들에게 쫓겨났지만 암몬이 쳐들어오자 길르앗의 장로들에 의해 사사로 선택된 인물이다. 그는 특이하게 사람이 먼저 선택하고 하나님이 이후에 사사로 승인한 경우이다. 사사가 된 입다는 암몬과 전쟁하러 나가기 직전 하나님께 서원을 한다. 하나님께서 암몬과의 전쟁을 이기게 하시고 평안히 집에 돌아오게 하시면 자신의 집에서 처음 나오는 사람을 하나님께 번제로 바치겠다는 인신 제사를 서원한 것이다. 입다의 인신 제사 서원은 두 가지 문제를 가지고 있는데 첫째는 하나님의 역사하심을 온전히 믿지 못하고 선물이나 노력을 통해 하나님을 조종하려고 시도한 것이다. 이 전쟁의 주인은 이스라엘의 참된 왕이신 하나님인데 입다는 하나님이 아닌 자신이 전쟁의 주인으로 생각하고 하나님은 자신을 돕는 보조자로 생각했기에 이런 시도를 한 것이다. 둘째는 하나님은 인신 제사를 금지하셨는데(신 18:10) 입다는 이를 어긴 것이다. 입다는 하나님의 뜻이나 계명보다는 다시 유행하는 이방종교를 따랐다. 하나님의 호의를 얻고 싶었으면서 하는 행동은 하나님이 싫어하는 것을 하는 어리석은 모습을 보여준다. 입다가 이런 어리석은 서원을 한 이유는 승리의 열망이 너무 강했기 때문이다. 그는 혼외자로 사람들에게 배척받은 경험이 있기에 성공을 통해 인정받고 그들의 최고 지도자가 되기 원했기 때문이다. 그리고 암몬과의 전쟁은 여호와의 도우심으로 큰 승리를 거두게 된다.

그러나 문제는 승리 이후에 생겨난다. 승리로 인해 입다의 서원이 실행되어야 하기 때문이다. 그래서 독자는 누가 입다를 축하하러 제일 먼저 나올 것인지에 관심을 갖게 된다. 그런데 그때 마중나온 사람은 다름 아닌 입다의 딸이다. 그녀는 소고를 잡고 춤추며 아버지의 승리를 축하하는 환영행사의 주인공으로 등장한다. 저자는 그녀를 입다의 '유일한 아이'라고 소개하며 비극적인 장면을 더욱 비통하게 만든다. 이 장면은 성경에서 가장 비통한 장면 중 하나일 것이다. 아무것도 모르고 그저 기뻐 웃으며 춤추며 나온 유일한 딸과 그녀를 마주한 입다의 경악스러워하는 모습은 자신의 서원이 어떤 끔찍한 결과를 가져왔는지 그제야 깨닫는 비극적인 인간의 모습이다. 그러나 이때 입다는 자신의 잘못을 인정하기보다는 비극의 책임을 딸에게 돌린다. 그는 딸이 자신을 참담하게 만들었다고 원망하고 한탄하며 서원한 것은 반드시 갚아야 한다고 말한다. 만일 그가 정말로 자책하고 슬퍼했다면 엎드려 하나님께 잘못을 빌고 딸을 살리려고 했을 것이기 때문이다. 하지만 입다는 서원을 반드시 갚아야 한다는 당위성을 강조하며 자신의 잘못을 피해자 탓으로 돌리고 있다.

사람이 하나님 앞에 서원한 경우 일반적으로 갚아야 하는 것이 원칙이다. 하지만 잘못된 서원은 돌이킬 수 있는 길이 있다. 레위기 27:2~8에는 잘못된 서원을 한 경우 돌이키거나 서원 액수를 줄일 수 있다고 나온다. 하나님은 어리석은 인간의 실수를 용서해 주시는 분이기 때문에 자신의 어리석음이나 잘못을 인정하면 용서해 주신다. 그리고 서원을 행하는 것이 오히려 하나님 앞에 죄를 짓게 되는 경우는 서원을 행하지 말아야 한다. 이것은 나에게 손해가 될 것을 염려해 서원 행하는 것을 미루는 것과 다른 문제이다. 사무엘상 25:22에서 다윗은 나발의 가족을 죽이겠다고 하나님 앞에 맹세하지만 자신의 어리석음을 깨달은 후 맹세를 지키지 않는다. 사무엘상 14장에서도 사울의 어리석은 서원으로 요나단이 죽을 위험에 처하자 사람들은 합리적인 이유를 들어 사울을 말린다. 이렇게 서원을 무를 수도 있지만 입다는 서원을 무르지 않는다. 무르는 규례가 있다는 것을 몰랐기 때문인지 아니면 알고 있지만 자신의 체면 때문인지 모르지만 입다는 서원을 반드시 지켜야 한다고 생각했다.

입다가 자신을 탓하는 말을 들은 딸은 아버지의 말을 그대로 받아 아버지가 말한 대로 행하라고 한다. 하지만 그녀는 '당신(아버지)'이란 표현을 다섯 번이나 반복하며 이 상황을 만든 책임은 자신이 아닌 아버지에게 있다는 것을 분명히 한다. 입다가 자신의 비극적 상황을 강조하며 마치 자신이 피해자이고 딸이 가해자인 것처럼 말하는 것에 대해 모든 비극의 책임은 입다에게 있다는 것을 분명히 주장하며 입다가 가해자이고 자신이 피해자라는 것을 분명히 한다. 그리고 자신도 아버지가 서원을 갚아야 한다고 생각하며 죽음을 택한다. 왜냐하면 그녀는 약속을 지키시고 구원을 주신 하나님께 인간도 자신의 말을 지키는 신실함을 보여야 한다고 생각했기 때문이다. 이런 그녀의 신앙고백은 당시 사람들과 다른 신실함을 보여준다. 그리고 아버지의 책임을 자신이 떠안고 죽으려는 희생적이고 책임감 있는 모습도 보여준다. 하지만 이런 신실함과 희생정신과 책임감은 그녀의 무지에서 비롯되었다는 것이 이 사건의 비극이다. 하나님이 서원 때문에 이스라엘을 승리케 하신 것도 아니고, 인신 제사는 하나님께서 기뻐하시지 않는다는 것을 몰랐던 무지가 그녀의 희생을 더욱 슬프게 만든다. 헌신과 희생과 신실함 등은 정말 고귀한 가치이지만 그 목적과 방향이 여호와의 마음을 기쁘게 하는 것인지 여호와의 마음을 아프게 하는 것인지 아는 지식과 지혜가 동반해야 가치가 빛을 발하게 된다.

입다의 딸은 두 달 동안 친구들과 산에 가서 처녀로 죽는 것을 애곡하고 오겠다고 요청한다. 그녀는 자신을 죽음으로 내몬 가족이 아닌 자신의 여자 친구들과 죽음을 준비하며 스스로 애도하기를 원한 것이다. 자신의 의지와 달리 생을 마감하게 되었지만 그 마지막 시간만큼은 자신이 주도권을 갖고 자유롭게 친구들과 우정을 나누고 위로받고 울며 웃기를 원했던 것이다. 그리고 약속된 날 입다의 딸은 입다가 서

8장 잊혀진 여성 기억하기

원한 대로 인신 제사로 바쳐지게 된다. 성경의 저자도 인신 제사로 바쳐졌다고 말하는 것이 너무 끔찍했던지 '그는 자신의 서원대로 딸에게 행했다'라고 암시적으로 표현한다. 비록 표현은 간접적이지만 본문의 전체적인 흐름상 입다의 딸이 살아서 '성막에 봉사했다'든지 '처녀로 평생 살았다'는 해석의 여지를 주지 않는다. 이렇게 입다의 딸은 자신의 보호자인 아버지에게 죽임을 당했고 입다는 자신의 지위를 지킨다. 그러나 입다의 딸 이야기는 여기서 끝나지 않는다.

입다의 딸은 아버지에게 죽임을 당했지만 이스라엘 딸들의 기억과 입을 통해 해마다 살아난다. 그녀의 이름은 잊혀졌지만 그녀의 죽음과 희생은 계속해서 딸들의 입을 통해 전해지고 기억되었다. 사사기 11:40의 '애곡하다(타나)'로 번역된 단어는 원래 '되풀이 말하다'라는 뜻이다. 이스라엘 딸들은 입다 딸의 죽음에 대해 침묵하거나 외면하지 않았다. 딸들은 매년 입다의 딸을 애도하며 입다의 잘못된 서원을 고발하고 입다 딸의 억울한 죽음을 위로하며 다시는 이스라엘 안에서 인신 제사와 같은 비극이 일어나서는 안된다는 것을 알린 것이다. 희생자를 애도하고 기억하는 것은 약자가 권력에 대항하여 사용할 수 있는 최소한의 수단이다.57) 맥캔은 이 부분을 다음과 같이 해석하고 있다.

> "입다의 딸은 이스라엘의 딸들의 애곡의 말 속에서 계속해서 살아 있으며, 또한 그녀는 우리의 말 속에서 계속 살아 있고, 우리는 우리 자신에게, 그리고 세상을 향해 비극적으로 계속되고 있는 어린아이들과 여성들에 대한 학대를 밝히고, 이러한 불신앙, 불순종, 부정의로부터 회개할 것을 외쳐야 한다."58)

---

57) 박유미, 「내러티브로 읽는 사사기」, 238.
58) 클린턴 맥캔, 「사사기」, 한미공동주석편집 역, (서울: 한국장로교출판사, 2010), 158.

입다의 딸 이야기를 마치기 전에 사사기에 등장하는 여성들의 이름이 점점 사라지는 것 즉, 무명성에 대해서 이야기해보려고 한다. 입다 딸은 사사기에서 이름 없이 소개된 두 번째 여성으로 아비멜렉을 죽인 무명의 여성 다음에 나온다. 사사기에서 여성의 이름은 드보라와 야엘까지만 알려져 있고 그 뒤에 등장하는 여성들은 삼손의 애인 들릴라를 제외하고는 전부 이름이 없다. 그래서 이들은 항상 '~의 딸, ~의 아내'로 소개된다. 입다의 딸, 마노아의 아내, 삼손의 아내, 레위인의 첩 등등.

이름은 한 사람의 정체성을 나타내는 중요한 상징 언어이다. 이름을 부른다는 것은 그의 존재를 인정하며 그 존재에게 사회적 자리를 준다는 것이다. 사사기 초반에 이름을 가지고 있던 여성들이(악사, 드보라, 야엘) 사사기 후반부에서 이름 없이 등장한 것은 여성의 존재가 격하되고 여성의 자리가 점차 사라지고 있다는 의미이다. 실제로 사사기에서 여성의 이름이 등장하지 않은 이후 여성의 상황이 점점 열악해졌다. 이스라엘 사회가 영적, 정치적 역동성이 떨어지고 관습화될수록 여성은 이름을 가진 주체적 존재가 아닌 남편이나 아버지에 속한 부속물처럼 여겨졌다. 예를 들어 삼손 사사 이야기에서 삼손의 아버지 마노아보다 어머니가 더 뛰어난 지혜를 가진 인물임에도 불구하고 이름이 나오지 않는다. 사사기는 여성의 이름이 사라지면서 여성의 인권이 무시되고 목소리가 사라지는 불신앙적이며 비윤리적인 사회로 변해간다. 즉, 사사기는 여성의 무명성과 여성에 대한 비윤리적인 태도와 폭력을 통해 사사 시대의 영적 윤리적 상태가 심각했음을 보여주고 있다.

2. 리스바(삼하 21:1~14)

성경의 인물 중에 리스바를 기억하는 사람은 거의 없다. 아무리 성경을 많이 읽고 교회를 오래 다녔어도 리스바에 대한 설교를 듣거나 리스바를 중심으로 공부해 본 적은 거의 없다. 그녀는 사울의 첩으로 사무엘서에서 아브넬 이야기(삼하 3:7)와 다윗 이야기(삼하 21장) 속에서 잠깐 등장하고 있기 때문이다. 그런데 이 책에서 리스바를 언급하는 것은 장장 6개월 동안 자식의 시신을 지키는 비극적이고 안타까운 어머니로서 사무엘서 마지막 부분에 기록되어 있기 때문이다. 그러므로 이 글에서는 사무엘하 21장의 사건을 살펴보면서 리스바가 어떤 인물인지, 리스바의 행동이 무엇을 의미하며 그 영향은 무엇인지 생각해 보려고 한다.

리스바가 가장 먼저 소개된 부분은 사무엘하 3:7이다. 여기서 리스바는 아야의 딸이자 사울의 첩으로 소개된다. 여기서 사울의 아들 이스보셋이 아브넬에게 어떻게 자신의 아버지의 첩과 관계를 가질 수 있느냐고 말한다. 이스보셋의 이 짧은 말은 많은 이야기를 내포하고 있다. 이 당시는 사울이 죽고 다윗을 중심으로 한 남 유다와 사울의 아들 이스보셋을 중심으로 한 북 이스라엘로 나라가 갈라져 있던 상황이다. 그리고 이스보셋을 왕으로 만든 사람이 아브넬이다. 아브넬은 사울의 숙부 넬의 아들로 평생 사울의 군대장관(삼상 14:50)으로 지냈다. 그러니 이스라엘 내에서 그의 힘과 영향력은 사울과 요나단 다음이었다고 볼 수 있다. 이런 막강한 권력을 가진 아브넬은 사울이 죽은 후 다윗에게 항복하지 않고 사울의 아들 중 이스보셋을 이스라엘 왕으로 세운다. 아브넬은 사울에게 했던 것처럼 이스보셋에게 충성하기 위해 왕으로 세운 것이 아니라 자신의 권력을 유지하기 위해 이스보셋을 꼭두각시 왕으로 세우고 자신이 왕과 같은 권력을 행사하였다. 그 증거가 바로 사무엘하 3장 사건이다. 아브넬은 자신이 왕과 같은 권력을 가졌다는 것을 과시하기 위해 사울의 첩 리스바를 취한다. 고대 근동에서는 선대 왕이 죽으면 후대 왕이 왕의 모든 것을 이어받는 관습이 있는데 그 중엔 왕의 후궁들도 포함된다. 선대 왕의 후궁들을 후대 왕이 취함으로 자신이 선대 왕을 계승하여 왕이 되었다는 것을 상징적으로 보여주기도 한다. 이런 고대 근동의 관습이 구약에 여러 번 등장한다. 압살롬이 반란을 일으켜 예루살렘 성에 입성한 후 다윗의 10명의 후궁을 공개적으로 성폭행한 것(삼하 16:21~22)이나 다윗이 죽은 후 아도니야가 다윗의 여자였던 아비삭을 달라고 요청했던 것(왕상 2:17)이 바로 이런 관습을 배경으로 하고 있다. 이런 배경에서 보자면 아브넬이 리스바를 취한 것은 자신이 이스라엘의 진정한 왕이라는 것을 과시하기 위한 행동이다. 그리고 리스바는 이런 아브넬에게 아무 소리 못하고 이용당한 것이다. 리스바가 당시 최고 권력자인 아브넬의 행동을 막을 방법은 없었기에 이것도 위계에 의한 성폭행이다. 이렇게 리스바의 삶은 참 기구했다. 남편 사울이 죽고 그의 아들 이스보셋에게 의탁하여 살다가 아브넬에게 성폭행당하고 이용당하게 된 것이다. 그리고 이 사건에 대해 이스보셋이 불평을 하자 아브넬은 기분 나쁘다고 이스보셋을 배신하고 다윗에게 나라를 넘기겠다고 작정한다. 그리고 협상을 하고 돌아오던 중에 다윗의 군대 장관인 요압에게 죽임을 당하고 결국 이스보셋도 부하의 손에 죽게 되면서 북조 이스라엘은 무너지게 된다. 사무엘하 3장에서 리스바는 아브넬에게 이용당하는 수동적 인물이지만 북조 이스라엘을 무너지게 하는 원인이 된다.

그리곤 리스바는 사라진다. 다윗이 이스라엘을 통일한 후 사울에게 속한 모든 것은 다윗에게 속하게 된다. 나단 선지자는 다윗에게 "네 주인의 집을 네게 주고 네 주인의 아내들을 네 품에 두고(삼하 12:8)"라고 말했는데 이 말은 단지 상징이 아니라 사울의 아내들을 포함하여 모든 재산을 다윗이 취하였음을 의미한다. 그러므로 리스바도 명목상으로는 다윗에게 속한 것이 된다. 이렇게 리스바는 남편인 사울 왕이 죽은 후 왕권이 바뀜에 따라 계속 주인이 바뀌는 어려움을 겪어야 했다. 이렇게 리스바는 사울 왕조에서 북이스라엘로, 다윗 왕조로 모든 왕조를 걸쳐 험한 인생 굴곡을 겪으며 살아남았다.

그런데 이렇게 간신히 살아가고 있는 그녀에게 큰 비극이 닥친다. 그것은 바로 사울의 죄로 인해 자신이 의지하고 살아가던 두 아들까지 잃은 것이다. 사무엘하 21장은 다윗이 이스라엘 땅에 임한 3년 기근을 해결하는 사건으로 보통 다윗을 주인공으로 읽는다. 하지만 이 글에서는 조연으로 등장하는 리스바를 중심으로 이야기를 읽어가려고 한다. 이야기의 중반부는 리스바가 사건을 이끌어가고 있으며 리스바를 중심으로 읽을 때 우리는 그동안 보지 못한 다른 숨은 의미를 찾아낼 수 있기 때문이다.

어느 해 이스라엘 땅에 3년 기근이 닥쳤고 이 때문에 다윗은 여호와께 간구한다. 그런데 여호와께서 이 기근이 사울과 그의 집이 죄 없는 기브온 사람을 죽였기 때문이라고 응답하신다. 기브온 사람들은 비록 가나안 사람들이지만 여호수아 시대에 이스라엘과 언약을 맺고 이스라엘 백성 안으로 들어온 족속이다(수 9:3~27). 그런데 사무엘하 21:2에서 사울이 이스라엘에 대한 열심 때문에 기브온 사람들을 죽였다고 하는 것을 보면 이스라엘 사람들이 기브온 사람들을 좋게 생각하지 않고 배척했던 것 같다. 사울은 이런 백성들의 환심을 사기 위해 무자비하게 기브온 사람들을 죽였던 것이 지금 문제의 원인인 것이다. 그러자 다윗은 하나님께 어떻게 할지를 묻는 대신 기브온 사람들을 불러 이 문제를 어떻게 해결하면 좋을지 묻는다. 이에 기브온 사람들은 피의 복수를 원한다. 그들은 자신을 죽였던 사울의 자손 일곱을 하나님 앞에서 처형하기를 요청하였고 다윗은 이들의 요청에 따라 리스바의 아들 둘과 사울의 딸 메랍의 아들 다섯을 그들의 손에 넘겨준다. 여기서 리스바의 아들들은 사울 가문의 자손이지만 메랍의 아들들은 아드리엘의 아들들로 바르실래 가문 사람들인데 여기선 드물게 모계를 따라 사울 가문의 자손으로 여겨져서 처형당하게 된다. 이로써 사울 가문의 자손은 요나단의 아들 므비보셋을 제외하고는 모두 죽게 된다.

이 처형에는 여러 가지 문제가 있는데 첫째는 다윗이 처형 방법을 하나님께 묻지 않고 기브온 사람에게 물었고 그들의 의견을 그대로 따랐다는 것이다. 둘째, 아버지의 죄를 자손들에게 묻는 연좌제가 과연 정당한지에 대한 문제이다. 신명기 24:16에 따르면 아버지의 죄 때문에 아들을 죽이면 안된다고 연좌제를 금지하고 있기 때문이다. 그리고 마지막으로 처형 후 시신을 그대로 방치한 것이다. 당시 고대 근동에는 언약을 어긴 자의 시신을 토막 내거나 들에 방치하므로 언약을 어긴 자에 대한 저주를 실행하는 관습이 있었다. 즉, 시신을 땅에 묻지 않고 그대로 방치하는 것도 저주의 형벌인 것이다. 그런데 신명기 21:23에는 저주를 받아 처형된 자도 처형된 당일에 장사하여 땅을 더럽히지 말라는 구절이 있다. 제의적인 면에서 시신은 부정한 것으로 간주되기 때문에 새들이나 짐승들에 의해 부정이 퍼지는 것을 막는 것이 일차적인 목적이다. 하지만 이차적으로는 죽은 후 매장되는 것을 인간의 기본권으로 본다는 의미이다. 아무리 하나님의 저주를 받아 죽은 자라도 땅에 매장될 권리를 가지며 가족도 장례와 매장을 통해 죽은 자를 애도할 권리를 가진다는 의미이다. 그런데 사울의 자손들은 아버지 혹은 할아버지의 죄를 대신 속죄한 것으로도 모자라 매장되지 못하는 저주까지 감당하게 되었다. 기브온 사람의 피의 보수의 요구는 정당하지만 방법에 있어서 문제가 있는 것이다. 거기다 기브온 사람들 말대로 사울의 죄에 대한 피 값을 지불했지만 비는 오지 않았다. 사울의 죄 때문에 기근이 온 것이라면 사울의 죄가 속죄되면 바로 비가 와야 하는데 여전히 비가 오지 않았다. 왜 그럴까?

이때 리스바가 등장한다. 사울의 첩이자 처형당한 두 아들 알모니와 므비보셋의 어머니인 그녀는 매장되지 못한 자신의 아들들과 메랍의 아이들 즉, 손자들의 시신을 새와 들짐승으로부터 지키기 위해 나섰다. 그녀는 상복을 입지는 못하고 대신 상복을 만드는 천인 굵은 베를 바위 위에 펼치고 그곳에 앉아 곡식 베기 시작하는 4월부터 우기가 시작되는 11월까지 무려 6개월 동안 밤낮으로 시신을 지켰다. 그녀는 왕의 명령을 어길 수 없었기에 두 아들의 죽음은 막을 수 없었다. 어쩌면 남편 사울의 죄로 아들을 잃은 것이 원통하지만 이 또한 가문의 죄에 대한 공동체적인 책임을 피할 수 없다고 생각했을지도 모른다. 그리고 아들들의 죽음을 보면서 다윗이나 기브온 사람보다는 사울을 원망했을지도 모른다. 그녀는 그렇게 원망과 애통의 마음을 품었지만 꾹꾹 참으며 장성한 아들들의 죽음을 바라볼 수밖에 없었을 것이다. 그런데 죽은 후 시신이 땅에 방치되어 새와 들짐승의 먹이가 되는 것을 본 순간 그녀는 더 이상 참을 수가 없었다. 그녀는 그 처벌이 너무 가혹하다고 생각했다. 하지만 왕과 기브온 사람들과 이스라엘 백성들은 정의가 실현된 것이고 이제 기근이 해소될 것이라고 생각하고 있기에 리스바는 이런 애통한 심정을 누구에게도 말할 수 없었다. 죄인의 아내이자 어머니인 그녀는 아무에게도 부르짖을 수 없었던 것이다. 그래서 리스바는 자신이 할 수 있는 일을 하기로 하였다. 그녀는 말없이 그저 밤낮으로 시신 곁에 앉아 새들과 사나운 들짐승들을 쫓으며 온 몸으로 비통함을 표현하였다. 이런 리스바의 행동은 이스라엘 백성과 다윗에게 이들을 매장할 수 있게 해달라는 일종의 시위가 되었다.

 6개월이나 지속된 리스바의 행동은 결국 다윗의 귀에도 들어가게 되었다. 이것은 다윗이 리스바가 6개월 동안 시신을 지키고 있었던 것을 전혀 모르고 있었다는 의미보다는 이스라엘 사람들이 이제 그만 사울 가문의 자손들을 묻어주는 것이 어떤지 말했다는 의미로 보인다. 자식들의 시신을 필사적으로 지키고 있는 리스바를 보면서 처음에는 비난도 하고 욕도 하며 그 자리에서 끌어내리려고 하였을지도 모른다. 하지만 점점 파리해져 가면서도 자식들의 시신을 지키기 위해 필사적인 리스바를 보면서 사람들의 마음도 점점 불편해졌을 것이다. 그리고 어느 순간 리스바의 슬픔에 공감하며 그녀가 불쌍하게 여겨지고 그녀의 아들들도 불쌍하게 여겨졌을 것이다. 그리고 이제는 저런 리스바의 슬픈 모습을 그만 보았으면 하는 생각이 들고 이제 리스바가 그만 울고 그만 집에 들어갔으면 하는 마음이 생겼을 것이다. 어쩌면 리스바의 행동을 보며 숙연한 마음이 들었을지 모른다. 그러다 결국 사람들은 다윗에게 리스바의 일을 말하며 이제 그만 장례를 치러주는 것이 어떻겠느냐는 말을 하게 된 것이다. 이 이야기 속에서 다윗은 혼자 결정하지 않고 결정권을 기브온 사람에게 넘겨주었었다. 그러니 그 후속 처리도 백성들의 의견에 따를 수밖에 없는 상황이었다. 그런데 리스바의 애도가 백성들에게서 이런 마음을 이끌어낸 것이다. 애도에는 억울한 죽음을 기억하게 하고 정의로운 해결을 요청하는 힘이 있다.

그러자 다윗은 이번에 사울과 요나단의 시신도 같이 가족묘에 안장하기로 결정하고 그들의 뼈를 길르앗 야베스에서 가져온다. 사울과 요나단이 비록 전대의 왕과 왕자였지만 다윗이 왕이 되면서 제대로 된 장례도 치르지 못한 채 길르앗 야베스에 임시로 묻힌 채 지금까지 온 것이다. 다윗은 그동안 백골이 된 리스바의 아들들과 메랍의 아들들의 뼈를 수습하여 사울과 요나단의 뼈와 함께 모두 사울의 아버지 기스의 묘에 안장한다. 드디어 사울과 요나단과 그의 자손들이 모두 정상적인 장례를 치르고 안장되었다. 다윗이 정상적인 매장을 명령한 것은 죽은 자들과 그 가족 구성원들에게 그리고 그의 집에 인간적인 품위와 존엄성과 명예를 회복시키는 것이다.59) 사울 가문에 대한 명예 회복을 통해 다윗과 이스라엘은 사울 가문에 대한 진정한 용서와 화해를 이루게 된다. 이런 인간 존엄성의 회복과 용서와 화해가 이루어진 그 때 하나님께서 비로소 그 땅의 기도를 들으시고 기근을 해소해 주셨다.

하나님의 응답은 일곱 명이나 되는 사울의 자손을 죽였을 때 주어진 것이 아니라 리스바의 행동에 마음이 움직여 사울을 용서하고 그 가문의 명예를 회복시켜 주었을 때 주어졌다. 리스바의 눈물이 멈추었

---

59) 이은애, "히브리 성서에 나타난 매장의 권리-실정법에 대항하는 자연법적 요구", 「구약논단」 72 (2019), 21.

을 때, 즉 이스라엘 땅에 진정한 평화가 왔을 때 하나님의 은혜의 비가 그 땅에 내리게 된 것이다.

리스바는 이스라엘의 격동의 시대를 온 몸으로 살아낸 여성이다. 왕의 첩으로 평안하게 살다가 남편의 죽음으로 남편의 부하였던 아브넬에게 농락당하고 그러다 경쟁자였던 다윗 왕 아래서 숨죽이고 살았다. 그리고 말년엔 장성한 아들 둘이나 억울하게 죽임당하는 것을 보아야 했던 비극적 인물이다. 그러나 그녀는 끝까지 삶을 포기하지 않았고 살아남았고 죽은 자식의 명예를 위해 온 몸으로 끈질기게 항거한 슬픈 어머니이다. 하지만 그런 비통함과 애절함이 백성들의 마음과 하나님의 마음을 움직였고 결국 이스라엘 땅에 진정한 용서와 화해를 가져오게 한 용감한 여성이다.

3. 미갈(삼상 18~19장, 삼하 6:20~23)

미갈은 한 마디로 평가하기 어려운 복잡한 인물이다. 대부분 미갈에 대한 설교는 사무엘상의 내용보다는 사무엘하 6장에서 다윗과 갈등을 다루면서 미갈이 다윗을 조롱하므로 저주를 받아 아이가 생기지 않았다는 식으로 미갈을 비난한다. 그러나 이런 해석은 다윗 편에서 한 해석으로 미갈이 이렇게 일방적으로 비난을 받아야 할 이유는 없다. 그녀의 인생은 긍정과 부정 혹은 옳음과 그름과 같은 이분법으로 평가할 수 없는 복잡한 면을 가지고 있으며 그녀의 기구한 삶은 사울의 딸이 다윗과 얽혔기 때문에 어쩔 수 없이 맞이한 부분도 있다. 이렇게 사울 왕조를 엎고 다윗이 왕이 된 상황에서 미갈의 운명은 평탄할 수 없었고 사울과 다윗에게 이용당하면서 그 속에서 많은 상처를 감내해야 했다. 그러므로 이 글에서는 복잡한 미갈의 삶을 들여다보면서 힘든 시절을 살아간 미갈의 불행한 삶에 대해 이해해 보려고 한다.

1) 다윗을 사랑한 미갈

미갈의 이야기는 입다의 딸처럼 하나의 본문에 나오는 것이 아니라 사무엘서 여기저기에 흩어져 있기 때문에 그녀가 나오는 본문들을 하나씩 찾아 조각을 맞추듯 미갈의 이야기를 구성해 보려고 한다.60) 미갈은 사무엘상 18:20에서 처음 등장한다. 미갈은 사울의 딸로 다윗을 사랑한다는 말로 처음 소개된다. 구약 전체에서 여성이 남성을 사랑했다고 표현된 경우는 미갈이 유일하다. 미갈은 다른 사람들이 알 수 있을 만큼 자신이 다윗을 좋아한다는 것을 솔직하게 표현한 것으로 보인다. 이때의 미갈은 사랑에 빠진 솔직하고 발랄한 소녀의 모습을 하고 있다. 그렇다고 해서 본문은 미갈이 먼저 다윗에게 말을 걸거나 어떤 적극적인 행동을 했다고 말하진 않는다.61) 본문의 관심은 미갈의 사랑이 아니라 미갈의 사랑을 이용하려는 사울에게 있기 때문이다. 미갈의 사랑을 알자 사울은 다시 이를 이용해 다윗을 죽일 계획을 세운다. 사울에게 딸의 사랑은 정적을 제거하는 데 이용할 수 있는 하나의 수단에 불과했다. 사울은 자신의 수하를 보내 다윗에게 왕의 사위가 되라고 제안한다. 지난번 메랍의 경우처럼 다윗이 거절할 것을 막기 위해 수하를 통해 물밑 작업을 하며 다윗의 마음을 알아본 뒤 이번엔 다윗이 감당할 수 있을 것처럼 보이는 제안을 한다. 즉, 신부값으로 돈이 아니라 블레셋 사람 100명의 포피를 가져오라는 것이다. 본문은 이 제안이 다윗을 죽이기 위한 사울의 계략이라고 밝힌다. 하지만 다윗은 이를 가능하다 생각하고 왕의 사위가 되겠다고 승낙한다. 본문은 다윗이 미갈을 사랑했는지에 대해 전혀 언급하지 않고 다만 왕의 사위가

---

60) 쉐릴 엑섬은 산산히 부서진 여성들이란 책에서 미갈: 그 전체적인 이야기라는 부제로 이 방법을 사용해 미갈의 이야기를 다루고 있다. 본 저자는 엑섬의 방법을 사용하지만 해석한 내용은 다르다. 참고, 쉐릴, J. 엑섬,「산산히 부서진 여성들」, 김상래 외역 (서울: 한들출판사, 2001), 61.
61) 홍경원, "본문의 미갈과 해석된 미갈",「신학연구」51 (2007), 81.

되는 것을 좋게 여겼다고 말한다. 이런 표현을 통해 다윗이 미갈이라는 한 여성의 남편이 되는 것보다 왕의 사위라는 권력을 얻게 되는 것에 관심이 있음을 밝히고 있다. 이렇게 미갈의 사랑은 아버지와 다윗에게 모두 이용할 수 있는 수단일 뿐이었고 그 승리자는 다윗이 된다.

그러나 다윗을 향한 미갈의 사랑은 진심이었다. 사무엘상 19장에서 그녀는 아버지 사울이 다윗을 죽이려고 했을 때 적극적으로 다윗을 도와주고 그의 목숨을 살린다. 사울은 다윗이 딸의 남편이 되었음에도 불구하고 적극적으로 죽이려고 한다. 19:1에서 사울은 대놓고 다윗을 죽이라고 말하는 지경에 이른다. 하지만 이런 사울을 요나단은 적극적으로 말리며 다윗을 살리려고 애쓴다(19:2~7). 그러나 다윗을 향한 사울의 적개심은 더욱 강해지면서 이젠 직접 창을 던져 죽이려는 지경에 이르게 된다. 사울에게 다윗은 딸의 남편이라는 생각이 없었다. 자신이 다윗을 죽이면 딸이 과부가 되는 비극적 상황이 된다는 것을 전혀 염두에 두지 않았다. 사울은 집으로 도망한 다윗을 잡아 죽이기 위해 다윗 집으로 군사를 보냈고 이런 절대절명의 순간에 미갈은 자신의 모든 지혜를 동원해 다윗의 생명을 구한다. 다윗의 도망 장면(19:11~14)에서 행동의 주체는 미갈이다. 미갈이 먼저 사울의 의도를 알아채고 다윗에게 사울의 의도를 알리고 창을 통해 도망할 수 있게 하였고 그 후에도 도망할 시간을 벌어주기 위해 다윗이 집에 있는 것처럼 우상을 침상에 눕히고 염소 털로 머리카락처럼 꾸미고 옷으로 그 우상을 덮었다. 13절에서 미갈의 행동을 자세히 설명한 것은 미갈이 다윗을 위해 자발적으로 적극적이고 철저하게 움직였다는 것을 알리기 위해서이다. 그런 뒤 다윗을 잡기 위해 들어온 전령에게 다윗이 병들었다며 다윗을 잡아가지 못하게 막는다. 결국 미갈의 계획은 침상째 다윗을 데려오라는 사울의 말과 행동에 의해 들통나고 사울은 미갈에게 적을 놓아주었다며 화를 낸다. 아마도 사울은 미갈에게 죽일 듯한 분노를 표출하였을 것이다. 이에 대해 미갈은 다윗이 자신을 협박해서 어쩔 수 없었다는 거짓말로 아버지의 분노를 피한다. 자신의 목숨을 건지기 위해 미갈은 어쩔 수 없이 거짓말을 한 것이다. 미갈의 이 말이 거짓이라는 것은 11~14절에서 자세히 기록한 미갈의 행동을 통해 분명히 알 수 있다. 이렇게 미갈은 남편인 다윗을 위해 아버지이자 왕인 사울을 속이고 자신의 목숨을 걸었던 것이다.

이런 미갈의 사랑은 요나단이 다윗을 사랑했던 것보다 약하다고 할 수 없다. 두 남매는 아버지와 다르게 다윗을 사랑했다. 요나단이 다윗을 자신의 목숨처럼 사랑했다는 것은 사무엘상 18:1에서 저자가 분명히 말하고 있고 이후 요나단이 다윗을 살리는 행동 속에서 분명하게 나타난다. 이렇게 다윗은 남매의 사랑으로 인해 사울의 손에서 무사히 벗어나 목숨을 구할 수 있었다.

2) 다윗을 잊은 미갈

그러나 미갈은 다윗에게 잊혀진 인물이 된다. 그 이후 사무엘상은 다윗의 도망이 중심 이야기가 된다. 그 와중에 다윗은 아비가일과 아히노암과 결혼한다(삼상 25:42~43). 그리고 저자는 사울이 미갈을 라이스의 아들 발디엘과 결혼시켰다고 보고한다(25:44). 본문은 시간적으로 어떤 결혼이 먼저인지에 대한 정보는 생략하고 다만 다윗의 결혼과 미갈의 결혼을 나란히 기록함으로 다윗과 미갈의 결혼은 완전히 끝났다는 것을 말하고 있다. 남편인 다윗이 미갈을 떠났고 다시 찾지 않거나 찾을 수 없었기에 미갈은 이혼한 상태가 되었고 미갈의 보호자인 사울은 미갈을 재혼시킨 것이다. 이 결혼에 대해 미갈이 어떤 생각과 감정을 가졌는지 본문은 침묵한다. 도망간 다윗도 아버지 사울도 미갈의 감정과 생각에는 관심이 없었기에 본문은 침묵한 것이다. 이렇게 미갈은 다윗과 결혼할 당시의 솔직하고 발랄한 소녀의 모습은 사라지고 아버지 명령에 순종하며 침묵하는 소극적인 여성으로 변해 있었다. 본문은 말하지 않지만 당시 미갈의 마음은 체념에 가깝지 않았을까 생각된다. 사울이 다윗을 죽이기에 혈안이 되어 있고 다윗은 살기 위해 도망 다니는 상황을 보면서 낭만적인 사랑의 환상은 깨졌고 다윗과 자신은 원수지간이 될 수밖에 없음을 인식하고 다윗에 대한 마음을 접은 것으로 생각된다. 아니면 다시는 자신을 찾지 않는 다윗을 보면서 다윗이 자기를 사랑하지 않는다고 생각하고 배신감을 느꼈을지도 모르겠다. 이렇게 이 부분은 본문이 언급하지 않기에 독자들에게 다양한 상상을 하도록 여지를 남기고 있다.

3) 다윗에게 이용당한 미갈

이렇게 완전히 남이 되어 각자의 삶을 살던 미갈이 다윗 이야기에 다시 등장한다. 사무엘하 3장에서 다윗은 북이스라엘을 자신의 손에 넘기겠다고 찾아온 아브넬에게 사울의 딸 미갈을 데려오라는 조건을 건다. 여기서 다윗은 미갈을 자신의 아내가 아닌 '사울의 딸'이란 표현을 사용하는데 이것은 북이스라엘과 통일을 하기 위해서는 '사울의 사위'라는 지위를 가지는 것이 유리하다는 것을 아브넬에게 알리기 위한 것이다. 즉, 여기서 다윗은 미갈을 자신의 정치적 입지를 다지는 데 이용하기 위해서 데려오라고 요구한 것이다. 그녀는 사울의 권력이 다윗의 손에 넘어가고 있음을 보여주는 상징이기 때문이다.62) 여기서 다윗에게 자신을 사랑하고 자신의 목숨을 살려준 미갈에 대한 사랑과 고마움은 존재하지 않는다. 만일 그런 마음이 있었다면 발디엘과 잘 살고 있던 미갈을 자신의 정치적 목적을 위해 강제로 데려오는 일은 하지 않았을 것이다. 이스보셋이 미갈을 강제로 데리고 가자 울면서 바후림까지 쫓아온 것을 보면 미갈의 남편 발디엘은 미갈을 사랑했던

---

62) 홍경원, "본문의 미갈과 해석된 미갈", 90.

것으로 보인다. 저자가 굳이 발디엘이 울면서 미갈을 쫓아온 장면을 기록한 이유는 다윗과 아브넬이 자신들의 이익을 위해 권력을 남용하고 있음을 알리기 위한 것이다. 본문에서 다윗은 이스보셋에게 편지를 보낼 때 미갈을 자신의 아내라고 말한다. 본문의 저자는 발디엘을 미갈의 남편이라고 말하고 있다. 이것은 다윗이 미갈을 자신의 아내라고 말하지만 그것은 과거의 이야기이고 현재 남편은 발디엘이라는 사실을 알려주는 것이다.

　다윗은 블레셋 사람 포피 100개로 맞이한 자신의 아내라고 주장하지만 그것은 그가 도망하여 미갈과 헤어지기 전의 일이다. 미갈과 헤어지고 다윗은 다시는 미갈을 찾지 않았기에 그는 오랫동안 남편으로서의 의무를 행하지 않았다. 그러므로 이것은 이혼에 해당하는 상태이다. 이혼하고 다른 남자와 재혼한 아내를 다시 데려오는 것은 신명기 24:3~4의 재혼 금지법을 어기는 것이다. 그러므로 다윗이 자신의 정치적 목적을 위해 사랑받으며 조용히 살고 있던 미갈을 강제로 데리고 온 것은 미갈의 인격과 생각과 감정을 철저히 무시한 이기적이고 폭력적인 행동이다. 이 본문에도 미갈의 말과 생각은 나오지 않는데, 이는 다윗과 이스보셋과 아브넬 그 누구도 미갈의 생각과 감정에 관심을 두지 않았기 때문이다. 미갈은 여기서 그냥 뺏고 건네주고 빼앗기는 하나의 물건처럼 다루어진다. 이렇게 미갈은 자신이 사랑했고 생명을 구해준 다윗에게 철저히 이용당하는 신세가 된다. 그리고 발디엘의 사랑받던 아내에서 냉정한 다윗의 정치적 목적을 위한 수단으로 전락하게 된다. 이런 상황 속에서 미갈은 다윗에 대해 어떤 생각과 감정을 갖게 되었을까? 우리는 충분히 상상이 가능하다.

　4) 다윗에게 버려진 미갈

　미갈의 이야기는 사무엘하 6장에서 마지막으로 나온다. 다윗이 성공

8장 잊혀진 여성 기억하기

적으로 법궤를 예루살렘으로 가져오는 이야기 마지막에 미갈이 등장한다. 법궤가 다윗성이 있는 예루살렘에 무사히 도착한 것은 하나님께서 다윗을 이스라엘의 왕으로 인정하시고 축복하시며 함께 하신다는 가시적 표시이다. 한편으로는 다윗이 이제 사울 가문을 이기고 온전히 이스라엘 왕이 되었음을 인정받는 승리의 축제이기도 하다. 그러니 다윗 입장에서는 그동안의 고생을 다 뒤로하고 이제 당당히 이스라엘 왕으로서 기쁨을 누리는 날이었다. 그러나 이런 축제를 모두 즐거워한 것은 아니다. 춤추며 온 몸으로 기뻐하는 다윗을 못마땅한 눈으로 쳐다보는 사람이 있었는데 바로 미갈이다. 사무엘하 6:16에서 미갈은 그런 다윗을 보고 마음속으로 그를 업신여겼다고 저자는 말하고 있다. 여기서 저자는 미갈을 다윗의 아내가 아닌 사울의 딸로 부르고 있다. 그리고 23절에서도 미갈은 사울의 딸이다. 다윗이 미갈을 자신의 아내라고 데리고 왔지만 본문에서 그녀의 정체성은 '사울의 딸'이다. 그녀는 다윗의 아내가 될 수 없었던 것이다. 사울의 딸이라는 정체성은 다윗과 미갈 사이가 원만할 수 없다는 것을 그리고 다윗 궁에서 미갈의 생활이 쉽지 않다는 것을 의미한다. 미갈은 다윗의 첫째 부인이자 공주 출신으로 가장 권위를 가질 수 있는 신분이지만 망한 사울의 딸이기에 배척당하고 무시당할 수 있는 형편이기 때문이다. 아마 미갈은 다윗 궁에 오면서 그동안 잊고 지냈던 '사울의 딸'이란 정체성을 기억하도록 끊임없이 강요받았을 것이다.

바로 이런 상황 속에서 미갈은 다윗의 춤을 곱게 보지 못한 것이다. 그리고 이런 생각을 미갈이 다윗에게 말한다. 20절은 미갈의 유일한 말인데 그녀는 다윗이 몸을 드러내면서 춤을 춘 것에 대해 비난한다. 그녀의 유일한 말이 다윗에 대한 비난이다. 이 말에서 그동안 꾹꾹 참고 있던 다윗에 대한 분노를 느낄 수 있다. 다윗이 자신을 부당하게 대한 것에 대한 분노를 비난으로 표출한 것이다. 이 비난의 내용은 적절하지 않을 수 있지만 그녀의 다윗에 대한 분노까지 비난할 수는 없다. 그리고 이런 미갈의 비난에 다윗도 동일하게 감정적으로 대한다. 미갈에게 하나님이 네 아버지 집을 버리고 나를 선택해 왕으로 세우셨으니 얼마나 좋은지, 그리고 자신이 왕이니 이보다 더 비천하게 행동하더라도 모든 사람들이 자신을 높일 것이라며 비아냥거리며 응수한다. 다윗의 말은 사실이다. 하나님이 사울을 버리시고 다윗을 세우신 것도 다윗이 어떤 행동을 해도 왕인 다윗을 백성들이 섬길 것이라는 것은 사실이다. 하지만 그는 미갈에겐 잔인한 사실을 자비 없이 그대로 팩트 폭격한 것이다. 그리고 이 일로 다윗과 미갈 사이는 돌이킬 수 없는 관계가 된다. 23절에서 사울의 딸 미갈이 죽는 날까지 자식이 없었다고 하는데 이것은 두 사람이 더 이상 부부로서의 관계를 이어가지 않았음을 의미한다. 더 이상 사울의 딸이라는 명분이 필요 없어진 다윗은 미갈과의 관계를 완전히 끊은 것이다. 다윗은 미갈에게 용서도 자비도 의리도 없다. 다윗은 자신을 사랑하고 도와준 요나단에 대해선 언약도 맺고 그의 죽음을 애도하며 그의 자식을 후대하는 등 자비를 베푼다. 하지만 똑같이 자신을 사랑하고 도와준 미갈에 대해선 어떤 사랑도 후대도 없이 이용만 하고 자신을 한 번 비난한 일로 관계마저 끊어버려 미갈을 철저히 고립시킨다. 이런 다윗의 무정한 모습은 울면서 미갈을 뒤쫓아온 발디엘의 모습을 떠오르게 한다. 남편에게 사랑받으며 소소한 행복 속에서 살아가던 미갈을 다윗 궁의 뒷방에서 원망을 품고 쓸쓸히 살아가게 만든 것은 바로 다윗이다.

   미갈의 이야기를 모아 보았을 때 우리는 미갈에 대해 평가하기가 쉽지 않다는 것을 알 수 있다. 하나의 이야기만 보면 긍정, 부정을 비교적 쉽게 말할 수 있지만 전체적으로 그려놓은 미갈의 초상은 좋은 인물이냐 나쁜 인물이냐 하는 이분법적 잣대로 평가하는 것은 불가능하다. 때론 좋고 때론 나쁘고 때론 불쌍하다. 미갈은 복잡한 인생을 살았고 그만큼 복잡한 모습을 가지고 있다. 그리고 그런 모습이 현실을 사는 우리의 모습을 가장 잘 반영하는 것은 아닐까 하는 생각을 한다.

* 여성의 입장에서 본 다윗

미갈의 이야기를 마치면서 여성의 입장에서 다윗이란 인물을 잠깐 생각해 보려고 한다. 사무엘서에서 말하는 다윗은 하나님께 대한 믿음이 강하고 하나님의 말씀에 순종하며 하나님께 인정받은 좋은 왕이다. 하지만 그 반대의 부정적인 면도 사무엘서는 함께 기록하고 있다. 부하의 아내인 밧세바를 성폭행하고 자신의 범죄를 덮기 위해 우리아를 죽인 사건, 이복누이를 성폭행한 암논을 처벌하지 않고 다말에게 무관심한 아버지, 압살롬에게 성폭행 당한 10명의 첩을 감금한 사건 등이다. 특히 다윗은 여성과 관련된 문제에 있어서 편향적인 모습을 가지고 있다. 아들 암논 편을 들기 위해 딸을 외면하였고 반란을 일으키고 첩들을 성폭행한 압살롬에 대해선 애달아하면서 피해를 입은 첩들은 나머지 평생을 감금하여 살게 만들었다.

사무엘서에 기록된 다윗의 긍정적인 모습과 부정적인 모습에 대해 우리는 두 가지 해석을 할 수 있다. 첫째는 다윗이 범죄 이후 판단력이 흐려졌다는 것이다. 범죄 이후에 발생한 다말과 10명의 첩에 대한 처우는 다윗의 지혜가 사라졌음을 보여준다. 둘째는 다윗도 가부장적인 그 시대의 관습에 익숙한 그 시대 사람이라는 것을 드러낸다. 다윗이 살던 당시는 현재와 다른 남성 중심의 사회였기 때문에 여성을 남성보다 열등한 존재로 보고 있었다. 아비가일을 제외하고 다윗은 여성들을 인격적으로 대하거나 중요하게 생각한 경우가 없다. 이것은 당시 남성들의 일반적인 모습이었고 다윗도 그 시대의 남성으로 행동한 것이다. 이렇게 사람은 자신이 살고 있던 사회의 관습과 환경을 완전히 초월한 객관적인 존재가 될 수 없다. 그것이 인간이 가진 한계이며 우리는 이런 인간의 한계를 염두에 두고 성경의 인물을 읽고 해석해야 한다.

4. 와스디(에 1장)

잊혀진 인물 기억하기의 마지막 주인공은 와스디이다. 와스디는 페르시아의 아하수에로 왕의 왕비로 왕명을 거역하는 바람에 폐위된 비운의 왕비이다. 전통적으로 교회는 와스디를 전혀 주목하지 않았기에 와스디에 대한 설교는 거의 없다. 혹시 설교를 하더라도 순종적이고 긍정적인 평가를 받은 에스더를 돋보이게 하는 역할만이 주어진다. 즉, 에스더는 순종적이었기에 결국 왕의 마음을 사로잡아 유다인을 구원하는데 성공한 반면 와스디는 고집이 세고 교만하여 왕의 미움을 받고 쫓겨난 나쁜 아내 혹은 악녀로 평가한다. 그러므로 순종적인 에스더를 본받아야 한다는 결론에 이른다. 그러나 와스디가 과연 에스더와는 반대되는 대립적인 인물인지 그리고 와스디가 그렇게 일방적으로 욕을 먹어야 하는 인물인지 우리는 생각해 볼 필요가 있다.

1) 와스디 이야기

와스디 이야기를 이해하려면 와스디가 등장하는 에스더 1장의 배경과 상황을 잘 이해할 필요가 있다. 에스더서의 배경은 페르시아 왕국으로 아하수에로 왕(재위기간 BC485(486)~464)이 등극하고 3년이 되던 해이다. 이야기는 왕권이 안정된 것을 축하하기 위한 잔치로 시작된다. 본문은 왕의 부유함과 승리를 축하하기 위해 잔치를 180일 동안 열었으며 그 후에 수산궁에서 수산 백성을 위한 잔치를 7일 동안 열었다고 보고한다. 6~7절은 수산궁 잔치에 대해 좀 더 자세한 묘사가 나오는데 화려한 치장과 금과 은으로 만든 의자, 수공으로 만든 귀한 금잔 등을 묘사함으로 수산궁의 잔치가 매우 화려하고 사치스럽다는 것을 알리고 있다. 술이 끊임없이 제공된다는 것은 잔치의 음식이 매우 풍성하였음을 의미한다. 8절에서는 술을 마시는데도 법도가 있다고 하면서 술을 억지로 마시게 하지 않고 본인이 원하는 대로 먹을 수 있게 했다는 설명을 한다. 이런 화려하고 사치스러운 페르시아 왕궁과 잔치의 모습은 페르시아 왕의 권력의 막강함을 보여주고 있다. 술 마시는 데까지 법도가 있다는 말은 마치 페르시아가 매우 질서 있게 통치되고 있음을 보여주는 것 같다.

9절에서 와스디 왕후가 등장한다. 그녀는 왕궁에서 여성들을 위한 잔치를 열고 있었다. 이것은 잔치가 왕이 주도하는 남성의 잔치와 왕후가 주도하는 여성의 잔치로 나뉘어서 진행되고 있음을 보여준다. 여기서 와스디는 잔치를 주도하는 왕후로서의 리더십을 보여주고 있다. 그런데 잔치 마지막 날에 문제가 생긴다. 술에 취한 왕이 왕후 와스디를 잔치 자리에 나오라고 부른 것이다. 술에 취해 분별력이 없어진 왕은 자신의 아름다운 왕후를 사람들에게 자랑하므로 자신의 권력을 과시하고 싶었던 것이다. 왕에게 아름다운 왕후는 성공한 남자의 트로피 같은 것으로 왕은 왕후를 자신의 위대함과 영광을 드러내는 자랑할 만한 소유물에 불과한 것이었다.

그런데 왕후 와스디는 왕의 명령을 따르는 것을 거절한다. 본문에서 왜 와스디가 왕의 명령을 거절했는지에 대한 이유는 언급되지 않는다. 전통적으로 유대 랍비들이나 현대 많은 설교자들은 와스디가 자신의 미모를 믿고 교만하였기 때문에 남편의 말에 불순종했다고 비난한다.63) 하지만 여성의 입장에서 보면 와스디의 입장이 이해가 간다. 7일 동안의 잔치로 술에 엉망으로 취한 남성들이 가득한 자리에 눈요기 거리가 되기 위해 참석하는 것을 좋아할 여성은 아무도 없다. 거기다 와스디는 페르시아의 왕후로 그런 자리에 참석하는 것 자체가 자신의 명예를 손상시키는 일이라고 여겼을 것이다. 그러므로 우리는 와스디가 왕의 명령을 거절한 것은 왕후로서의 품위를 지키기 위한 행동으로

---

63) 유연희, "와스디, 에스더, 세레스 에스더서의 여성 리더십과 복잡한 유산", 「구약논단」 49 (2013), 135.

해석할 수 있다. 여기서 술에 취해 분별력을 잃은 왕과 분별력을 가지고 품위를 지킨 왕후의 대조되는 모습을 볼 수 있다.

하지만 이런 와스디의 행동에 왕은 불같이 화를 냈다. 술기운으로 감정을 조절하지 못하는 왕은 와스디의 거절에 화가 나서 어쩔 줄 모른다. 왕후의 거절은 사치와 쾌락으로 버무려진 왕의 잔치에 찬물을 부은 셈이 되었기 때문이다.64) 그는 자신의 무례한 요구는 생각지 않고 오직 왕후의 거절을 자신의 권위에 대한 도전으로 보고 분노하였다. 성경에서 술에 취하는 것은 항상 부정적인 결과를 보여준다(노아의 경우, 삼손의 결혼식). 특히, 잠언에서는 술 취한 상태를 지혜가 없는 상태라고 말하고 있다.65) 왕은 자신의 눈치를 보며 조언하는 현자들에게 자신의 명령을 어긴 사람을 어떻게 처벌해야 하는지 규례를 묻는다. 에스더서에서 왕은 문제가 생겼을 때 한 번도 스스로 결정하지 않는다. 그러자 므무간이란 현자가 왕궁의 법도 대신 자신의 생각을 왕에게 고한다. 그는 왕후의 잘못은 모든 백성에 대한 죄로 이 일이 알려지면 나라의 모든 여성이 남편의 말을 듣지 않게 될 것이며 그렇게 되면 남편들이 모두 분노하여 반역이 일어날지도 모른다고 과장되게 말한다. 이것을 우리는 일반화의 오류라고 부르는데 한 사람의 문제를 모든 사람의 문제로 확대 해석한 것이다. 므무간은 와스디를 왕후에서 폐위하고 남편은 자기의 집을 주관하라는 조서를 내리라는 해법을 제시한다. 그 말을 들은 모든 사람은 므무간의 말을 좋게 여겼고 왕은 그 말대로 시행한다. 현자로 소개된 사람은 왕의 어리석음을 일깨우고 왕의 분노를 잠재우고 현명한 왕후의 편을 들어 사태를 해결하는 지혜로운 방법을 택하는 대신 오히려 술에 취해 바른 판단을 못하고 있는 어리석은 왕의 편을 들어 사태를 악화시키고 결국 정숙한 왕

---

64) 김순영, 「어찌하여 그 여자와 이야기 하십니까?」, (의왕: 꽃자리, 2017), 142.
65) 잠 20:1 포도주는 거만하게 하는 것이요 독주는 떠들게 하는 것이라 이에 미혹되는 자마다 지혜가 없느니라

후를 내쫓음으로 자신의 남성 우월주의적 사고를 강화시키는 기회로 삼았다.

이렇게 아하수에로 왕이 자신의 왕권을 축하하기 위해 즐겁게 시작한 잔치는 결국 자유롭게 마시던 술에 취한 왕의 분노와 왕후의 폐위로 막을 내리게 된다. 그리고 왕도 술 마시는 법도까지 챙길 정도로 매우 권위와 질서가 있는 모습으로 시작하였다가 결국 술에 취해 자신이 자랑하고 싶을 만큼 사랑한 아름다운 왕후를 편협한 현자의 몇 마디 말에 폐위시키는 질서도 없고 지혜도 없는 모습으로 마치고 있다. 저자는 이런 페르시아 궁전의 모습을 조롱 어린 시선으로 보고 있다. 부와 권력을 다 가지고 있으며 매우 질서 있는 것처럼 보이고 권위가 있는 것처럼 보이던 왕궁의 모습이 술 취해 흥청거리며 왕후를 구경거리로 삼으려는 모습, 여기에 동조하지 않는 정숙한 왕후를 오히려 쫓아내는 페르시아의 남성들에 대한 조롱의 시선이다. 여기에 하나를 더 하면 페르시아의 남편들은 법률로 선언하지 않으면 아내의 존경도 받지 못하는 인물들이라는 것도 포함시킬 수 있을 것이다.

2) 페르시아 왕국에 대한 비판

이 장면에서 와스디는 목소리가 없다. 왕후 와스디는 말 한마디 하지 못하고 왕후에서 폐위된다. 페르시아 왕궁은 당사자이며 왕후인 와스디를 불러 왜 그런 행동을 했는지 묻지 않는다. 와스디에게 자신의 생각과 입장을 이야기하고 변호할 기회조차 주지 않았다. 와스디의 목소리는 철저히 무시되었다. 이렇게 와스디는 말 한마디 못하고 억울하게 쫓겨나게 된다. 이것은 페르시아 왕궁의 가부장적이고 폭력적인 모습을 보여준다. 남성 권력자들의 기분과 목소리만이 중요하고 여성의 생각과 말은 전혀 존중받지 못하는 것은 여성을 인격체로 여기지 않는 것이다. 목소리를 갖는다는 것, 말할 기회를 준다는 것, 의견을 들어준다는 것은 그 사람의 인격을 존중하는 것이다. 그러므로 잠잠하라며 누군가의 입을 막는 것은 우리의 음성에 늘 귀 기울이시는 하나님 나라의 방식이 아니라 폭력적이고 어리석은 페르시아 왕국의 방식이다. 이렇게 말 한마디 하기도 힘든 억압적이고 폭력적인 배경 속에서 다음 왕후인 에스더는 말 한마디를 하기 위해 목숨을 걸 수밖에 없었다.

본문은 아하수에로 왕이나 므무간의 말과 행동에 대해 긍정적인 입장을 보이지 않는다. 그런데 왜 왕이 아닌 와스디가 비난을 받아야 했을까? 그것은 남성 해석자들이 이 본문을 읽을 때 와스디가 아닌 아하수에로 왕의 입장에 공감하였기 때문이다. 페르시아 왕국이 하나님께서 기뻐하시는 나라인지 아닌지, 아하수에로 왕이 좋은 왕인지 아닌지, 왕이 술에 취했는지 아닌지, 왕과 신하들이 감정적인지 아닌지, 이들의 결정이 심했는지 아닌지는 전혀 고려의 대상이 되지 않았다. 해석자들은 다른 판단 조건은 다 버리고 오직 남편과 아내라는 관점만을 선택하여 아내가 남편의 말에 순종하지 않은 것은 무조건 잘못이라는 결론을 내렸기 때문이다. 이 사건이 페르시아 왕궁과 아하수에로 왕의 부정적인 면을 드러내는 기능을 한다는 에스더 전체의 맥락을 무시하고 오직 불순종한 아내는 쫓겨나는 것이 마땅하다는 관점만으로 해석했기 때문이다. 그런데 이런 관점은 후에 에스더의 불순종에 대해선 작동되지 않는다. 에스더는 분명히 왕의 명령과 왕실의 규례를 어기고 왕 앞에 나갔다. 와스디가 왕 앞에 안 나감으로 불순종했다면 에스더는 왕 앞에 나감으로 불순종한 것이다. 그런데 어느 해석자도 에스더의 불순종은 문제 삼지 않고 오히려 민족을 구한 영웅적인 행위라고 칭찬한다. 두 왕후의 동일한 불순종의 행동에 대해서 서로 다른 판단을 내리고 있다. 물론 우리는 왜 에스더가 불순종을 할 수밖에 없었는지 알고 있다. 그렇기에 그녀의 행동을 칭찬한다. 그렇기에 와스디의 행동을 오직 불순종이라는 관점만 가지고 해석하는 것은 적절하지 않은 태도라고 생각한다.

이렇듯 성경을 해석하는 데 완전히 객관전인 입장을 갖는 사람은 없다. 누구나 자신의 입장과 관점에서 성경을 볼 수밖에 없다. 이것이 인간이 가진 한계이며 그렇기 때문에 해석자는 늘 다른 사람의 해석에 귀를 기울여야 한다.

9장 여성 지도자들

성경 시대는 남성 중심의 가부장 시대이기 때문에 남성과 동등한 인격체로 대접받지 못하고 아버지나 남편의 소유물처럼 여겨졌다. 여성들은 남성에 비해 교육도 많이 받지 못했고 사회와 가정에서도 제한된 권리만을 누릴 수 있었다. 이렇게 여성을 억압하고 차별하는 가부장 문화를 가진 성경에 이런 상황을 뛰어넘는 여성 지도자들이 등장한다. 그런데 이들을 낯설어하는 사람들이 꽤 있다. 이들이 누구인지 어떤 사역을 했는지 잘 모르는 경우도 많다. 그동안 여성안수를 반대하는 교단 신학교와 교회에서는 여성 지도자들에 대한 연구와 설교가 많이 되지 않았기 때문이다. 반면에 여성안수가 이루어진 교단과 여성신학에서는 이들에 대해 활발하게 연구되고 설교 되고 있다. 이런 경향은 목사나 신학자들이 성경의 모든 부분에 대해 동일한 관심을 가지고 객관적으로 연구하고 설교하는 것이 아니라는 것을 보여준다. 즉, 모든 목사와 연구자들 심지어 일반 성도들도 자신들의 관점과 필요와 성향에 따라 본문을 선택하고 읽고 연구하고 설교한다. 그러므로 이 장에서는 여성의 위상이 높아진 현대 사회에서 새롭게 관심을 많이 받고 있는 여성 지도자들에 대해 이야기해보고자 한다. 이 장에서는 선지자인 미리암과 훌다와 사사인 드보라와 페르시아 왕후였던 에스더와 함께 신약의 막달라 마리아를 다루려고 한다.

1. 미리암 선지자

미리암 하면 모세와 아론의 누이이며 모세를 비난하여 문둥병에 걸린 부정적인 인물이라는 것이 일반적인 평가이다. 하지만 그것은 오직 민수기 12장에 나온 미리암만을 보았기 때문이다. 미리암은 민수기 12장뿐만 아니라 출애굽기와 미가 6장에도 등장한다. 그러므로 미리암에 대해 평가하려면 앞의 미갈 이야기에서도 그랬듯이 흩어져 있는 미리암의 모습을 하나씩 찾아 연결하여 전체적인 모습을 그린 후에 하는 것이 적절하다. 그럼 미리암은 어떤 인물이었는지 하나씩 그려보도록 하겠다.

1) 모세를 구한 누이(출 2:4~10)

미리암이란 이름은 출애굽기 15:20에서 처음 나온다. 그녀는 여선지자이며 아론의 누이로 소개된다.[66] 즉, 미리암에 대한 최초의 소개는 그녀가 여선지자라는 것이다. 그 다음 아론의 누이로 소개된다. 아론과 모세가 형제이기 때문에 그녀는 또한 모세의 누이가 된다. 이렇게 볼 때 그녀의 이름은 여기서 처음 등장하지만 출애굽기 2:4~10에서 등장하는 모세의 누이가 바로 미리암이라 볼 수 있다. 역대기상 6:3에서 아므람의 자녀는 아론과 모세와 미리암이라고 말하고 있기에 전통적으로 출애굽기 2장에 등장하는 모세의 누이를 미리암으로 본다. 여기서 미리암은 물에 떠내려가는 모세가 걱정되어 멀리서 동생을 지켜보고 있다가 아기가 우는 것을 본 공주가 아기를 불쌍히 여기는 기색을 알아채고는 재빠르고 대담하게 공주에게 다가가 유모를 구해오겠다고 제안한다. 더햄은 이런 미리암의 대담하고 기지에 넘치는 행동을 모세 구원 사건의 절정으로 보았다.[67] 여기서 미리암은 모세를 자신

---

[66] 참고로 한글 개역 개정은 "아론의 누이 선지자 미리암"으로 번역하고 있다.

의 어머니 품으로 돌려보낸 인물로 하나님이 모세를 지도자로 준비시키는 일에 일조를 담당하였다. 이렇게 미리암은 눈치 빠르고 용감하고 가지가 넘치는 행동으로 동생을 구한 소녀로 이야기에 등장한다.

2) 선지자 미리암(출 15:20~21)

그 다음 미리암은 출애굽기 15:20~21에서 선지자로 등장한다. 그녀는 소고를 잡고 찬양을 인도하며 여성들에게 여호와를 찬양하라고 명령하였고 여성들은 그녀의 뒤를 따라 나오며 소고를 치고 춤을 추며 함께 여호와를 찬양하였다. 이 찬양은 출애굽 후 이스라엘을 뒤쫓는 애굽 군대와 철병거를 하나님께서 홍해에 침몰시킨 직후 부른 찬양이다. 모세는 자신들을 뒤쫓아오는 애굽 군대를 두려워하는 백성들에게 "너희는 두려워하지 말고 가만히 서서 여호와께서 오늘 너희를 위하여 행하시는 구원을 보라"라며 하나님이 그들을 구원하실 것을 확신시켜 준다. 그리고 그들은 모세의 말대로 하나님께서 애굽 군대를 홍해에 수장시키는 장면을 목도하였다. 이스라엘 백성은 상상하지도 못한 하나님의 능력을 보면서 감격할 수밖에 없었다. 이때 미리암 선지자가 여성들을 이끌고 여호와를 찬양하며 등장한다. 그녀는 여호와의 큰 구원을 본 인간이 해야 할 유일한 일은 찬양이라는 것을 잘 알았기 때문이다.

미리암의 노래는 "여호와를 찬양하라"는 명령으로 시작하고 "왜냐하면"으로 그 뒤에 이유가 나오는 형식의 여호와 찬양시이다. 여호와를 찬양하는 이유는 두 가지로 첫째는 그가 높고 영화로운 분이시기 때문인데 이 구문은 히브리어 원문상 '매우 높이다'는 뜻이다. 즉, 그가 애굽 군대를 멸망하셨기 때문에 그가 매우 높임을 받아야 한다는 의미이다. 승리자를 높이는 것은 승전가의 기본으로 이 구문을 통해

---

67) 존 더햄, 「출애굽기」, WBC 주석번역위원회 역 (서울: 임마누엘, 1991), 69.

승리의 주인공이 여호와이심을 분명히 말하고 있다. 그리고 둘째는 구체적으로 홍해 사건을 통해 애굽 군대를 물로 패하게 하시고 이스라엘을 구원하신 것 때문에 찬양하라는 것이다. 이렇게 미리암은 전쟁이 끝난 후 승리의 영광을 여호와께 돌리기 위해 이스라엘의 여성들을 모아 소고를 들고 춤을 추며 여호와를 찬양한 것이다. 이 미리암의 노래가 기반이 되어 후에 출애굽기 15장의 모세의 노래가 만들어지게 된다. 출애굽기 15장을 보면 모세의 노래가 먼저 나오지만(15:1~18) 19~20절을 보면 홍해 사건이 있고 바로 미리암 선지자가 노래를 불렀다고 말하고 있기 때문에 미리암의 노래가 최초의 여호와 전쟁의 승전가라고 할 수 있다.

미리암의 노래는 여성들이 부른 다른 승리의 노래들과는 차이점이 있다. 사사기 11:34에서는 입다의 딸이 아버지를 환영하고 사무엘상 18:6 이하에서는 여성들이 사울과 다윗을 환영하는데 반해 미리암은 여호와를 찬양하고 있다. 즉, 전쟁을 승리로 이끈 전투 대장이나 장군들을 칭송하는 다른 노래들과 달리, 미리암은 여호와만을 찬양의 대상으로 삼는다. 이렇게 볼 때 미리암은 전쟁의 용사들을 환영하던 다른 여성들과는 달리 하나님으로부터 영감 받은 선지자로서 여호와를 찬양하는 일에 주도적인 역할을 하고 있는 것이다. 이렇게 미리암으로부터 시작된 선지자적 찬양의 전통은 후에 사무엘상 10:5[68])과 역대기상 25:3, 5[69])의 예루살렘 성전 찬양제도에서 나타난다.[70]) 이렇게 미리암은 하나님의 구원을 최초로 찬양한 선지자이며 백성을 이끄는 지도자로 모세와 함께 활동하였다. 아기 모세를 구한 소녀가 이젠 모세의

---

68) "그 후에 네가 하나님의 산에 이르리니 그 곳에는 블레셋 사람들의 영문이 있느니라 네가 그리로 가서 그 성읍으로 들어갈 때에 선지자의 무리가 산당에서부터 비파와 소고와 저와 수금을 앞세우고 예언하며 내려오는 것을 만날 것이요(삼상 10:5)"
69) 3절에서 개역 개정에 번역된 신령한 노래는 히브리어로 "예언자는 자"이다. 그리고 헤만은 하나님의 말씀을 가진 선견자이며 찬양을 주관하는 자로 소개된다.
70) 참고, Wilda Gafney. *Daughters of Miriam : women prophets in ancient Israel* (Minneapolis, MN : Fortress Press, 2008), 80.

동역자로 자리매김한 것이다.

3) 모세에 대한 도전과 용서와 화해(민 12장)

이런 미리암 선지자가 부정적으로 평가된 것은 바로 민수기 12장의 사건이다. 하지만 역설적으로 이 사건은 미리암이 이스라엘 안에서 모세의 지도력을 나누자고 요구할 만큼 큰 지도력을 가지고 있었다는 것을 보여주는 사건이기도 하다. 사건의 발단은 모세가 구스 여자와 결혼한 것으로 인해 미리암과 아론이 모세를 비방한 것이다. 여기서 미리암과 아론이 함께 등장하지만 이 문장의 동사가 3인칭 여성 단수형으로 나오기 때문에 미리암이 이 사건의 주동자로 보인다. 하지만 4,5절에서 계속 아론과 미리암의 이름이 함께 언급되기 때문에 둘 다 적극적으로 모세를 비방하고 나섰다는 것을 알 수 있다. 그런데 이들의 말을 보면 구스 여자의 결혼과는 상관없는 지도력을 문제 삼고 있다. 그들은 "여호와께서 모세와만 말씀하셨느냐 우리와도 말씀하시지 아니하셨느냐"라며 모세만 하나님의 선지자요 지도자가 아니라 자신들도 하나님의 선지자요 지도자라는 것을 주장하였다. 즉, 이들 말의 핵심은 하나님께서 오직 모세와만 말씀하신 것이 아니라 자신들과도 말씀하셨다는 것이다. 이 말을 보면 대제사장인 아론과 더불어 미리암도 하나님의 말씀을 받은 선지자로 모세에게 지도력을 나누자고 요구할 만큼 상당한 영향력을 가진 지도자였다는 것을 알 수 있다. 즉, 당시 이스라엘 공동체에서 모세가 최고 지도자이고 아론과 미리암이 2인자였던 것으로 보인다. 그러므로 이 사건의 핵심은 구스 여자와의 결혼이 아니라 누가 지도력을 가지고 있느냐의 문제이다.

그런데 이 사건에 하나님이 직접 개입하신다. 형과 누나의 요구에 난감한 모세를 돕기 위해 하나님이 등장하신다. 하나님은 아론과 미리암을 장막 문으로 부르신 후(5절) 그들과 모세와의 차이점을 설명해

주신다. 일반 선지자에게는 꿈과 환상으로 하나님을 알게 하시지만 모세와는 얼굴을 대면하고 명백하게 말한다는 것이다. 즉, 선지자들은 꿈과 환상을 통해 은밀하고 간접적으로 하나님을 만나지만 모세는 직접 하나님의 음성을 들으며 하나님의 형상을 본 사람으로 그들과는 분명한 차별성이 있다고 밝힌다. 즉, 모세는 아론과 미리암과는 다른 특별한 하나님의 종이라고 천명하신 것이다. 그리고 이 일에 대해 하나님은 진노하시고 그 벌로 미리암만 나병에 걸리게 된다. 여기서 미리암만 나병에 걸린 것 때문에 미리암만 비난하며 모세를 대적한 모든 죄를 미리암에게만 돌렸다. 하지만 11절의 아론의 반응을 보면 아론은 비록 자신이 나병에 걸리지 않았더라도 미리암의 나병이 자신의 죄 때문이라는 것을 분명히 인식하고 회개하며 모세에게 중보기도를 간구하였다. 여기서 아론은 "우리가 어리석은 일을 하여 죄를 지었으나 청하건대 그 벌을 우리에게 돌리지 마소서"라고 하면서 자신도 미리암과 같은 죄를 지었다고 생각하고 용서를 구한 것이다. 그러므로 미리암과 아론 둘 다 동일한 죄를 저지른 것이다. 그러면 왜 미리암만 나병에 걸렸을까? 나병은 이스라엘의 제의에 참여할 수 없는 부정함의 상징이기 때문이다(민 5:1~4). 아론은 대제사장으로 이스라엘의 거룩성을 지켜야 하는 임무가 있다. 그런데 그가 부정의 상징인 나병에 걸릴 경우 이스라엘의 거룩성을 유지하는 것과 제사를 수행하는 데 심각한 문제가 생긴다. 즉, 대제사장의 부정의 문제는 이스라엘의 거룩성과 제의에 심각한 위협을 주게 된다. 그러므로 미리암과 아론은 운명 공동체로 미리암이 대표로 벌을 받고 아론이 대표로 회개한 것이다.

이 사건은 모세가 하나님께 기도함으로 해결된다. 모세는 하나님께 미리암을 위해 중보기도를 한다. 비록 지금은 잠시 욕심에 눈이 멀어 이런 일을 벌였지만 아기인 자신을 구하고 지금까지 어려운 광야 생활 동안 동역한 누나와 형의 과거를 기억하고 현재의 이들을 용서한 것이다. 그리고 하나님께서는 형제를 용서한 모세의 기도를 들으시고 미리암에 대해 7일간 부정하니 진 안으로 들어올 수 없다는 금지만 하셨다. 이것은 모세가 기도했을 때 하나님께서 바로 미리암의 나병을 낫게 하셨다는 것을 의미한다. 7일 동안 진 밖에 있었던 것은 나병에 걸린 사람이 나병이 치유되었을 경우 7일 동안 장막 밖에 있어야 하는 부정의 규례를 따르기 위한 것이었다(레 14:1~9). 하나님은 아버지의 비유를 하시며 7일간의 부정 규례를 지키라고 하시는데 이것은 하나님이 미리암과 아론을 딸과 아들처럼 생각하고 계시다는 것을 보여준다. 즉, 모세에게 반역한 고라와 다단에게 행한 심각한 심판이 아니라 아버지가 자식을 훈계하는 수준에서 미리암과 아론의 잘못을 지적하시고 용서해 주신 것이다. 이들이 비록 잠시 권력에 눈이 멀어 모세에게 도전하였지만 진심으로 뉘우치자 하나님은 이들을 용서해 주시고 여전히 백성의 지도자로 인정해 주신 것이다. 그러므로 이 사건은 미리암만 아니라 미리암과 아론 모두 죄를 짓고 용서를 받은 사건으로 이야기해야 한다.

미리암이 격리되어 있는 일주일 동안 백성들의 행군은 중단되었다(15절). 백성들은 미리암이 돌아오기를 기다린 것이다. 15절의 행군을 중단한 주체가 백성들로 그들은 여전히 미리암을 약속의 땅에 함께 들어갈 그들의 선지자로 여기고 미리암과 동행하기를 원했기 때문이다. 그런데 미리암을 기다리는 백성과 모세의 모습은 오래 전 모세가 바구니에 떠내려가는 것을 바라보며 구원을 기다리던 소녀 미리암을 회상하게 하며, 모세가 이제야 예전의 고마움을 갚을 수 있지 않았을까 하고 상상하게 된다. 그러므로 이 사건은 비난과 죄와 징벌로 끝나는 것이 아니라 회개와 용서와 화해로 훈훈하게 마무리된다.

미리암은 민수기 20:1에서 마지막으로 등장한다. 미리암은 게데스에서 죽었고 백성들이 그녀를 장사지내 주었다. 구약에서 누군가의 죽음과 무덤의 위치를 보고하는 것은 그 사람의 특별한 지위를 표시하는 것으로, 미리암의 죽음 보고는 공동체에서 그녀가 상당히 중요한 위치에 있었다는 것을 알려준다.[71] 즉, 미리암은 죽을 때까지 백성들의 존경받는 선지자로 지도자로 살았다. 그렇기 때문에 후세 사람들은 미리암을 모세와 아론과 같이 광야에서 하나님의 임명을 받은 세 명의 지도자 중의 한 사람으로 인정하며 그녀를 기리고 있다(미 6:4).

그런데 왜 미리암이 부정적으로 해석되었을까? 성경에는 미리암 말고도 죄를 저지른 인물이 무수하게 나온다. 아니 죄를 짓지 않은 인물을 찾는 것이 쉽지 않다. 모세도 애굽 사람을 살해하고 도망한 살인자이고 아론도 황금송아지를 만들어 여호와의 분노를 일으킨 주범이다. 그러나 우리는 모세도 아론도 일방적으로 부정적으로 보지 않는다. 공은 공으로 과는 과로 평가하며 모세에 대해서는 초반에 잘못을 저질렀지만 후반에 신실한 여호와의 종으로 살아간 훌륭한 지도자라고 한다. 아론은 소소한 잘못도 있고 심각한 잘못도 있지만 대체로 대제사장의 임무를 무난하게 수행한 인물로 평가한다. 그런데 우리는 유독 미리암에 대해서만 너무 가혹한 잣대를 들이대어 한 번의 잘못을 가지고 그녀의 인생 전체를 부정적으로 평가하는 것 같다. 이것은 여성 지도자를 긍정적으로 보지 않는 편견이 해석에 반영되었기 때문이다.

그러므로 민수기 12장 사건만을 가지고 미리암을 폄훼하거나 무시하는 것은 구약이 그리고 있는 미리암의 전체적인 모습을 잘 보지 못한 결과라고 생각한다. 미리암은 모세를 구한 용감하고 지혜로운 인물이며 광야에서 이스라엘을 이끈 상당한 영향력을 가진 선지자였으며 잠시 권력에 눈이 멀어 실수하지만 모세와 하나님의 용서로 화해하고 죽는 날까지 이스라엘의 선지자로 살아간 인물이다. 그리고 그녀는 광야시대에 모세의 중요한 파트너요 동역자였다.

---

71) Gafney. *Daughters of Miriam*, 85

2. 드보라 사사[72]

드보라 사사는 사사기의 여섯 명의 대사사 중 한 명으로 여성이다. 사사 시대의 사사는 한 지파를 다스리는 직책이다. '사사'로 번역된 히브리어 '쇼페트'는 '재판하다, 다스리다'라는 뜻을 가진 동사 '샤파트'에서 나온 단어로 일반적으로는 '재판관'이라고 번역되지만 사사 시대에 등장하는 사사들의 활동을 보면 재판관보다는 '다스리는 자'로 보는 것이 더 적절하다. 사사 이야기에서 사사가 재판을 했다는 것은 드보라 사사에게만 나오고 다른 사사들은 백성을 구원하고 그 후 백성들을 다스렸던 것으로 나오기 때문이다. 사사는 한 지파를 다스리는 지도자로 적이 쳐들어왔을 때는 백성을 적의 손에서 구원하고 평화 시에는 백성을 재판하고 다스리는 역할을 하였다. 그러므로 드보라 사사는 사사 시대를 대표하는 최고 지도자 중의 한 사람이다.

그런데 드보라 사사는 사사들 중에 교회에서 거의 설교되지 않은 인물이다. 여담으로 본인이 드보라에 관한 박사학위 논문을 쓴 2006년경에 국내에서 연구된 드보라 관련 학술 서적과 학위 논문이 거의 없었고 관련 논문만 몇 편 있었을 뿐이다. 다른 남성 사사들에 비해 드보라에 대한 연구가 거의 되지 않았던 이유는 두 가지 정도로 볼 수 있는데 첫째는 여성 신학자들이 적었기 때문이다. 신학자의 대부분이 남성이고 남성 신학자들은 성경에 등장하는 여성 인물 특히, 여성 지도자들에게는 관심을 두지 않았기 때문이다. 두 번째는 교회 여성 지도자 특히 여성안수를 반대하는 보수적인 입장에서 볼 때 드보라 사사는 여성안수를 반대하는 데 최대의 걸림돌이 되는 인물이기 때문이다. 하나님이 여성을 이스라엘의 지도자인 사사로 세우신 것은 하나님께서 여성을 교회의 지도자로 세우시는 것을 반대하지 않으신다는 명백한

---

[72] 드보라 사사에 대한 것은 본인의 책 「이스라엘의 어머니 드보라」에서 자세하게 다루었다. 박유미, 「이스라엘의 어머니 드보라」 (용인:목양, 2008).

증거가 된다. 구약 시대에도 여성 지도자를 세우신 하나님께서 신약 교회에 여성 지도자를 세우는 것을 금지하신다는 것은 말이 안되기 때문이다. 이런 이유로 여성안수를 반대하는 보수적인 교회에서는 드보라에 대해 침묵하거나 드보라는 진정한 사사가 아니라는 비성경적 논리를 가지고 드보라의 지도자 됨을 부인하려는 시도를 오랫동안 하였다. 그러므로 이 글에서는 드보라에 대해서 두 부분으로 나누어 이야기하려고 한다. 첫째는 성경에서 말하고 있는 드보라에 관한 이야기이고 둘째는 그동안 학자들이 왜곡한 드보라에 관한 이야기를 비판하는 것이다.

1) 성경에서 말하고 있는 드보라

드보라는 사사기 4~5장에 등장하는데 그녀는 여자, 여선지자, 랍비돗의 아내, 여자 사사로 소개된다. 저자는 드보라가 여성이란 표현을 반복하여 강조한다. 드보라가 여성이라는 것을 강조하는 것은 일반적으로 남성이 사사로 등장할 것으로 기대하거나 백성들이 남성 사사에 익숙하기 때문에 이런 익숙한 생각에 균열을 주기 위한 것이다. 즉, 하나님이 여성을 사사로 세우셨다는 사실을 강조하기 위한 것이다. 드보라 사사가 여성이란 사실에 대해 이스라엘 백성은 의외성에 놀라기는 하였지만 그녀를 거부하거나 부인하지 않았다. 5절에서 백성들은 드보라에게 나와서 재판을 받는데 이것은 백성들이 여자 사사를 자신의 지도자로 받아들이는 데 전혀 문제가 없었다는 것을 알려준다.

드보라의 다른 특징은 선지자를 겸한 사사라는 것이다. 사사기에 나오는 사사는 대부분 전쟁에 능한 용사 사사로 영적인 문제에 대한 분별력을 가진 경우도 있지만 기드온이나 입다나 삼손의 시대는 분별력이 없기에 하나님은 선지자나 하나님의 사자를 따로 보내 하나님의 뜻을 전달하였다. 하지만 드보라는 선지자이기도 했기 때문에 하나님의

9장 여성 지도자들

뜻을 올바로 분별할 수 있었고 백성들을 하나님의 말씀대로 다스릴 수 있었다. 그러므로 영적인 부분에 있어서 드보라는 가장 뛰어난 사사라고 할 수 있다. 그리고 랍비돗의 아내라는 소개는 이중적 의미를 가진다. 실제적으로 드보라는 랍비돗이란 사람과 결혼한 사람이란 의미도 있지만 랍비돗이란 단어는 히브리어로 '횃불'이란 뜻을 가지고 있다. 그러므로 이 단어는 '횃불의 여자' 즉, '횃불을 든 여자'로 해석할 수 있다. 적의 압제로 인해 고난과 어둠 속에 살고 있는 백성을 구원하기 위해 횃불을 들고 일어난 여성이란 이미지를 갖는다. 이를 통해 드보라의 구원자 이미지가 강화된다.

또한 드보라는 사사였다. 가나안의 손에서 이스라엘을 구원하였다. 드보라는 자신이 직접 전쟁을 하진 않았지만 군대 장관인 바락을 세우고 전쟁의 방식을 지시하고 전쟁터에 함께 올라가 전쟁 명령을 내린 총사령관이었다. 드보라는 바락을 불렀고 바락은 드보라의 부름에 지체 없이 달려온다. 이런 상황은 드보라의 지위가 바락보다 높다는 것을 보여준다. 드보라가 하나님의 승리 약속과 함께 바락에게 전쟁하라고 명령하자 바락은 드보라가 같이 가면 가고 그렇지 않으면 가지 않겠다는 부정적인 답변을 한다. 바락이 드보라의 동행을 요구한 것은 가나안과의 전쟁에 대한 두려움 때문으로 하솔왕은 철병거를 가진 가나안 민족 중에서 가장 강력한 군사력을 가진 군대이다. 그런 군대를 상대로 전쟁을 하라는 명령을 받은 바락은 주저할 수밖에 없고 드보라의 동행을 통해 하나님의 함께 하심을 확인하고 싶었던 것이다. 바락은 눈에 보이지 않는 하나님이 아닌 눈에 보이는 사사 드보라의 리더십에 의지하여 전쟁을 하려고 하였다. 바락의 태도를 보면 이스라엘 백성들이 드보라를 얼마나 의지하고 신뢰하는지를 알 수 있다. 그런데 드보라는 이런 바락에게 이번 전쟁에서는 영광을 얻을 수 없을 것이고 그 영광은 다른 여자의 손으로 넘어갈 것이라고 책망의 예언을 한다. 그리고 드보라는 바락과 함께 다볼산으로 갔고 시스라의 군대가 다볼

산 아래 므깃도에 진을 치자 바락에게 여호와께서 함께 하실 것을 알려주며 전쟁 개시를 선언한다. 전쟁은 드보라의 말대로 여호와께서 가나안 철병거를 완전히 물리쳐 주셨고 시스라는 철병거 한 개도 건지지 못하고 맨발로 도망가는 큰 승리를 얻는다. 이렇게 드보라는 하솔왕의 손에서, 가나안의 철병거의 압제에서 이스라엘을 구원하였다.

그리고 하솔 부대의 군대 장관인 시스라는 겐 사람 헤벨의 아내 야엘의 손에 죽으므로 드보라의 예언대로 이 전쟁의 영광은 여자인 야엘의 손에 넘어갔다. 전쟁에서 대장을 죽이는 것이 전사의 가장 큰 영광이자 업적인데 바락은 그 영광이 야엘의 손으로 넘어간 것을 확인하는 역할에서 그쳤다.

전쟁이 끝나자 드보라는 승리의 영광을 하나님께 돌리기 위한 노래를 부르며 다시 등장한다. 일부 학자들은 사사기 4~5장에서 드보라는 4장 14절까지만 등장하고 바락이 4장 끝까지 등장하기 때문에 바락이 주인공이고 사사라고 주장한다. 하지만 사사기 4~5장은 하나의 이야기로 4장 1절(이스라엘 자손이 또 여호와의 목전에 악을 행하매)에서 시작하여 5장 31절(그 땅이 40년 동안 평온하였더라)에서 끝을 맺고 있고 드보라는 5장 1절에서 다시 노래를 부르며 등장한다. 5장 1절에서 비록 바락의 이름도 나오지만 '노래하다' 라는 동사가 3인칭 여성 단수형이기 때문에 드보라가 주도적으로 노래를 이끌고 있다는 것을 알 수 있다. 드보라의 노래는 드보라의 선지자와 사사로서의 영성과 권위를 잘 보여준다. 노래의 주제는 크게 두 가지인데 첫째는 이스라엘을 구원해 주신 여호와께 대한 감사와 찬양이다. 드보라는 사사들 중에서 유일하게 큰 구원을 베푸신 여호와를 기억하고 기념하며 여호와께 영광을 돌릴 줄 아는 사사였다. 두 번째 주제는 전쟁 후의 상과 벌에 대한 것이다. 드보라는 전쟁에 참여한 지파와 불참 지파의 명단을 언급하며 참여한 자들에게는 여호와의 복을, 참여하지 않은 자들에게는 여호와의 저주를 선언한다. 노래에서 참여자의 대표로 야엘이 그리고 불참자의 대표로 메로스가 언급된다. 드보라는 사사와 선지자의 권위로 이런 축복과 저주를 전쟁에 참여한 자와 불참한 자에게 선언한다. 이렇게 5장은 드보라의 존재와 권위를 더욱 부각시킨다. 그러므로 4~5장 드보라 이야기에서 드보라는 중간에 사라진 조연이 아니라 이야기를 처음부터 끝까지 이끌고 간 주인공이다.

드보라의 노래를 보면 백성들과 드보라가 생각하는 드보라 사사의 이미지가 나오는데 그것은 '이스라엘의 어머니'이다. 가나안의 철병거로 고통받고 있지만 이들을 구원할 어떤 지도자도 없는 상황에서 드보라는 이스라엘의 어머니로 일어난다. '이스라엘의 어머니'란 호칭은 구약에서 여기서 단 한 번 나오기 때문에 의미를 찾기 위해서는 이것과 대응되는 '이스라엘의 아버지'란 호칭의 의미를 살펴보려고 한다. 이스라엘의 아버지란 호칭은 엘리야(왕하 2:12)와 엘리사(왕하 13:14)에게 붙여진 것으로 두 경우 모두 '내 아버지여 내 아버지여 이스라엘의 병거와 마병이여'라고 부름으로 이들이 이스라엘의 군사적 보호자 역할을 하고 있었다고 말한다. 즉, 여기서 이스라엘의 아버지는 '이스라엘의 보호자'라는 의미로 사용되었다. 그리고 예레미야 31:9에서 하나님이 이스라엘의 아버지로 어려움에 빠진 이스라엘을 보호하시는 모습을 표현하고 있다. 이런 본문들과 연결하여 유추하면 '이스라엘의 어머니'란 표현은 이스라엘의 보호자를 뜻하는 것임을 알 수 있다. 드보라는 이스라엘이 심각한 위기에 빠지자 자식을 구하기 위해 일어난 어머니처럼 이스라엘을 구하기 위해 일어난 것이다. 드보라가 이스라엘의 어머니라는 이미지는 백성들의 말 속에서도 잘 나타난다. 5:12은 위기에 빠진 백성들이 드보라를 깨우는 모습이 나온다. '깰지어다'를 네 번이나 반복하며 백성들은 다급하게 드보라를 깨우고 있다. 마치 큰 문제가 생긴 아이가 도움을 청하기 위해 잠자고 있는 어머니를 막 흔들어 깨우는 이미지를 보여준다. 이렇게 이스라엘 백성도 드보라를 자신의 보호자로 생각하고 도움을 요청하고 있다. 그리고 드보라가 일어나자 백성들도 그녀를 따라 전쟁터로 모이는 모습이 13절 이후에 등장한다. 이렇게 드보라는 이스라엘의 어머니로 보호자로 강력한 리더십을 가진 지도자이자 사사였다.

드보라 사사는 가나안 정복을 완결시킨 인물이다. 하솔은 가나안에서 가장 먼저 발달한 성읍으로 군사력과 영향력에서 가장 강력한 성읍이었다. 그 증거로 하솔왕은 철병거를 900승이나 가지고 있었는데 철병거는 당시 철기 문명의 최고 무기로 당시 철칼도 제대로 없던 이스라엘의 상황과 비교해 볼 때 하솔은 한참 앞선 문명과 무기와 전투력을 가지고 있었다는 것을 알 수 있다. 그렇기에 드보라 시대까지 하솔을 점령하지 못하고 계속해서 괴롭힘을 당하고 있었던 것이다. 여호수아 17:16에서 에브라임 지파는 여호수아에게 가나안 족속에게 철병거가 있어서 그 땅을 정복할 수 없다며 다른 땅을 달라고 요청한다. 그만큼 철병거는 난공불락의 무기이며 두려움의 대상이었다. 하지만 드보라는 무기의 좋고 나쁨에 달린 것이 아니라 여호와의 손에 달렸다는 것을 믿고 전쟁하였기에 큰 승리를 거두고 하솔을 드디어 점령할 수 있었다. 드보라의 전쟁은 모세의 홍해 사건(출 14장)과 유사한 면이 많다. 철병거, 물로 쓸어버림, 여호와의 전쟁, 전쟁 후의 찬양과 같은 동일한 모티프를 가지고 있다. 즉, 둘 다 여호와의 권능을 드러내는 여호와의 전쟁이었다. 다만 차이점은 출애굽기 14장의 전쟁은 백성들이은 아무것도 안하였지만 사사기 4~5장의 전쟁은 백성들도 함께 싸운 것이다. 이런 유사점을 통해 우리는 드보라의 사사 겸 선지자라는 직책이 모세를 닮았다는 것을 인식하게 된다. 모세도 지도자이고 선지자였지만 직접 전쟁을 하는 대신 시종이자 군대장관인 여호수아를 대신 싸우게 했다. 그러므로 사사기와 구약 본문 안에서 드보라 사사는 영적으로 충만한 이스라엘의 뛰어난 보호자로 가나안 정복을 완결한 인물로 그려지고 있다.

2) 드보라 사사에 대한 논란 비판하기

사사기 4~5장에서 보여준 드보라의 모습은 그다지 복잡하지 않고 사사와 선지자로 가나안의 철병거에서 이스라엘을 구원한 지도자로 간단하게 설명할 수 있다. 우리의 믿음에 도전을 줄 만한 요소를 많이 가진 인물로 설교하기 좋은 인물이다. 그런데 드보라에 대한 논의는 침묵하거나 아니면 반대로 매우 복잡하게 이루어져 왔다. 그 이유는 단 하나, 드보라가 여성이기 때문이다. 만일 드보라가 남성이었다면 기드온보다 더 많은 존경을 받았을 것이지만 여성이기에 드보라의 사사성에 대해 끊임없이 문제를 제기하며 드보라를 폄훼하려고 시도하였다. 이 부분에서는 그런 시도들과 그에 대해 비판하면서 여성 차별의 관점이 성경 본문을 얼마나 왜곡시키는지를 보여주고자 한다.

드보라에 대한 가장 핵심적인 논란은 그녀가 진정한 사사인가이다 하는 문제이다. 드보라는 사사기 4:4에서 분명히 '사사'라고 말하고 있음에도 불구하고 많은 학자들은 드보라의 사사성을 의심하였다. 그 이유로 첫째, 드보라는 직접 전쟁에 참여하여 구원자로서 역할을 하지 않았기 때문이라고 한다. 드보라의 사사직을 반대하는 학자들은 드보라를 "명예로운 명예직 사사"(Boling,), "바락을 영웅 자리에 올려놓은 조력자"(Cox), "우리 개인적 전쟁터에서 여자에게 용기를 주기 위한 모델"(Buswell) 등으로 지도력을 약화시키는 해석을 하거나 심지어 드보라가 가정주부로서 성공하지 못했다고 비판하는 해석도 있다.[73] 그런데 우습게도 어떤 구원이나 업적도 언급되지 않은 소사사들(야일, 입산, 엘로, 압돈)에 대해선 사사인지 아닌지에 대해 논쟁하지 않고 그대로 사사로 받아들인다는 것이다. 하지만 앞에서 보았듯이 드보라가 칼만 들지 않았을 뿐 총사령관으로서 전쟁터에 가서 전쟁을 명령하는

---

73) 박유미, 「이스라엘의 어머니 드보라」, 235.

역할을 하였다. 그렇기에 전쟁하지 않았다는 주장은 지나치다. 또한 드보라가 직접 칼을 들지 않은 이유는 그녀가 선지자를 겸하고 있기 때문이다. 구약에 등장한 선지자 중에 직접 칼을 들고 전쟁에 참여한 인물은 없다. 대표적으로 모세, 사무엘, 엘리야, 엘리사 등은 군대를 모으고, 장군을 세우고, 전쟁의 전략을 일러주고 승리의 확신을 주는 등 전쟁에서 일정한 역할을 하지만 직접 싸우진 않는다. 드보라도 모세와 사무엘처럼 지도자와 선지자의 역할을 같이 했기 때문에 직접 전쟁하지 않고 자신의 조력자인 바락을 세운 것이다. 모세가 여호수아를 세운 것처럼 말이다. 그리고 여기서 또 하나의 문제는 선지자를 군대 장관의 조력자로 역할을 한정 짓는 것이다. 왕정 시대에 선지자는 최고 권력자인 왕의 조력자 역할을 하기도 하였다. 하지만 모든 선지자가 조력자에 머문 것은 아니다. 모세의 경우 여호수아가 전쟁을 했다고 해서 모세가 여호수아의 조력자라고 말할 수 없다. 오히려 여호수아가 모세의 조력자라는 것이 더 적합하다. 그리고 사무엘도 직접 전쟁하지 않았지만 그가 당대 최고 권위를 가진 인물이었다는 것을 부인하는 사람은 없다. 그러므로 드보라가 선지자라는 것과 전쟁에 나가지 않은 것이 사사성과 지도력을 의심받아야 할 이유는 아니다.

 드보라의 사사성을 의심하는 두 번째 이유는 드보라에게는 사사기 저자가 '하나님이 일으키다', '구원하다'라는 말을 쓰지 않은 것이다. 그런데 입다 사사 이야기에도 '구원하다'나 '하나님이 일으키셨다'는 말이 나오지 않는다. 특히 입다의 경우는 백성들이 입다를 먼저 선택하고 하나님이 사후에 승인한 경우이다. 블록(Block) 같은 학자는 바락을 구원자 혹은 사사라고 주장하는데 바락에게도 '구원하다'라거나 '하나님이 일으키다'라는 말을 사용하지 않는다. 바락의 경우는 드보라가 불러서 세운 것으로 나온다.

 드보라의 사사성을 의심하는 세 번째 이유는 '하나님의 영이 임했다'는 언급이 없다는 것이다. 하지만 에훗 사사 이야기에도 이 표현은 없지만 에훗에 대해 본문은 분명히 '구원자(3:15)'라고 말하고 있으므로 이 말의 존재 유무가 꼭 사사의 필수 자격 요건은 아니다. 그리고 사사기에서 '여호와의 영'은 사사직을 임명하는 기능보다는 임명된 사사가 전쟁에서 뛰어난 능력을 발휘할 수 있는 힘으로 기능한다. 그러므로 전쟁을 직접하지 않은 드보라에게 이 표현이 나오지 않은 것은 당연하다. 대신 드보라는 선지자로 이미 하나님의 선택을 받았기 때문에 하나님의 뜻을 분별하고 그의 음성을 듣고 백성을 다스리는 영적인 능력은 다른 사사보다 뛰어나다고 할 수 있다. 그러므로 하나님의 영이 임했다는 표현이 진정한 사사라는 확실한 징표라는 주장은 사사들 전체 이야기의 지지를 받기 어렵다. 드보라는 다른 사사들의 유형과는 다른 모습을 가지고 있다. 하지만 사사 누구도 옷니엘과 같은 틀에 딱 들어맞는 유형을 가진 사사는 없다. 앞에서 언급한 것처럼 에훗도 다른 면을 가지고 있고 기드온 이후 입다와 삼손은 이 유형에서 상당히 벗어나는 것을 볼 수 있다. 그러므로 드보라가 사사기의 기본 유형에서 벗어나는 모습을 가진 것이 진정한 사사가 아니라는 증거가 될 수는 없다. 그리고 이런 해석이 남녀 차별적 해석이라고 보는 이유는 이런 유형에 맞지 않는 다른 사사에 대해 진정한 사사인지에 대한 논의가 드보라처럼 많지 않다는 것과 이런 유형에 전혀 들어가지도 않고 성경 본문에서 사사라는 호칭도 받지 못한 바락을 사사라고 주장하기 때문이다.

드보라에 대한 두 번째 논란은 드보라가 사사라는 것은 인정하지만 여자인 드보라를 사사로 세운 것은 남성을 부끄럽게 하기 위한 것이라는 주장이다. 이 주장은 여성은 자격이 되지 않지만 원래 사사가 되어야 할 남성들의 수준이 떨어져 할 수 없이 여자인 드보라를 세워 남성들에게 경각심을 주었다는 의미이다. 이 해석은 아직도 보수적인 교회에서 심심치 않게 들리고 있다. 이 주장의 전제는 사사는 원래 남성만

되어야 한다는 것이다. 그런데 사사기 어디에도 사사를 세우셨을 때 왜 그 사사를 세우셨는지 설명한 부분이 없다. 왜 왼손잡이 에훗, 의심 많은 기드온, 혼외자인 입다, 제멋대로인 삼손을 사사로 선택하셨는지 알 수 없다. 우리는 다만 하나님이 이들을 사사로 세우셨다는 것과 그들을 통해 하나님의 역사하심을 배우고 그들의 신앙의 한계를 통해 교훈을 얻는다. 우리는 오른손잡이를, 의심이 없는 사람을, 혼인 관계에서 태어난 사람을 부끄럽게 만들기 위해 그들을 택했다고 설명하지 않는다. 다만 우리가 보기에 약점처럼 보이는 부분도 하나님은 전혀 문제 삼지 않고 하나님이 필요하신 대로 사사를 세우신다는 사실을 알 수 있을 뿐이다. 그러므로 남성을 부끄럽게 하기 위해 여성 사사를 세우셨다는 말은 철저히 남성 중심의 해석이다. 남성을 역사의 주인공으로 보고 여성은 조연 내지 보조자로 보는 관점을 그대로 드러낸 해석이다. 드보라는 여성이라는 것을 빼고 보더라도 다른 사사보다 뛰어난 지도력과 믿음을 가지고 있었기에 우리 신앙의 모범이 되기에 충분하다. 그러므로 여성 남성을 떠나서 하나님은 당시 시대 속에서 드보라가 적절한 인물이었기에 그를 선택했다고 해석하면 좋을 것이다.

　이 주장과 연결되는 또 다른 논란은 드보라가 사사가 된 것은 어쩔 수 없는 특별한 상황에서 일어난 단회적 사건이라는 것이다. 이것은 본인이 신대원 시절에 구약개론 시간에 들은 내용인데 이런 주장이 아직도 이어지고 있다. 이 주장은 여성안수를 반대하기 위한 배경을 가지고 있다. 다른 말로 하면 성경의 내용을 그대로 설명한 것이 아니라 여성안수를 반대하는 신학적 입장에 맞춘 해석이라는 것이다. 여성안수를 반대하는 가장 핵심적인 근거는 하나님과 성경이 여성 지도자를 반대하기 때문이라고 한다. 그런데 이 주장을 가장 어렵게 만드는 것이 바로 드보라 사사의 존재이다. 여성을 사사로 세우신 하나님이 여성 지도자를 반대한다고 말하는 것은 성경의 내용을 부정하는 것과 같기 때문이다. 즉, 여성 지도자를 부정하면 성경의 내용을 부정해야 하고 여성 지도자를 인정하자니 여성안수를 반대할 근거가 사라지는 진퇴양난 속에서 생각해낸 주장이 바로 드보라는 특별한 상황에서 일어난 단회적 사건이라는 것이다. 즉, 하나님이 남성 중에 지도자가 될 만한 인물이 없는 급박하고 특별한 상황에 하나님의 신념과 창조 질서를 깨고 여성인 드보라를 어쩔 수 없이 한 번만 세우셨다는 것이다.

그러나 이 주장의 문제는 첫째, 드보라 시대가 하나님의 신념과 창조 질서를 깨야 할 만큼 남성들이 전체적으로 무능하고 타락한 시대냐는 것이다. 드보라의 군대장관인 바락을 보더라도 의심하기는 하였지만 결국 드보라를 통한 하나님의 명령과 약속을 믿고 목숨 걸고 전쟁에 임한 남성이다. 그래서 드보라의 노래에서 드보라는 바락을 긍정적으로 그려주고 있다. 이것은 다음 사사인 기드온의 의심에 비하면 양반이다. 기드온은 끊임없이 의심하며 표징을 구하였고 표징이 이루어지는 것을 보고서야 전쟁에 나갔다. 그러므로 남성만 지도자가 될 수 있다는 절대 불변의 창조 질서가 있었다면 드보라 대신 바락을 세워도 충분했을 것으로 보인다. 그래서 일부 학자들은 실제로 바락이 사사라고 주장하기도 한다. 그러므로 이 시대를 창조 질서와 하나님의 신념을 깨고 여성을 세워야 할 만큼 타락한 시대라고 볼 이유가 없다. 둘째는 특별하고 단회적 사건이라는 해석의 근거가 약하다는 것이다. 열두 명의 사사 중에 한 명, 혹은 여섯 명의 대사사 중에 한 명은 비율적으로 적은 비율이 아니다. 8%. 16%는 결코 적은 비율이 아니다. 현재 감리교도 오랫동안 싸워서 여성 총대 비율을 15%로 만들었다고 하였다. 아마 현재 총신신대원 여학생 비율도 8% 전후일 것이다. 그러므로 일단 수치상 8%, 16%를 '특별한'이라고 표현하는 것이 맞는지 의문이다. 또한 '단회적'이란 표현은 신중할 필요가 있다. 물론 이후에 여성 사사가 세워지지 않았을 수도 있지만, 여성 사사가 있었음에도 기록되지 않았을 수도 있다. 현재 사사기에 기록된 대사사 여섯 명과 소사사 여섯 명은 사사 시대를 대표하는 사사들을 선택하여 모아 놓은 것이다. 사사는 기본적으로 자신의 지파를 다스리는 지도자였기 때문에 열두 명보다는 많았을 것으로 추측한다. 그러므로 많은 사사들 중에서 대표적 사사 여섯 명에 드보라를 포함한 것은 '단회성'을 강조하기 위함보다는 여성도 사사를 할 수 있다는 '가능성'과 '당위성'을 강조하는 것으로 볼 수 있다.

결론적으로 드보라 사사에 대한 논란은 남성 중심으로 성경을 읽으려는 해석학적 관점의 문제이며 여성안수를 반대하는 사람들의 신학적 입장의 문제이지 본문 자체의 문제는 아니다.

3. 훌다 선지자

훌다 선지자는 열왕기하 22:14에 등장하는 여선지자로 우리에게 그다지 알려지지 않은 인물이다. 훌다는 요시야 시대 선지자인데 그동안 요시야와 그의 개혁은 많은 주목을 받고 설교 되었지만 개혁의 영적 지도자인 훌다 선지자는 거의 주목받지 못하였다. 이 글에서는 훌다 선지자가 어떤 인물이며 요시야 개혁에서 어떤 역할을 하였는지 알아봄으로 미리암과 드보라와 다른 여성 지도자의 모습을 그려볼 것이다.

1) 훌다 선지자 이야기

훌다 선지자는 요시야가 성전을 수리하다 율법책을 발견한 후 등장한다. 유다왕 요시야는 "여호와 보시기에 정직히 행하여 그 조상 다윗의 모든 길로 행하고 좌우로 치우치지 아니하였다(왕하 22:2)"는 평가를 받았다. 이런 평가는 이전에 히스기야 왕이 받던 평가로(왕하 18:3) 많은 학자들이 요시야를 제2의 히스기야로 여기고 있다.[74] 그

---

74) 참조, T.R. Hobbs., *1, 2 Kings* (Dallas : Word Pub., 1989), 323-326.

시대 대제사장인 힐기야는 요시야의 명령으로 성전을 수리하던 중 율법책을 발견하여 서기관 사번에게 주었고 사반은 율법책을 요시야에게 읽어주었다(10절). 그런데 율법책의 내용을 들은 요시야는 즉시 그의 옷을 찢었다. 옷을 찢은 것은 회개의 행동이거나 재앙이 임했다는 것을 상징하는 행동인데 여기서는 율법책에 적힌 재앙 선포에 대한 반응이다. 그는 제사장과 서기관과 시종을 불러 이 율법책에 대하여 여호와께 물으라고 명령을 한다. 왜냐하면 책에 따르면 조상들과 자신들이 이 책의 내용을 듣지도 않고 행하지도 않았기 때문에 자신들에게 진노가 내릴 것이라고 말하고 있는데 정말로 그런지 알기 원했기 때문이다.

여호와께 물으라는 요시야의 명령을 받은 사람들이 찾아 간 사람이 바로 여선지자 훌다이다. 그들은 다른 선택지를 고려하지도 않고 바로 훌다에게 간다. 본문에서 훌다는 여선지자이며 살룸의 아내로 소개되며 살룸은 힐하스의 손자 디과의 아들이며 예복을 관리하는 사람이다. 여기서 훌다가 일개 성전의 하급 관리의 아내라는 것은 전혀 중요하지 않다. 다만 결혼한 여성을 소개하는 관습적 구문일 뿐이다. 그러나 그녀가 예루살렘 성의 신도시인 둘째 구역에 살고 있다는 장소적 배경은 중요한데 그녀는 예루살렘을 중심으로 활동하던 중앙 선지자였다.[75] 이들이 왜 여선지자인 훌다에게 갔는지에 대한 많은 논란이 있다.[76] 그 당시 소명 받은 지 5년이나 되는 예레미야나 스바냐 선지자가 이미 활동하고 있었다는 사실을 염두에 둘 때 훌다 여선지자를 찾아갔다는 것은 놀라운 일이다. 하지만 본문은 이런 문제에 대해 전혀 관심이 없다. 넬슨(Nelson)은 본문이 그녀가 여성이라는 것을 특별 취급하지 않는 것은 하나님 선지자로서의 그녀의 지위는 성별과 무관하며 당시 여선지자들이 많이 활동했기 때문에 훌다에 대해서 특별히 설명할 필요

---

75) ibid, 327.
76) 참조, 이경숙 , 「구약성서의 여성들」 (서울: 대한기독교서회, 1994), 196-197.

가 없다는 인상을 준다고 하였다.77) 이렇게 본문은 여선지자에 대한 어떤 문제도 제기하지 않을 뿐만 아니라 본문에서 제사장이 포함된 왕의 대규모 사절단이 주저하지 않고 그녀에게 찾아가 하나님의 뜻을 물었다는 것을 보면 당시 훌다는 무척 잘 알려지고 국가의 신임을 받는 예언자라는 것을 알 수 있다.

  그들은 왕의 말을 훌다에게 알렸고 훌다는 그들에게 여호와의 말씀을 전해준다. 훌다의 예언이 "여호와께서 이렇게 말씀하셨다"는 전형적인 예언 형식으로 시작되는 것을 보면 훌다가 전형적인 선지자였음을 보여준다. 훌다의 예언은 두 가지인데 첫째는 유다 왕이 읽은 책의 모든 말대로 유다에 재앙을 내리겠다는 것으로 유다의 멸망에 대한 예고이다. 둘째는 요시야 왕 개인에 대한 예언이다. 요시야 왕이 말씀을 듣고 회개하는 소리를 여호와께서 들으시고 요시야 왕 때는 이 재앙이 일어나지 않고 요시야 왕은 평안히 묘실로 들어갈 것이라는 내용이다. 요시야의 회개는 이전에 심판 선언을 듣고 회개한 아합과 히스기야와 같다. 그래서 그들의 기도를 들으신 하나님께서 요시야 왕의 기도도 들으시고 그들과 마찬가지로 징벌의 유예라는 호의를 베푸신 것이다. 그렇기 때문에 요시야는 임박한 심판을 보지 않고 평안하게 선조들의 묘실로 들어갈 것이라고 예언한다. 이런 종류의 예언은 아합 때는 엘리야가 전하였고 히스기야 왕 때는 이사야가 전했었다. 그 당시 가장 영향력 있는 선지자들이 왕에게 전한 내용을 훌다가 요시아 왕에게 전하는 것을 보면 훌다는 당시 가장 영향력 있는 선지자였다고 볼 수 있다.

  훌다의 예언을 통해 율법책의 말이 사실이며, 유다에게 재앙이 임할 것이라는 알게 된 요시야 왕은 백성들을 모아 언약 갱신을 하고 유다 안의 모든 이방신상과 산당을 제거하고 유월절을 준수하는 등 종교개혁을 단행한다. 이런 요시야의 노력에 대해 왕하23:25은 "요시야와

---

77) 리차드 넬슨, 「열왕기상, 하 :목회자와 설교자를 위한 주석」, 김회권역 (서울: 한국장로교출판사, 2000), 401.

같이 마음을 다하며 뜻을 다하며 힘을 다하여 모세의 모든 율법을 따라 여호와께로 돌이킨 왕은 요시야 전에도 없었고 후에도 그와 같은 자가 없었더라"라고 평가한다. 이렇게 강력한 종교개혁을 한 요시야 왕의 옆에서 그의 영적 지도자로 같이 있었던 선지자가 바로 훌다이다. 요시야 왕은 훌다의 예언을 통해 율법책의 의미와 하나님의 뜻을 확실히 알 수 있었고 그렇기 때문에 종교개혁을 단행할 수 있었던 것이다. 그러므로 훌다는 요시야왕의 종교개혁의 동역자이자 든든한 후원자였다.

2) 훌다와 이사야의 관계

이런 훌다 선지자의 사역은 히스기야 왕 때 활동하던 이사야 선지자의 역할과 비슷하다. 앞에서 언급한 것처럼 열왕기서는 요시야 왕을 제2의 히스기야 왕으로 그리고 있다. 요시야에 대한 회개와 간구와 응답도 히스기야의 기도와 응답과 매우 유사하다. 히스기야 왕의 재위기간 중에 앗수르의 랍사게가 유다에 쳐들어와 선전포고를 함으로 국가가 풍전등화의 위기를 맞이하게 되었을 때 히스기야는 옷을 찢고 하나님께 기도하였고, 하나님께서는 이사야를 보내셔서 유다를 구원해 주실 것을 약속하신다(왕하19:20~34). 히스기야가 개인적으로 병에 걸려 얼마 있다 죽으리라는 예언을 받고 기도했을 때도 그 기도를 들으시고 그의 병을 고쳐주신다고 이사야를 통해 말씀하셨다. 후에 바벨론 사신들에게 왕궁의 보물을 보여준 뒤에는 이사야를 통해 유다의 멸망을 예언하셨다. 이사야의 예언 내용도 히스기야의 기도에 대한 응답으로 히스기야 개인의 죽음에 대한 유예와 유다에 대한 멸망인데 이것은 요시야의 회개와 기도에 대한 응답이라는 형식과 요시야 개인에 대한 죽음의 평안과 유다의 멸망이라는 내용 면에서 유사점이 많다. 즉, 히스기야 왕 때 이사야가 히스기야의 영적 지도자로서 하나님의 말씀을 전달하는 선지자였다면 요시야 때는 훌다가 그 역할을 담당한 것이다. 더 나아가 히스기야는 이사야의 개입 없이 종교개혁을 먼저 시행하였지만 요시야 왕은 훌다의 예언을 통해 종교개혁을 단행했기 때문에 훌다의 영향력이 더 컸다고 말할 수 있다. 이렇게 유다는 하나님의 말씀을 전하는 이사야와 훌다와 같은 선지자와 그 말씀에 순종하는 히스기야와 요시야와 같은 신실한 왕들 때문에 심판이 유예될 수 있었던 것이다.

훌다 여선지자는 비록 성경에는 간단하게 나타나지만 유대 문헌 안에는 그녀에 대한 이야기가 아주 풍부하게 나타난다. 또한 예루살렘에서는 다섯 개의 문 중에서 두 개가 훌다의 문이라 불릴 정도로 훌다는 유대 사람들의 사랑을 받았다. 한편 아람어 탈굼은 그녀가 거주했던 곳을 Bet-Ulpana 즉, '공부하는 집'으로 번역하면서 훌다를 여선지자이면서 동시에 여기서 가르치던 교사, 즉, 여신학자라고 해석하였다. 이렇게 훌다에 대한 유대인들의 존경은 대단했는데 이런 존경은 그의 무덤에 대한 전승에서 특히 잘 나타난다. 예루살렘에서는 정결 문제 때문에 성전 주변에는 어떤 무덤도 두지 못하게 하였다. 그런데 "다윗 집안의 무덤과 훌다의 무덤"만이 허용되었다는 것이다.[78]

그러므로 훌다는 요시야 왕 때 활동한 선지자로서 요시야 왕의 종교개혁에 든든한 후원자요 동역자로 많은 영향력을 준 영적 지도자라 할 수 있다.

4. 에스더 왕후

에스더서는 포로 후기 시대의 이야기로 고레스 칙령으로 유다 땅으로 돌아간 유다인들과 달리 페르시아에 남아 있던 유다인들의 역사를

---

78) 참조, 이경숙, 「구약성서의 여성들」, 198.

9장 여성 지도자들

다루고 있다. '에스더' 하면 '죽으면 죽으리라'는 유명한 말과 함께 유다 백성을 구한 헌신적인 여성의 대명사로 설교 된다. 하지만 이런 설교 속에는 에스더가 페르시아에 남아 있던 유다 공동체에게 하나님이 그들을 돌보고 계신다는 것을 알려준 영적 정치적 지도자라는 특징은 잘 나타나지 않는다. 그러므로 이 글에서는 에스더를 왜 유다 공동체의 지도자로 보아야 하는지 설명하려고 한다.

1) 수동적이고 소극적인 에스더

에스더는 처음에는 수동적이고 정적인 인물로 등장한다. 그녀는 포로로 끌려온 유다인으로 부모가 없어 사촌인 모르드개의 양딸로 자랐다. 저자가 말하는 그녀의 가장 큰 특징은 아름다운 외모이다. 이 아름다운 외모는 그녀가 왕후가 될 수 있었던 가장 큰 이유이다. 왜냐하면 아하수에로 왕의 신하들이 왕후를 뽑는 조건을 아름다운 처녀라고 말하고 있기 때문이다(에 2:2). 에스더는 왕비를 간택하는 때에 수산궁으로 끌려가게 된다. 여기서는 철저히 수동적이다. 8절의 "이끌려 가서"라는 번역은 직역하면 "끌려가다"라는 뜻이다. 즉, 에스더는 자기가 원해서가 아니라 아름다운 외모 때문에 왕궁으로 끌려가게 되었다.

에스더가 비록 후궁으로 끌려갔지만 그곳에서 하나님은 에스더에게 특별한 은혜를 내려주신다. 그 증거는 다음 세 가지인데 첫째는 왕의 여자들을 관리하는 헤게라는 인물의 눈에 들었고 헤게는 에스더에게 은혜를 베풀어 그녀에게 풍부한 물품과 시녀 일곱 명과 아름다운 후궁을 제공하였다. 에스더 2:9에서 한글 성경은 '으레 주는'이라고 번역하여 헤게의 특별한 은혜를 감소시키고 있다. 하지만 원문을 직역하면 "왕의 궁전에서 그녀에게 주기 위해 선택된 일곱 명의 시녀"이다. 즉, 에스더를 위해 특별히 뽑힌 시녀들이라는 것을 강조한다. 그리고 에스더가 머무는 곳도 후궁 중에서 좋은 곳으로 옮겨졌다. 이렇게 에스는 헤게에게 특별 대우를 받는다. 둘째는 에스더가 다른 처녀들처럼 더 많은 화장품과 장식품들을 구하지 않았지만 모든 보는 자들에게 사랑을 받은 것이다(에 2:15). 셋째는 후궁이 되는 복잡한 절차와 어려운 상황에도 그녀가 왕의 사랑을 받아 왕비가 되었다는 것이다(에 2:17).

그런데 에스더서에서는 직접적으로 하나님을 언급하지 않는다. 다만 에스더 뒤에서 보이지 않는 손길로 역사하시는 하나님께서 에스더와 함께하셔서 그녀의 주변에 있는 사람들이 그녀를 돕고 좋아하게 만드신 것이다. 마치 요셉이 애굽에 끌려가 보디발의 집에 있을 때나 감옥에 있을 때나 왕궁에 있을 때나 언제든지 하나님께서 함께하셔서 요셉에게 복을 주신 것과 같다. 하지만 에스더서에서는 요셉 이야기처럼 이런 하나님의 역사하심이 명시적으로 드러나지 않고 룻기에서처럼 보이지 않는 하나님의 손길로 나타난다. 이렇게 소극적인 에스더는 보이지 않는 하나님의 은혜에 의해 페르시아의 왕비가 되었다.

에스더는 모르드개와의 관계 속에서도 처음에는 수동적이었다. 그녀는 양부인 모르드개의 말에 순종하여 자신이 유다 출신이라는 것을 밝히지 않았다. 하지만 이런 에스더의 성격이 변하게 되는 사건이 일어난다. 유다인인 모르드개가 총리이자 아말렉 사람인 하만에게 절하지 않아 하만의 분노를 사게 되었고 그 분노가 모르드개 한 사람에게만 미친 것이 아니라 온 유다인이 도륙당할 심각한 상황이 벌어지게 된다. 이런 상황을 해결할 능력이 없던 모르드개는 에스더에게 왕에게 나아가 유다인을 살려달라고 간구하라고 요청한다. 하지만 와스디의 예에서 보았듯이 왕의 명령을 어기면 바로 죽음인 상황에서 소극적인 에스더는 모르드개의 요청을 거절한다. 현재 왕이 자신을 찾지 않은 지도 30일이 넘었기에 지금 왕에게 가는 것이 불가능하기 때문이다. 그러나 모르드개는 에스더의 이런 부정적인 대답에 굴하지 않고 강력한 어조로 에스더를 독려한다. 첫째는 네가 왕궁에 있다고 목숨을 유지할 수 있을 것이라고 생각하지 말라는 것이다. 너도 유다인이기 때문에 죽음을 피할 수 없다는 잔인한 현실을 일깨워 준 것이다. 둘째는 에스더 4:14에서 말하는 것인데 우리말에서는 "이 때에 네가 만일 잠잠하여 말이 없으면 유다인은 다른 데로 말미암아 놓임과 구원을 얻으려니와 너와 네 아버지 집은 멸망하리라 네가 왕후의 자리를 얻은 것이 이때를 위함이 아닌지 누가 알겠는가"인데 이것을 직역하면 "네가 만일 잠잠하며 말이 없으면 유다인이 다른 데서 말미암아 놓임과 구원을 얻겠느냐? 너와 네 아버지 집은 멸망하지 않겠느냐? 네가 왕후의 자리를 얻은 것이 이때를 위함이 아닌지 누가 알겠느냐?"로 번역될 수 있다. 이 번역은 모르드개가 에스더에게 위험을 강요하는 것이 아니라 에스더가 유일한 희망이요 에스더가 왕비가 된 것이 하나님의 섭리라는 것을 강조하는 것이다.

2) 적극적이고 지혜로운 지도자

이렇게 모르드개가 에스더야말로 유일한 희망이라는 것을 강조하자 그녀는 이것을 하나님의 뜻으로 받아들이고 이때부터 능동적으로 변하기 시작한다. 이제 더 이상 두려워하며 수동적인 에스더의 모습은 없다. 그녀는 이제 모르드개의 명령을 듣는 자에서 모르드개에게 명령하는 자로 변하여 모르드개에게 유다 민족과 더불어 자신을 위해 금식하라고 명령한다. 그리고 자신도 3일 동안 금식을 하고 그 후에 왕에게 나갈 것이고 만일 죽으면 죽으리라는 강한 맹세와 결심을 드러낸다. 여기서 금식은 이스라엘 백성들이 회개를 하거나 하나님의 도우심과 은혜를 받기 위해 해오던 전통적인 신앙의 방식이다. 에스더는 하나님의 뜻을 알았을 때 하나님의 도우심을 구하며 기도하며 목숨을 걸고 행동하기 시작한다.

에스더는 금식한 이후 왕후의 복장을 다 갖추어 입음으로 최대한 아름답고 품위를 갖춘 모습으로 왕의 앞에 나가 왕의 호의를 얻으려고 노력한다. 이 장면은 결연한 분위기로, 왕후의 옷을 하나씩 입는 모습은 전쟁하기 위해 옷을 갖추어 입는 군인의 모습을 연상시킨다. 사실 그녀는 자신의 민족을 구하기 위해 오직 하나님의 힘만을 의지하며 하만과의 전쟁을 치르기 위해 나가는 것이다. 에스더는 금식하고 그녀를 부르지 않은 왕의 앞으로, 그녀에게 허락되지 않은 왕의 안뜰로 나아갔다. 이전 왕후 와스디는 왕의 명령을 어기고 왕에게 나가지 않아 폐위가 되었는데 지금은 반대로 왕의 명령을 어기고 왕의 앞으로 나가는 것이다. 이 상황은 정말 두렵고 무섭고 긴장이 되는 상황이다. 그녀는 자신의 지위와 목숨을 걸고 나간 것이다. 이렇게 하나님을 의지하며 백성을 위해 왕에게 나갔을 때 왕은 나라의 절반이라도 줄 만큼 에스더를 아름답게 보았다. 하나님께서 에스더의 기도를 들으시고 왕에게 역사하신 것이다.

하지만 에스더는 기회를 잡았을 때도 급하게 일을 진행하지 않는다. 연회를 베풀어 왕이 자신에게 가장 호의를 가질 수 있는 유리한 상황을 만들고 또한 바로 소원을 말하지 않고 지연시킴으로 자신이 요청하기에 가장 적절한 타이밍을 잡으려고 하였다. 이런 에스더의 태도에 안달이 난 왕은 자신의 입으로 세 번이나 에스더의 소원은 무엇이든지 들어주겠다고 약속하였다. 에스더는 왕과는 다르게 매우 신중하고 치밀하게 행동한다. 에스더는 왕이 궁금하여 애가 타는 것을 이용하여 차마 거절하지 못할 상황을 만들고 있는 것이다. 에스더는 소극적인 모습을 버리고 차곡차곡 자기 계획대로 일을 진행하고 있다. 그리고 하만을 안심시키고 결정적인 순간에 피할 수 없도록 하만도 연회에 부르는 치밀함을 보인다.

결정적인 순간에 에스더는 드디어 소원을 말하기 시작한다. 그녀는 "그대의 소청이 무엇이냐 그대의 요구가 무엇이냐"는 왕의 2중적 질문에 맞추어 2중적으로 대답을 한다. 그녀의 목숨과 그녀의 민족을 달라고 하였다. 그녀는 자신과 자신의 민족이 팔려서 죽임과 도륙함과 진멸함당하게 되었다고 조서의 문구를 그대로 사용하여 말한다(3:13). 그녀는 덧붙여 이런 처사가 얼마나 부당하고 억울한 것인지를 강조하기 위해 자신과 자신의 민족이 종으로 팔리기만 했어도 이렇게 말하지는 않았을 것이라고 말한다. 에스더 7:4을 직역하면 "재난이 원수가 왕에게 입히는 손실과 동등할 수 없기 때문입니다"로 자기의 죽음보다도 왕이 손실을 입고 마음 쓰는 것이 더 신경 쓰인다고 말하는 것이다. 에스더는 매우 교묘한 화법으로 왕의 분노를 자극하고 있다. 즉, 지금 나라의 절반을 주겠다고 말할 만큼 왕의 사랑을 받는 자신이 대적의 손에 죽게 되었으며 이런 처사가 궁극적으로는 왕에게 매우 손해라고 강조하는 것이다.

이런 에스더의 말을 들은 왕은 놀라서 감히 이런 일을 마음에 품은 자가 누구며 어디 있느냐고 묻는다. 이런 왕의 질문에 에스더는 결정적인 대답을 한다. "대적과 원수는 이 악한 하만입니다(에 7:6)". 이 순간을 위해 에스더는 하만을 꼭 동행해 달라고 부탁한 것이었다. 이제 하만과 에스더의 입장이 역전되었다. 하만에 의해 죽임당할 것을 두려워하던 에스더는 당당해졌고 왕과 왕후를 우롱하던 하만은 오히려 왕과 왕후를 두려워하게 되었다. 하만도 이 순간까지 일이 이렇게 될 줄은 전혀 생각하지 못하였고 에스더가 자신이 죽이려던 유다인인 줄은 꿈에도 생각을 못한 것이다. 에스더는 완벽한 시간에 완벽한 방법으로 하만이 말 한마디 못하게 옭아매었다. 이런 에스더의 지혜와 용기와 하나님의 도우심으로 결국 하만은 죽게 되었다.

하지만 아직 왕이 내린 조서가 유효하기에 유다인의 운명은 여전히 진멸의 위기에 놓여 있었다. 그렇기 때문에 에스더는 왕의 발 앞에 엎드려 울면서 왕에게 하만이 유다인을 진멸하라고 내린 조서를 철회해 달라고 요청한다. 에스더는 "왕의 목전에 은혜를 입었고 왕이 이 일을 좋게 여기시고 나를 좋게 보시면(에 8:5)"이라고 3중적으로 자신에 대한 호의를 강조하므로 왕이 자신에게 보여주고 있는 호의를 최대한 이용하고 있다. 그러면서 하만이 왕의 각 지방에 있는 유다인을 진멸하기 위하여 쓴 조서를 철회해 달라고 요청한다. 그녀는 조서의 책임이 왕이 아니라 하만에게 있음을 강조함으로 조서를 허락한 왕의 부담을 덜어준다. 그리고 유다인은 자신의 민족이며 친척임을 강조한다. 이런 에스더의 간곡한 부탁과 현명한 말로 인해 왕은 에스더와 모르드개에게 왕의 이름으로 너희 마음대로 조서를 써서 왕의 반지로 인치라고 한다. 한 번 반포가 된 조서는 철회가 불가능하기 때문에 너희 능력과 지혜대로 유다인을 보호할 조서를 써서 발표하라는 것이다. 왕의 허락으로 인해 에스더와 모르드개는 적들의 공격에 방어하라는 새로운 조서를 발표하였다. 이 조서 덕분에 유다인을 죽이려고 했던 날 오히려 유다인을 죽이려던 자들이 진멸된 날로 바뀌어 유다인이 구원을 얻을 수 있었다.

 그녀는 한 번 시작한 일을 확실하게 마무리하여 다시는 유다인이 위협받는 일이 생기지 않도록 수산성에서는 하루 더 대적을 죽일 수 있도록 왕에게 간구하였고 결국 도성에 있는 유다인의 대적을 모두 소탕하는 철저함을 보인다. 에스더는 대적의 손에서 유다인을 위기에서 구원하였을 뿐만 아니라 진멸하는 업적을 거두었다. 에스더의 적극적이고 단호하고 철저한 모습은 아말렉을 진멸하라는 하나님의 명령을 어긴 사울의 우유부단한 모습과 대조된다.

 모든 전쟁이 끝난 후 유다인들은 금식과 죽음을 무릅쓰고 왕 앞에 나가 유다인을 구하고 하만 일가를 죽인 에스더의 영웅적인 행동을 기념하여 부림절을 지킨다. 유다인들은 에스더를 하만 일당에게서 자신들을 구한 구원자로 여긴 것이다. 그리고 에스더는 유다인들에게 부림절을 굳게 지키라는 편지를 보낸다. 에스더 9:29에서 '왕후 에스더와 유다인 모르드개'가 같이 나와 함께 편지를 쓴 것으로 보이지만 '쓰다'는 히브리어 동사는 3인칭 여성 단수형으로 에스더가 주체임을 밝히고 있다. 32절에서 다시 에스더의 명령으로 부림절을 굳게 지키게 되었다고 한다. 이것은 유다 공동체에서 에스더가 지도자로서 권위를 가지고 있었음을 보여준다. 에스더는 이스라엘로 귀환하지 않고 페르시아에 남아 있던 유다 공동체에게 여전히 하나님이 그들을 지키고 보호하고 계신다는 것을 행동으로 보여주었다. 그녀의 신앙적 결단을 통해 유다 공동체는 하나님의 구원과 은혜를 경험하였다. 에스더는 구원한 유다 공동체의 지도자이며 유다 공동체에게 하나님의 살아계심을 알게 한 신앙의 지도자였다.

에스더는 처음에는 소극적이고 수동적인 소녀였지만 민족의 위기를 통해 하나님의 뜻을 아는 순간 하나님의 뜻대로 살기로 결심하고 죽을 각오로 그 시련에 맞섰다. 그녀는 시간이 지날수록 점점 연약한 소녀에서 자신의 민족을 구하는 지혜롭고 치밀하며 용기 있고 단호한 지도자로 우뚝 서게 되었다.

나오는 글

나오는 글

　이 책에서는 30명이 넘는 구약의 여성 인물을 다루었는데 아직도 언급하고 싶은 인물이 많지만 지면 관계상 이 정도로 추렸다. 이렇게 구약에는 각 권마다 수많은 여성들이 등장하여 남성들과 마찬가지로 하나님 앞에서 각자의 삶을 살아갔음을 발견할 수 있었다. 다양한 성격과 다양한 삶의 모습과 다양한 역할을 가진 수많은 여성들이 남성과 마찬가지로 성경 안에 존재하였다. 그런데 그동안 이들이 마치 존재하지 않는 것처럼 혹은 이들은 구약 역사에서 희미한 조연이나 단역으로 간주하여 별로 언급하지 않았다. 아니면 죄의 근원, 유혹자라는 프레임을 씌워 남성 주인공의 죄와 책임을 덜어주는 해석을 하거나 남성에게 순종하고 희생하는 여성으로 해석하기도 하였다. 이렇게 구약 성경에 존재하는 여성들은 무시하거나 남성들의 입맛에 맞게 각색되어왔다는 것을 발견하게 되었다. 하지만 구약의 저자는 구약 책 갈피갈피에 개성 있는 여성 인물을 생생하게 기록하며 그들도 하나님 나라의 중요한 구성원임을 분명히 말하고 있다.
　이 책의 원고가 마무리되는 2022년 9월에 합동은 또 다시 여성안수 문제로 시끌시끌하다. 한 남자 목사의 용기 있는 글로 인해 교단은 다시 여성안수 문제에 대해 침묵하기 어려운 상황이 되었다. 여성안수 문제를 줄기차게 요구하는 이유는 신대원 졸업한 여성 사역자들의 지위 향상을 위한 것도 있지만 근본적으로는 교회에 만연한 여성 차별을 바로잡기 위해서다. 여성안수 불가는 가장 핵심적인 여성 차별의 원인이다. 왜냐하면 여성안수를 반대하기 위해 여성을 남성보다 열등한 존재라는 전제를 깔고 있기 때문이다. 여성안수를 안 주는 것도 문제지만 여성안수를 반대하기 위해 다양한 방식으로 여성을 차별하며 여성을 남성 밑에 두려는 것이 더 심각하다. 그리고 이런 여성 차별 관점은 성경 해석에도 그대로 직용된다. 이 잭에서도 구약 여성에 대해 부정적으로 해석하거나 무시하거나 축소시키거나 가부장적 관점에서 해석하는 예를 많이 보았다. 그리고 이런 해석이 교회의 여성에 대한 입장으로 자리 잡았다. 예전에는 사회도 가부장적이라 이런 해석이 별문제가 없었지만 이제는 문제가 된다. 시대가 변한 것이다. 지금 사회는 남녀평등을 당연한 가치로 여기며 차별 행위와 말에 대해 상당히 조심하고 있다. 그리고 이젠 사회 모든 분야에서 여성들이 활발하게 활동하고 있으며 여성 지도자들이 없는 곳이 없다. 이런 사회에서 나고 자란 젊은 여성들이 여성을 차별하는 교회에 적응하기란 쉽지 않을 뿐 아니라 억압적 분위기를 못 견디고 나가는 일이 많아지고 있다. 예수 그리스도의 복음을 자유가 아닌 억압의 형태로 경험한 이들이 교회를 찾을 이유가 없다.

   한국교회는 선교 초기부터 지금까지 여자 교인들이 60% 이상을 차지한다. 그 이유는 여성을 온전한 인격체로 여기지 않던 유교 문화에서 신음하던 여성들이 여성도 남성과 동등한 하나님의 형상이며 그리스도께서 피 값으로 사신 하나님의 귀한 딸이며 교회 공동체의 자매라는 사실이 그들을 자유롭게 하는 복음으로 받아들였기 때문이다. 또 오랫동안 여성은 교회에 오면 누구누구 엄마, 누구누구 아내가 아니라 자신의 이름을 불러주는 것에서 한 사람으로 존중받는다고 생각하였고 자신의 수고에 대해 칭찬하고 감사하단 말을 들으며 보람을 느꼈었다.

이렇게 오랫동안 교회는 여성들에게 숨 막히는 유교적 사회에서 빠져 나올 수 있는 탈출구였다. 그런데 여성에게 해방과 자유를 주던 교회가 이젠 차별과 억압의 장소로 변했고 오히려 여성들이 교회에서 사회로 탈출하는 실정이다. 왜 이렇게 되었을까? 남녀평등 문제에서 교회가 사회를 선도하는 대신 사회적 변화를 따라가지 못했기 때문이다. 아직도 교회는 여성안수 반대에 함몰되어 여성의 열등성을 주장하거나 아무렇지도 않게 여성 차별 발언을 하거나 여성을 중요한 의사 결정에서 배제하는 것을 당연하게 여기는 교회 문화를 전통이며 복음이라고 말하고 있다. 그러나 이런 주장은 더 이상 사회에서 받아들여지지 않는 고리타분한 전통일 뿐 복음은 아니다.

성경은 여성을 남성보다 열등하다고 말하지 않으며 여성을 차별하라고 말하지 않으며 여성을 배제하라고 말하지 않는다. 구약에 등장하는 수많은 여성들을 통해 하나님은 하나님 나라에 여성이 있고 하나님이 여성과 함께 하시고 그녀들과 함께 하나님 나라를 만들어가고 있음을 우리에게 알려주고 계신다. 하나님은 남성만 하나님의 구원 역사를 위해 사용하시지 않았다. 하나님의 구원 역사 모든 순간에 여성들이 함께 참여하였다. 이렇게 하나님 나라에는 여성 없이 남성만 있는 것이 아니다. 남녀가 모두 하나님 나라의 백성이다. 그리고 남성만 홀로 인간이 될 수 없다. 남성만 있는 것은 하나님 보시기에 좋지 않다. 남성과 여성이 함께하며 서로 존중하고 돕고 공존할 때 비로소 진정한 인간이 된다. 이제 교회가 여성의 존재를 인정하고 자신과 동등한 인격과 하나님 형상을 가진 형제자매로 인정하며 진정한 하나님 나라와 인간성을 회복하는 길로 나가길 희망한다. 그것이 앞으로 교회가 세상의 비난을 받지 않고 세상의 희망이 되고 빛과 소금의 역할을 하는 길이라고 생각한다.

참고문헌

국내도서 및 번역서

강남순, 「페미니스트 신학」, 서울: 한국신학연구소, 2002.
강호숙외 10, 「샬롬, 페미니즘입니다」, 서울: 서울YWCA, 2021.
고든 웬함, 「레위기」, 김귀탁 역, 서울: 부흥과 개혁사, 2014.
<u>고든 웬함</u>, 「창세기 16-50」, 윤상문,황수철 역, 서울: 솔로몬, 2001.
김순영, 「어찌하여 그 여자와 이야기하십니까?」, 의왕: 꽃자리, 2017.
김이곤, "다윗의 딸 다말 애도송", 「기독교사상」 335, 95-114.
김지찬, "평신도를 위한 성경강해 사사기 145-첩까지 거느린 레위인" 「기독신문」 (1998.12.09.). http://www.kidok.com/news/articleView.html?idxno=42107
김호경, "[성서와 설교: 왜 그 여자와 이야기하십니까] 낮은 목소리 - 다말"「기독교사상」 48 (2004), 116-123.
리차드 넬슨, 「열왕기상,하: 목회자와 설교자를 위한 주석」, 김회권 역, 서울: 한국장로교출판사, 2000.
박부자, "신명기 법전에 나타난 포로 여성에 대한 하나님의 돌보심", 「한국여성신학」 6 (1991), 4-7.
박유미, "다윗 왕조의 동반자로서의 지혜로운 여성들: 사무엘서의 지혜로운 여성 연구", 「성경과 신학」 77 (2016), 1-28.
<u>박유미</u>, "성폭력, 개인의 문제인가 사회적 문제인가?- 구약의 '여성 성폭력-전쟁'의 패턴에 대한 연구", 「구약논단」 70 (2018), 125-155.
<u>박유미</u>, "신명기 22:13-19에 나타난 성 윤리와 성범죄에 대한 현대적 적용", 「구약논단」 26(3) (2020), 142-171.
<u>박유미</u>, "열왕기서에서의 이방여성에 대한 재평가", 「구약논집」 15 (2019), 77-106.
<u>박유미</u>, "여성등장인물로 본 사사기 19-21장과 룻기 비교 연구", 「구약논집」 18 (2020), 77-107.
<u>박유미</u>, "칼빈의 해석은 영원한 진리?; 여성 본문에 대한 칼빈구약주석

연구", 「구약논단」 24(1) (2018), 104-136.
박유미, 「내러티브로 읽는 사사기」, 서울: 새물결플러스, 2018.
박유미, 「이스라엘의 어머니 드보라」, 용인: 목양, 2008.
배정훈, "신명기 24장 1-4절에 관한 주석", 「장신논단」, 45(4) (2013), 41-65.
쉐릴, J. 엑섬, 「산산히 부서진 여성들」, 김상래 외역, 서울: 한들출판사, 2001.
여성문화이론연구소, 「페미니즘의 개념들」, 서울: 동녘, 2016.
유연희, "와스디, 에스더, 세레스 에스더서의 여성 리더십과 복잡한 유산", 「구약논단」 49 (2013), 123-151.
이경숙, 「구약성서의 여성들」, 서울: 대한기독교서회, 1994.
이경숙, "사라와 하갈 이야기", 「기독교사상」 37(2) (1993), 158-171.
이경숙, "전쟁을 막아낸 지혜로운 여인", 「기독교사상」 418 (1993), 140-148.
이성임, "첩을 들인 이유", 우리역사 사이트, http://contents.history.go.kr/mobile/km/view.do?levelId=km_001_0050_0030_0030_0010
이영미, "바울의 구약전승의 알레고리화와 상황적 적용 - 갈라디아서 4:21-31을 중심으로". *Canon&Culture* 8(2) (2014), 105-134.
이은애, "이스라엘 역사에 나타나는 여성의 지혜-평화를 가져오는 힘", 「한국기독교신학논총」 56 (2008), 33-57.
이은애, "히브리 성서에 나타난 매장의 권리-실정법에 대항하는 자연법적 요구", 「구약논단」 72 (2019), 12-35.
이태훈, 「열왕기상: 어떻게 설교할 것인가」, 목회와신학편집부 엮음, 서울: 두란노아카데미, 2008.
임봉대, "구약성서에 나타난 환대에 관한 소고-다문화 사회에서의 성경이해," 「구약논단」 45 (2012), 34-59.
전정진, "출 21장 2-11절과 신 13장 12-18절에 나타난 종의 방면

법", 「구약논단」 16(1) (2010), 54-73.
정훈택, "존재론적 평등성, 기능적 종속성?- 우리의 여성안수 불가 논의에 관하여", 「신학지남」 64 (1997), 246-265.
존 더햄, 「출애굽기」, WBC 주석번역위원회 역, 서울: 임마누엘, 1991.
존 하틀리, 「레위기」, 김경열 역, 서울: 솔로몬, 2005.
진 에드워드, 「하나님의 딸들」, 임정은 역, 서울: 죠이선교회, 2009.
채은하, "피의 전쟁을 부른 이세벨 왕후" 「전북중앙」 (2003.3.25.) http://www.jjn.co.kr/news/articleView.html?idxno=118146#092a
캐롤 A. 뉴섬, 샤론 H. 린지, 「여성들을 위한 성서주석- 구약편」, 이화여성신학연구소, 서울: 대한기독교서회, 2015.
케네스 베일리, 「지중해의 눈으로 본 바울」, 김귀탁 역, 서울: 새물결플러스, 2017.
클린턴 맥캔, 「사사기」, 한미공동주석편집 역, 서울: 한국장로교출판사, 2010.
홍경원, "본문의 미갈과 해석된 미갈", 「신학연구」 51 (2007), 75-99.
황영자, 「바울이 본 아담과 하와-고린도전서의 남녀관」, 서울: 헵시바, 2018.

외국도서

A. Keefe, "Rapes of Women/ Wars of Men," *Semeia 61* (1993), 25-36.
Antony F. Campbell, 2 Samuel, Grand Rapid: Eerdmans, 2005.
C. E. Morrison, *2 Samuel*, Collegeville, Minnesota : Liturgical Press, 2013.
Caroline Blyth, "Terrible Silence, Eternal Silence: A

FeministRe-Reading of Dinah's Voicelessness in Genesis 34" *Biblical Interpretation 17* (2009),483-506.

Claudia V. Camp, "The Wise Women of 2 Samuel: A Role Model for Women in Early Israel." *CBQ 43* (1981), 14-29.

J. R. Ziskind, "TREATMENT OF WOMEN IN DEUTERONOMY", *JBQ 27*(3) (1999), 231-237.

Jeffrey H. Tigay, *Deuteronomy: The traditional Hebrew text with the new JPS*, Philadelphia : Jewish Publication Society, 1996.

Susan M. Pigott, "Wives, Witches and Wise Women: Prophetic Heralds of Kingship in 1 and 2 Samuel", *Review and Expositor 99* (2002), 145-173.

T. R. Hobbs., *1, 2 Kings*, Dallas : Word Pub.,1989.

Wilda Gafney. *Daughters of Miriam :women prophets in ancient Israel*, Minneapolis, MN: Fortress Press, 2008.